国家社科基金后期资助项目

人类为什么合作
—— 基于行为实验的机理研究

Why Humans Cooperate: Mechanism Analysis
Based on Behavioral Experiment

王国成 马博 张世国 著

商务印书馆
创于1897 The Commercial Press
2017年·北京

图书在版编目(CIP)数据

人类为什么合作:基于行为实验的机理研究/王国成,马博,张世国著.—北京:商务印书馆,2017
ISBN 978 – 7 – 100 – 12894 – 0

Ⅰ.①人… Ⅱ.①王…②马…③张… Ⅲ.①公共经济学—研究 Ⅳ.①F062.6

中国版本图书馆 CIP 数据核字(2017)第 007318 号

权利保留,侵权必究。

人类为什么合作
——基于行为实验的机理研究
王国成 马博 张世国 著

商 务 印 书 馆 出 版
(北京王府井大街36号 邮政编码100710)
商 务 印 书 馆 发 行
北 京 冠 中 印 刷 厂 印 刷
ISBN 978 – 7 – 100 – 12894 – 0

2017年3月第1版 开本 787×1092 1/16
2017年3月北京第1次印刷 印张 15¼

定价:42.00元

国家社科基金后期资助项目
出版说明

　　后期资助项目是国家社科基金设立的一类重要项目,旨在鼓励广大社科研究者潜心治学,支持基础研究多出优秀成果。它是经过严格评审,从接近完成的科研成果中遴选立项的。为扩大后期资助项目的影响,更好地推动学术发展,促进成果转化,全国哲学社会科学规划办公室按照"统一设计、统一标识、统一版式、形成系列"的总体要求,组织出版国家社科基金后期资助项目成果。

全国哲学社会科学规划办公室

目 录

第一章 绪 论 ……………………………………………………… 1
第一节 合作的魅力 …………………………………………… 1
一、合作的理论魅力为何没能尽情绽放 ………………………… 1
二、偏好与预期:如何达成合作 ………………………………… 3
三、背景和动因:为何锁定合作 ………………………………… 5
第二节 行为实验 ……………………………………………… 7
一、经济实验方法的价值何在 …………………………………… 7
二、个体与群体的行为关系分析及实验 ………………………… 8
三、行为与行为科学 …………………………………………… 11
第三节 特点与框架 …………………………………………… 12
一、研究特色 …………………………………………………… 13
二、内容概要 …………………………………………………… 15
三、章节安排及导读 …………………………………………… 17
第四节 评注与期待 …………………………………………… 19

第二章 目标导向的机制设计与异质行为响应 ………………… 22
第一节 自发行为与自愿捐献机制(VCM) …………………… 22
第二节 群体行动机制设计类别与效应 ……………………… 27
一、惩罚机制 …………………………………………………… 28
二、领导机制 …………………………………………………… 33
三、群分机制 …………………………………………………… 36
四、结语 ………………………………………………………… 39
第三节 基于异质主体行为的激励机制设计 ………………… 39
一、薪酬激励理论分歧的焦点及成因 ………………………… 40
二、激励机制设计基本模型 …………………………………… 42
三、异质性员工背景下激励模型的推广 ……………………… 46
第四节 多阶段机制设计 ……………………………………… 48
一、策略行为分析框架 ………………………………………… 49

二、利益补偿模型分析 ·· 53
第五节 本章小结 ·· 60

第三章 共同行动的理论与实验模型 ······························ 61
第一节 传统经济学中公共品的研究 ···························· 61
第二节 实验经济学中公共品博弈研究 ························ 65
第三节 基准模型的理论分析及推广 ···························· 67
一、偏好的人际维度与社会福利函数 ························ 68
二、策略行为、矩阵结构与总体产出 ························ 71
三、引入公共参与人的社会福利最优契约 ·················· 72
四、实现路径与比较实证 ···································· 73
第四节 基本公共服务均等化的理论基点 ······················ 75
一、社会合意行动的个体行为基础:策略交互性 ············ 75
二、基于引入公共参与人的博弈均衡构建社会选择函数 ···· 78
三、收入分配中社会公平选择的逻辑内涵与比较 ·········· 82
四、社会最优契约的基本特征与现实意义 ·················· 86
第五节 计算实验与复杂情景决策 ······························ 90
一、集体行动的可计算性:HS+CA实验的技术实现路径 ··· 91
二、初步应用 ·· 93
第六节 本章小结 ·· 96

第四章 合作行为的博弈实验研究 ································ 97
第一节 基于博弈框架的合作行为研究 ························ 97
第二节 公共品自愿捐赠行为的互惠偏好 ···················· 100
一、纳入公平偏好的标准公共品博弈均衡解 ·············· 100
二、纳入公平偏好的带惩罚公共品博弈均衡解 ············ 102
三、纳入公平偏好的带领导机制公共品博弈均衡解 ······ 103
第三节 合作行为的演化 ·· 105
一、互惠 ·· 105
二、不平等厌恶 ·· 107
第四节 本章小结 ·· 108

第五章 实验设计、实施与结果分析 ···························· 109
第一节 实验方法评析 ·· 109
一、实验研究方法 ·· 109
二、学生作为被试的样本代表性 ···························· 113
第二节 实验方案设计与说明 ·································· 115
一、实验背景 ·· 115
二、模型构建 ·· 117

三、方案说明 …………………………………………… 117
　第三节　参数设置与实验实施 …………………………………… 121
　第四节　实验结果分析 …………………………………………… 122
　　一、气候保护背景下的公共品博弈实验结果 …………… 122
　　二、惩罚机制下公共品博弈实验结果 …………………… 128
　　三、领导机制下公共品博弈实验结果 …………………… 134
　　四、实验科学性分析 ……………………………………… 137
　第五节　本章小结 ………………………………………………… 139

第六章　应用案例 ………………………………………………………… 140
　第一节　乡村公路建设 …………………………………………… 140
　　一、引例：民间自发兴建和营运乡村公路 ……………… 140
　　二、构建基于公共品需求的消费效用函数 ……………… 142
　　三、博弈机理分析和均衡策略选择 ……………………… 145
　　四、基于需求的共同参与式管理机制的基本特征 ……… 146
　　五、现实问题分析 ………………………………………… 148
　　六、结语 …………………………………………………… 150
　第二节　天津市的水资源管理案例分析 ………………………… 150
　　一、天津市水资源管理历史 ……………………………… 150
　　二、"引滦入津"工程中的利益相关者分析 ……………… 151
　　三、调查研究分析 ………………………………………… 158
　　四、结语 …………………………………………………… 168
　第三节　异质禀赋和公共品自愿供给 …………………………… 170
　　一、异质禀赋与交流 ……………………………………… 170
　　二、实验设计 ……………………………………………… 174
　　三、实验结果分析 ………………………………………… 178
　　四、交流通过何种途径起作用：对合作水平差异的解释 … 190
　　五、实验结果分析归纳 …………………………………… 199
　　六、结语 …………………………………………………… 203
　第四节　本章小结 ………………………………………………… 204

第七章　结论与展望 ……………………………………………………… 205
　第一节　体会与结论 ……………………………………………… 205
　第二节　前景展望 ………………………………………………… 207

参考文献 …………………………………………………………………… 209
附录1　公共品供给系列实验设计说明 ………………………………… 219
附录2　水资源管理调查问卷 …………………………………………… 231

第一章　绪　论

为什么自利理性等相关假设会被设定和演变为现代经济学的逻辑起点、理论硬核和殿堂基石,而且影响久远和广泛;为什么当今行为与实验经济学会异军突起,然而更加贴近百姓生活的行为实验方法仍会遭遇类似于计量实证方法推广应用时的阻力;为什么经典假设和理论触点遮蔽了对人类行为中合作天性及其与环境相互依存的关系等多元属性;为什么传统经济学理论(乃至人文社会科学)对日趋复杂现实解释的滞后和苍白越来越令人纠结?有太多类似的不可回避的问题与挑战(而且还可能会更多),需要我们去面对和思索;而只有在根基层面上多视角地洞穿和打开行为黑箱,厘清关键行为特征的临界效应和传导机理,才有望破解经济金融及社会活动中的复杂决策之谜。本书的主要意图和主旨内容就在于此:试图以公共品博弈实验为载体、以合作行为为焦点,对比考察不同的机制设计和条件变化对不同类型主体行为的影响,探寻从行为视角破解市场"异象"、群体涌现等谜团的有效途径和方式。

第一节　合作的魅力

自利与合作,都是人类的行为天性,也正是这对孪生姐妹,或许是与行为"多胞胎"一起,共同孕育和推动了人类的文明进步。

一、合作的理论魅力为何没能尽情绽放

受中华文化熏陶的华夏儿女大概都不会忘记,小学语文课本中"一根筷子容易折,一把筷子难折断"、"二人同心,其利断金"和"兄弟阋于墙,外御其侮"等谚语和典故;在日常生活和工作中,我们在不断地感受和认识合作的力量并从中受益,这与其在理论殿堂中的冷遇极不相称。虽然从未间断,但由于研究合作,必然涉及沟通与交互、承诺与信任、异质与多变、演化与适

应、公平与共享、网联与涌现……所以,合作是行为研究的枢纽和焦点,也是21世纪全人类所面临的科学研究难题。[①] 多解性和更多的不确定性,手段和工具的滞后贫乏,但这些都不可能阻挡人类自我认识深化和社会文明进展的步伐。人类社会发展中合作的力量巨大,在很多情景下是超过个体行为简单之和的系统协调效应和机械式加总,内在的力量促使人们更加自觉、更加努力地去探索合作的奥秘。

既然人类在社会实践中难以抵挡合作的诱惑,那理论上为何没能如期展现合作应有的魅力呢?虽然人类对这方面的探索从未停止过。如果不承认合作及多属性的行为本质特征,经济学就可能被现实无情抛弃而难圆科学化之梦;如果承认经典假设的硬伤和缺陷,现有的理论大厦可能面临着塌陷、倾覆和重构的危机。如何避免美梦破灭,如何摆脱理论十字路口前的抉择纠结?演绎逻辑只能构建和检验自恰的理论,实践才是检验真理的终极标准。而经济理论的科学化,不仅要求其自恰,更重要和最根本的是解释、揭示现实,经受住实践的检验,这就反过来倒逼经济学的进一步发展必然要经历行为反思和行为驱动的阶段。

如果基于特定历史时期社会经济状况和一定理论规范建立的单一行为假设成立,那么在有现代科技手段的支撑下,资源优化配置是自然而然的结果,能够用来解释常态化特点和规律,容易发现经济均衡的实现方式。一系列高度简化和抽象的(显在的或隐含的)行为假设,创造了决定性的理论基础元素,然而却被封装在类似于黑箱的基本行为假设体系中。而一旦打开"行为黑箱",就能使理论更接近社会经济活动的本质,尤其是通过考察个体与群体的复杂行为关系,来分析现实各种可能情形下个体行为的表现类型、诱发条件、响应模式、传导机理和路径,群体行为的聚集、分化和演变,结构效应和结果反馈等,实验方法能否为此助力或起根本性的推动作用?当全面记录行为痕迹的大数据及相应的分析技术出现以后,使得深化行为分析,寻求和发现行为的多元属性、情景依赖、条件性合作等均成为可能。行为与实验经济学的兴起至今,或许解释力度还不够、发展还不甚理想,但现实的需求和方法应用迅猛推广的事实也有力地证明了这是较为理想的工具之一。这不仅打破了传统观念、拓展了学术视野,也是实验经济学对自身的检验,在积蓄更强劲的发展动力。

---

① 2005年,《科学杂志》(Science)在庆祝创刊125周年之际,于7月1日出版的专辑上公布了科学家们总结出的21世纪125个最具挑战性的科学问题,其中的前25个被认为是最重要的问题,"人类合作行为如何发展"这一问题被排在第16位。

"成也萧何，败也萧何"，①最大的优势或许是潜在的最大劣势，现代经济学的鼎盛与衰落都维系于所建立的单一行为基础假设，严格清晰的逻辑起点和演绎推理，既成就又束缚着自身的健康发展。一方面经济理论体系日益成熟、规范和稳定，另一方面现实社会经济活动日趋复杂、愈演愈烈，由此造成理论与现实的滞后和裂痕日渐增宽。一道类似于符咒的"科学化"标签，似乎封住了经济理论延伸的脉穴。要想取得突破、弥补裂痕，只有从根源上找原因，而迄今为止，所能看到的最有希望的是旨在打开行为黑箱的实验原理和方法。

二、偏好与预期：如何达成合作

人是社会动物，具有自然属性与社会属性的双重性，生物意义上的自利与社会意义上的合作都是与生俱来的，积淀而成的偏好是混合态的、不断演变但又具有相对稳定性。

(一)合作偏好

人类行为中的合作是一种禀赋属性和天然元素，其表现是随条件和他人的行为(预期)发生变化或条件依赖(Context Effects)的，因而在认知过程中行为与条件是密不可分的，实验方法是如此深化和关联行为分析的有利工具。每一行为主体都有其个体意识、关联结构与连通途径，各自对影响条件变化的敏感性、稳定性、脆弱性、持久性及其演化特征等也会有所差异，但从刺激—响应基本行为模式来看，实际中的合作行为取决于偏好禀赋与行为响应模式，是在秉性驱动—利益导向下实现的。

在个体独立、自主决策的环境中，主要考察个体偏好下的行为；而在个体相互影响的社会群体环境中，就需要引入关注他人的社会偏好，而合作偏好是其中最主要的一个维度。在这样的视角和框架下可探讨个体理性—集体理性—社会理性。任何合作，都是个体行为基础上的合作；任何个体行为，都是在特定的群体或合作氛围中的行为。信息、制度、技术、文化等影响条件和约束因素，在某种意义上都可看成是对个体行为的反映、凝聚、矫正和提升，本质上是合作的产物，是针对群体与合作行为发生作用的；没有完全脱离开合作的独行(个体行为)，也不可能会有不考虑个体行为基础的合作，若孤立、分离地考察单方面因素，将行为多元体割裂来看，就不可能真正

---

① 既比喻事情的成败或好坏都是由于同一个人造成的，同时还有一层意思是，评价一个人、一件事情，必须要该扬则扬、该抑则抑，功过是非、褒贬奖惩应分明，尤其是在不可能有放之四海而皆准、经久不衰的真理的(人文)社会科学中，更应该如此看待问题。

地揭示和认知人类行为的特点与规律，就不可能真正地构建科学化的经济理论。由个体偏好到社会偏好，将定义在商品（目标）集上满足全选性、自反性和传递性的序关系的个体偏好，扩充到群体行动中相互影响的其他主体的策略行为集上，并由此反映出不同个体在社会偏好和交互结构上的差异性，以及各种可能的群体行动产出结果。

（二）合作预期

合作是人的行为天性，也是社会经济活动的天性。人的禀赋、偏好、条件和机遇等是有差异的，有差异才有交换，有交换就一定有合作，而且交换本身就是合作。埃奇沃斯（Edgeworth,1881）较早就明确地意识到这一点了，并直观易懂、又不失科学性地用交换矩阵说明了人的行为、市场交换的本质特征和关联。

合作不是纯个体行为，是双方或多方共同的意愿和行为。研究合作行为与个体中心主义方法论中的行为分析最大的不同就是：自利理性是个体利益最大化驱动下的行为，而合作必定要考虑关于他人行为的预期。要对具有不同合作倾向的相关方在不同的社会结构中和交互方式下对他人行为作出预判，这就是合作期望的形成；而合作预期形成中又能比较充分地反映出个体的异质性。[①] 不同情形和结构条件下、对不同类的事物和与不同人的交互作用中，能否形成合作的关键因素是能否形成一致的合作预期。这是随不同的主体、不同的群体结构、不同的外界条件变化等而发生变化的，理论研究就是要试图发现和揭示合作发生的临界效应、持续条件、稳定性、敏感性、演化适变性及作用效果等特点与规律。

（三）合作共识

预期是在一定的可能性前提下对相关各方合作倾向作出区间估计或框定可接受范围，形成一致的合作预期或预期一致就是达成了合作共识。影响合作预期的条件因素分析，正是实验设计和研究中重点考虑的内容之一，也只有实验才有可能更好地揭示。合作是相关各方共同的行为结果、是有时滞的，因而对合作的预期尤为重要。群体合作在达成合作共识的前提下实现，无论是主动还是被动，响应和顺从合作，会比独立行动能为自己带来更大的收益，无论是从静态还是从动态角度。不同个体和子群体的合作预期形成相容的预期区间，求群体的合作共识就是要找出成员个体合作预期

[①] 异质性是本书中对微观行为分析的一个基本点，核心是个体行为的差异性，其含义极为丰富，主要包括禀赋、偏好、目标、响应模式和表现方式等方面的个性化行为，不宜严格定义，仅在此给出描述性说明。

的交集。合作共识达成的困难在于联动的、多种可能性和受更多的因素影响,不是单向单一维度的评判标准,也需要新的分析研究方法。

有了合作共识,每一个加盟合作的个体都能比独自行动时获得更多的收益,就导致群体合作,而合作发生后是持续维护还是择机背弃、是加强或削弱,这些都是集体行动逻辑最关键和最有代表性的研究内容。合作偏好、预期与共识,由此解释合作动机,不仅仅是利益驱动下的个体行为,还要进一步看其在群体活动环境中的具体表现形式。

三、背景和动因:为何锁定合作

全书由师生合作共同完成,王国成提出主要学术观点、选定分析研究方法、搭建逻辑框架结构,又直接积累、完成了绪论、第二和第六章主要内容的写作,并指导马博进行相关实验和撰写了博士论文,作为本书第三、四、五章的初稿;后期经博士生张世国协助整理文稿和联系出版等。显然,我们的研究是初步的,理论加工也还比较粗糙,但的确有一些值得认真整理和公开交流的内容,尤其是以合作为例,积极探索能全面、深入、细致地研究人的行为的路子。

本书的研究论述为什么相对集中地探讨合作行为?研究人文社会问题无疑是需要理论规范和推理逻辑的,但任何理论逻辑,无论其是高大完善还是弱小苍白,都要经受历史逻辑和事实逻辑的检验与评判。这就需要研究者首先应尽可能确立客观的观察立场和评价标准(虽然要求价值中立近乎天方夜谭,而本书也难免会受作者价值偏好和取向的影响),理论范式和方法技术等规范都是服从于一定的价值取向(研究目的)和理论预设的。就中国的现实而言,可能存在许多用现有理论难以解释的问题,但换一个视角看,敢于应对这样的挑战就是极好的理论创新机遇,有利于找到复杂特色的根本原因和可能的解决办法。现实复杂性必有其客观性,但从认知角度看,理论的滞后和偏离无疑也会人为地加剧复杂。就笔者的阅历来说,从朦胧记忆中的三年困难时期,到浅尝"文化大革命",再到全程伴随改革开放,可以说是亲身参与了中国社会大实验,有了深刻鲜明的不同时期的对比。在我的印象中,好像中国经济社会改革发展过程中无论是取得的巨大成就还是存在的顽疾问题,都不是用现成理论能解释和解决好的;若只是生搬硬套,常常会适得其反,只有理论创新并与中国实践密切结合,才能使中国的老百姓真正受益。其中最根本的问题是对理论基本点偏离的校准,而这些偏离主要表现在自利与合作包容及有关分歧上。人类社会的各种形态和现象,最根本的和决定性因素都是人的行为;历史不可能重演、不可能完全由人为控制,但借助实验可以再现历史中的关键场景、关键时刻、关键事件、关键人物的关键行为等,以便使人类更好地认识自我。仅凭个体中心主义视角下的单一行为假设,不足以解释而且是越来越滞后于复杂现实,而如何走出利益壁垒＋理论陷阱造成的这种局面,以合作为切入点,是拓宽和深化行为研究首选的、切实有效的方法与途径。

为什么理论上出现合作旁置:掩盖、遮蔽或忽视对合作行为的专门研究?以资源优化配置为主要目标的经济学的发展也难逃"倒二八"定律:经济理论或经济学家用了80％的精力,仅仅解决了人类经济活动中20％的问题(也许会到9∶1或更甚之)。这一方面可能是由于理论自身发展的客观局限性,另一方面更重要的或许还是立场预设和价值取向。由于相对成熟理论发展中的边际效应,而通过研究合作行为来揭示复杂经济问题或许是在另辟蹊径,具有异曲同工和快捷高效之妙。合作,天生的带有更大的不确定性、具有更高的难度,处于理论研究的边缘,虽然一开始就从未间断而且越来越多的关于合作的研究,而如何才能展现合作及多元行为属性的理论魅力呢,一条情景关联的内生化的行为实验的实现途径正逐步浮现,凸显关键问题与逻辑主线,寻求人类合作行为的动因与持续条件。

再来看网络和大数据。在当今互联互通的微时代,各种因素初始的权重分布,在复杂的网络分布上产生的影响会发生如蝴蝶效应般的根本性改变,其实网络联通就是某种形式的合作。而什么是大数据,从行为分析角度看,就是对行为痕迹的真实、全面、全程的记录反应,以便有足够的数据支持,为当今时代背景下深化行为分析提供了技术可行性。大数据分析及相关技术突破了假定其他条件不变(C-P:Ceteris Paribus)这类限制障碍和思维方式,甚至可以说是在人文社会科学研究中的偏误(Bias),可以同时对相关的因素和数据进行全样本关联分析。再将大数据与经济实验相结合,改进外生的、经验性数据驱动的传统计量实证方法,运用 HS＋CA(Human Subject＋Computational Agent)的计算实验,内生可控地观察辨识人类行为,使得各种理论方法既分工明确稳定、又紧密衔接融合,由此破解真实世界中的复杂决策行为之谜。

逐步深入地研究合作,多方位地考察人的行为属性,是理论探讨和实践需求的大势所趋。从单一到多元化地研究人类行为,是经济理论科学化和人类自我认知的重大进展,凸显合作行为研究所具有特别重要的意义,无疑会使其难度更大,但诱惑力也更大。无论个体行为多么复杂多变,但也是可认知的,即使只能是有限认知,多角度认知也比单一假设更科学合理;无论交互网络、总体形变和群体涌现多么难以琢磨,也都可以通过对几种基本的行为特征、连通方式的分解合成,进而随外界条件的变化综合生成。

第二节　行为实验

实验经济学之父、2002年诺贝尔经济学奖获得者弗农·史密斯（Vernon Smith）总结出经济实验的三要素：环境/情景、规则/机制、行为观察，把握协调好这三方面及相互关系，就能有效地通过实验、在深入分析行为的基础上理解和解决更为复杂的经济（管理）决策及相关问题。环境就是研究问题的背景及相关的情景要明确，具体通过多情景设置来虚拟现实中可能出现的各种情况；规则就是分别或选择性合并能够影响行为的制度机制和多种因素的机理化、规范化、系列化，以有利于辨析规则影响行为的方式和效果；行为发现就是对不同类型主体、可控可重复地在不同的情景和规则下表现出的行为进行观察对比，以便找出某些特点与规律性，以及行为又如何影响环境和规则的。尤其是在研究探讨共同行动中个体与集体的行为关系时，如在公共品供给、公共选择、群体/众人合作、群组协调、社会生态、种群演化等社会活动中；在公共品提供的背景下，本书相对集中地探讨行为与机制的对应关系：选择和设计什么样的机制能诱发预期的行为，这些行为又是如何反馈影响机制的。

一、经济实验方法的价值何在

人文实验的价值究竟何在？我们不妨这样看，自利理性等与其说是对人类行为的假设，倒不如说是为满足理论寻找基石的学术需要，当然也表明了一种价值观和立场预设。这些只是理论拟公理化的系统性预置，未经过严格的科学检验，而引入和运用人文实验的可控可检验性，能从根本上弥补行为分析中的这一逻辑缺憾。

经济学如果只是以考虑市场资源优化配置的物尽其用为己任，大概不会意识到行为实验究竟能起什么作用；而如果要以人为本考察如何才能人尽其才，那就会明白引入实验方法的重要意义了。随着时代的进步和互联网的发展，个体在社会群体中的行为演化过程发生了根本性变化，不再是单一属性的线性变化模式。行为表现具有条件依赖的情景效应，呈现出价值多元化和生物多样性，这些也正好顺应了人类社会发展的必然趋势。于是，就存在着理论上单一、明确的行为假设与现实中行为的多元综合及多变性之间的矛盾，再加上行为对外界条件变化的响应模式和群体结构交互行为的作用机理等是玄妙的，这就放大和加剧了行为的不可琢磨性。机理及作用是看不见、摸不着的虚的东西,所受的影响因素又很多,而在实验中却能将行为与机制的关系可控可对比地观察刻画,在此基础上进行深入的分析探讨。

实验室即进行试验的场所,是科学发现的源泉、摇篮和研究基地,对科技发展起着非常重要的作用,在国际上享有盛誉的著名实验室则被喻为科研领域的麦加,是科技工作者憧憬和追随的处所。对于经济管理实验室,为什么也不可阻挡地出现了?而且发展速度迅猛异常,虽然对这类实验的理解和接受程度不一。答案是,人的行为是多个器官和大脑意识的综合反应,是各部分有机联系的行为综合发生器,也只有通过综合的方法才能更好地去认识,而行为实验则应运而生。个体心态、行为的基本类型,个体间可能的联系方式和网络结构的分类,影响群体产出的关键因素和方式等,就有可能通过特定和精巧的实验来揭示人类活动更深层、实质性的特征。再者,实验还有一个不可回避的效度问题,关于自然界的实验其内在效度和外在效度无疑是一致的,因为被实验物在实验室内外的基本物理化学性质是不会改变的;而关于行为的人文实验则不同,实验环境、激励强度或赌资效应、相关利益方的行为特点等在实验室内外的可控程度是不同的,因而实验室内外的行为表现差异有时也是很显著的。于是,人文社会科学的实验研究最大的争议就在于此。但这并不是行为实验的不可测性,反而是固然的行为属性是在有意无意间造成的和被认知的,正是行为实验使这类问题暴露得更清楚、解决的方案更具有针对性。

仿照自利驱动的个体行为研究,群体动力研究考察群体活动的动向、影响群体活动动向的各种因素和方式等。从群体动力场(Lewin,1933)的观点看人类社会活动,或许是群体行为研究对结构力学的借鉴,特定社会环境中的若干个体形成一个群体,产生相互作用,形成一个利益驱动的动力场,并形成群体行动,又对群体中的每一个体都发生影响。个体行为的动向取决于内部力场和情景力场(环境)的相互作用,群体行动同样取决于内部力场和情景力场的相互作用;数理解析模型能比较好地刻画和分析个体行为,而群体行为只有在实验条件下才有可能被比较清楚地认知。

二、个体与群体的行为关系分析及实验

如何有效地借助实验方法探讨个体与群体的行为关系?人的一些潜在行为属性是在特定的群体结构中个体间相互作用时才比较充分地表现出来的,只有在群体行动中才能更全面、真实地观察分析个体行为属性,也只有借助实验才更有利于揭示个体与群体的复杂行为关系。实验有助于比较全

面地分析建立个体行为的必要理论和一些规律特征;反过来,又能通过实验,更好地检验、验证和发现个体与群体的内在联系,奠定更加坚实的基础。

(一)群体中个体的基本行为类型

考察群体行动的驱动因素,可粗略地划分为三方面的来源:一是来自群体共同目标和行动准则;二是群体决策一致性原则和主流价值观;三是群体共赢目标实现中的冲突与协调。再从群体动力研究的角度看个体行为与心态,[①]可将群体中个体基本行为模式和人际关系大致划分为:

(1)关心他人、损己利人;超常的思想境界和行为规范,只有少数人在少数情形下才会发生。

(2)合作共赢、利人利己。确立长效的利人利己的人际关系理念,其核心是双赢互利原则,有独善其身、好聚好散的个体行为基础和双向关联的思维基础;寻求别人的利益同时也满足自己的利益,在满足自己的利益同时也注意关照他人利益;具体行事中由合作、互赖取代竞争与对抗,实现过程中可能经历双输——输赢——双赢的流程。

(3)自私自利、损人利己;经典经济理论中较易出现的个体行为,但与自利性有所区别,无论在合作或者非合作博弈中,理性人从自利性角度出发,往往会选择有利于自身利益的行为,如果存在负外部性,则会损人利己。

(4)两败俱伤、损人害己;难以理喻但现实中却可能出现,原因或许是因为现实中人并非完全理性,当个体行为受负面情绪影响较大时,决策结果可能会出现损人害己。

现实中个体利益最大化往往是游离在(2)和(3)之间的行为类型,可第(4)种也并不鲜见。严格精确的行为分类是没必要和不易的,而在实验的设计和实施中,可以通过在被试者之间的定向指派和随机匹配,能观察出他们的真实行为类型。

(二)个体间基本关系类型

进一步将群体中个体自我心态划分为三种基本类型:施予型或父母型心态(P:parents)、自立型或成人型(A:Adults)和依附型 或儿童型(C:Child)等。以自立型为临界点或分界面,抽象出相当一般意义上群体中个体间的联系方式和相互关系;对于有不同类型的微观主体、不同的群体结构,同样的外界因素和条件变化的影响施加在群体上,会产出明显不同的群体效果。反过来,不同的微观主体,对外部环境和结构影响下的决策行为模式也不可能完全相同;而异质化的临界点可能就是非线性行为模式的转折点。

---

① 本小节部分内容参引和改编自:http://mt.sohu.com/20150319/n410036265.shtml。

无论群体成员间的交往方式有多么复杂,都可以概括成集中基本类型。通过研究群体沟通关联方式时,将其与三种自我心理状态的具体表现形式结合起来,构成的基本网络连接图形见图 1-1,有助于相对深入地研究群体规范、群体压力、群体凝聚力、群体协作、群体决策、学习型团队建设,以及制度机制的作用和组织文化等。

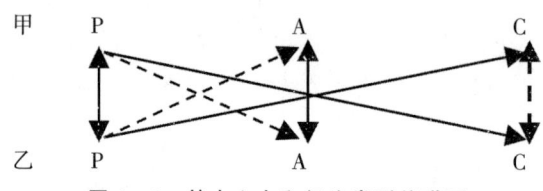

图 1-1　基本心态和行为类型关联图

人对不同的事、不同的人会有不同的看法,而不同的人在相同情景下,对相同的事和人也可能会有不同的心态类型,因而群体产出的结果就会不同。由此解释群体涌现和临界(点/条件)效应:当群体结构中的施与型占比大于依附型时,总体产出大于个体之(代数)和;反之,总产出就小于个体之和。其中存在着群体结构与个体行为的临界效应,这比一般性的系统整体协同效应更深入一步,是对系统科学的整体大于部分之和从行为根源上的解释。由此也说明了为什么要研究策略和合作行为,如何分析研究合作行为。比较全面地分类分析群体动力学的影响因素,考察群体愿景、群体目标、领导影响力、组织发展、群体信任、群体规范、群体分工、群体压力、团队建设、群体协作、群体考核、群体回报、群体与个人目标一致、群体凝聚力、群体的自我管理等,都可通过实验根据需要逐一检验之。

(三)群体行动影响因素与产出结果及实验揭示

类比个体行为分析方法,我们还可考察群体行动的关键特征及影响因素,如:群体凝聚力及相关因素;管理团队的技能及影响因素,尤其是在研究合作行为,更应该重视群体沟通和协作,所遵循的准则:共同目标、彼此信任、互取所长、积极参与、信息共享、良好沟通。研究群体行动,有许多内容在个体中心主义方法论视角下容易被忽略,如个体间的沟通,利益的冲突与协调等,这些是策略行为常见的几种表现类型。只要群体中的个体间发生相互作用,就会表现出单纯个体行为不可能有或难以揭示的特点和属性。所以,要分类分析沟通、冲突和协调,以及次生的行为表现和影响效果等。有了这样的细化分析和理论预见,在条件许可下,实验能深入细致、分门别类地探讨可能的行为表现、特点和规律,突破传统桎梏,打开行为黑箱,从理论假设、推理手段、检验工具等方面都为经济学乃至人文社会科学研究奠定了更加科学的基础。

为了讨论问题的方便,可将个体行为类型、各类机制和制度对不同群体结构的影响机理和产出影响及相互关系划分出四种类型:

同质型:P—P—P;A—A—A;C—C—C

混同型:P—A—C

主控型:P—P—C;A—A—C

依从型:P—C—C;A—C—C 等。

借助精细的实验设计和逐步实施,可以检验和分辨出究竟是具有什么微观背景的个体、在什么样的群体结构下、对机制和外界条件变化会有什么样的相应、会遵循什么样的演化轨迹、会有什么样的产出形态或涌现;不仅可用于研究公共品提供,而且可广泛用于人文社会科学研究个体与群体行为关系这一基础问题,找到开通行为幽径的入口和通途。[①]

三、行为与行为科学

人是有主观意识的,其行为是复杂多变的,既想合规又要随性,按常规研究不易把控,而实验就有助于对行为的认知。宝玉抓周时为什么偏爱女红,贾府的焦大为什么不去摆弄兰花;为什么以一般商品市场供求规律解释金融市场异象时屡屡败阵,为什么又会常常出现宏观调控政策制定时言之凿凿、实际收效却不甚了了;透过行为大数据能分析消费者的性格偏好、购物习惯及思维模式以实现精准营销,运用"互联网+"有助于理顺各类不同主体的行为关系、孕育新的产业生态、促进结构良序演化和预见各种可能的总体形态……信息、制度、历史路径依赖等环境条件因素无疑是重要的,但行为因素是绕不开的,而且还应将其复归至决定性地位,因为行为是一切因素发生作用、发生什么作用与何时发生作用等的中控点,是人类与自然界的交互点,一切社会活动和现象都是在行为控制下的、通过行为表现出来的过程或结果,许多研究结论和对实践的检验评判,都取决于行为假设和理论预设。

行为(实验)经济学的主要功用是行为发现或自我价值的发现,而个体价值的实现,又是整体经济的源动力,也是在理论研究中涉及和覆盖面最广的。利他、合作、公平以及社会偏好等多元行为属性,是传统经济理论方法的软肋甚至是盲区;只有借助实验,能通过有目的地设置环境、控制条件因

---

① 行为实验不可能彻底消除样本选择偏差、外部效应等方面的固有缺憾,而在我们的实验研究中,通过精心的实验设计,巧妙的可控对照组比较等考虑和设置,已在很大程度上消除了实验方法的局限性。

素等,才有可能更好地揭示和认知个体与群体行为关系。

从管理学角度看,行为管理作为一个重要分支和学派,它通过对人的心理活动的研究,掌握人们行为的规律,从中寻找对待员工的新方法和提高劳动效率的途径。行为科学是综合应用心理学、社会学、经济学等人文社科理论和方法,研究人的行为的边缘学科。[①] 它研究人的行为产生、发展和相互转化的规律,以便预测人的行为和控制人的行为。而若从更广的视野看,行为科学是多学科和领域形成的共同研究对象、有密切的内在联系的跨学科交叉群。

关于行为研究学科群为什么会在发展中跌宕起伏、各分支学科的成长又参差不齐呢?一个重要乃至根本的原因是缺乏通过可重复检验性确立的评判标准和由此指引的发展方向,而实验方法最有可能扭转这一局面,为行为科学的发展开创新天地和注入新活力。

行为分析最具挑战性,也最能代表人文社会科学。而且,人文社会科学研究,能否真正地、彻底地科学化,不仅是需要,而且在很大程度上甚至可以说最终是取决于实验方法的应用程度和效果如何。而选择公共品机制、聚焦合作行为,能比较全面地反映竞争与合作、物质利益和主观意向的关系,并且与经济理论研究方方面面的行为表现和活动有着密切的内在联系,是打开行为黑箱、推动行为科学发展最切实有效的实现途径和手段方法。

将个体特征、策略行为、结构关系、连通途径、网络效应以及情景类型等联系起来考察分析,可通过人类主体可控实验的检验、验证和发现多元行为属性,也便于赋予 Agent 不同的关键行为特性,进而展开整体的动态仿真模拟。如此,就可用实验方法逐一展开对合作行为与组织的灵敏性、脆弱性、机制响应模式等方面的可控、可重复检验式的研究,深入揭示和认知个体行为与总体异象的内生演变及内在关联。这不仅是一般系统的整体大于部分之和,而且结构和生成总量的方式与机理也具有明显不同。

第三节 特点与框架

本书的研究内容和内在逻辑决定了其框架结构与表现形式,凸显实验手段在多元行为属性内生化研究中的方法独特性,也有利于促进经济学乃至人文社会科学的科学化进程。

[①] 行为科学还涉及社会心理学、人类学、政治学、历史学、法律学、教育学、精神病学以及管理理论和方法等众多分支学科领域。

一、研究特色

要想真正在理论或方法上有所创新,的确不那么容易;若要说本书的研究论述与同类著作有何不同之处,还是可以略数一二的。

(一)方法特色

肯尼思·阿罗(Kenneth Arrow)、曼瑟尔·奥尔森(Mancur Olson)和阿马蒂亚·森(Amartya Sen)等人的学术观点、侧重点和研究结论,以及所运用的理论逻辑等,为公共选择理论和现代经济学的发展做出了卓越贡献,也为后人关于集体行动的研究奠定了重要基础。而本书则以公共品为研究对象和载体,以博弈实验为技术实现方式,并注意吸收复杂网络和大数据等人类文明科技的新进展,斟酌探讨个体与群体之间的策略行为与合作关系,具体通过观察不同机制下具有不同微观背景的主体的行为响应,将主观意识形成与客观条件变化对应联系起来看;在此基础上,深化复杂行为关系研究,进一步解决微观与宏观、个量与总量多种可能的内在关联问题。

关于个体与群体行为关系的研究,是人文社会科学各分支学科共同关心的问题,获得公认的理论创新是非常困难的,而且还有待长期的实践检验(可能在中国学者所处的学术环境和氛围中,要做到真正的创新恐怕更加困难);但方法上的积极尝试,试图形成贯穿研究始终的主干,这就是特色和价值所在,也是经过努力后有望实现的。"多"就会有差异,就是复杂性的根源,就需要相应的分析方法;通过实验情景设置深入细致地描述刻画异质性主体及所处环境,有效分离可控条件和变量,更好地实现实验预期的目的。

公共品研究有两个不同方向的理论焦点:供给不足与过度占用(公地悲剧),针对哪一类主体、选择什么样的机制、激发出哪一种行为、收到的效果如何等,信息分布、机制作用、权力配置等行为影响因素的不对称、不均匀,如何使不同场景下异质性主体的行为最终趋向一致,达成供求均衡,是不宜在单一行为假设下一概而论的。公共品研究包含了合作等更多的行为属性及相互关系,可看成是行为理论分歧争议的汇聚点,是能比较全面地反映多元行为属性的载体和场景,也便于开展实验。相对独立的个体决策是为了个体效用最大化,而群体中相互影响条件下的多主体交互决策的关键因素是群体行为预期,即对他人和群体下一步行为的预见,虽然目的可能还是为了个体效用最大化,但最关键的因素和环节发生了变化,而实验方法在群体行为预期这点上能大显身手。与传统的计量实证方法相比,经济实验主要是对行为动因、方式、演变和结果全过程的观察对比,然后是综合归纳推理和检验发现;而计量实证主要是在某种理论框架内基于经验数据(行为结果)的分类演绎推理实证。从方法论角度看,行为实验与计量实证都是在继承和发扬实证传统,两者在很大程度上具有互补性,而且前者更多的是对后者的包容性提升。

作为一种副产品和自然延伸,我们再循着方法的适用性来看。不仅对个人、企业来说是这样,即使是更大规模的国家主体间的行为关系,这种策略行为分析方法也是适用的。探讨国家之间的竞争合作亦可如此,国际关系中战胜竞争对手的有力招数,就是化整为零、分而治之(各个击破)。因而,对后起的发展中国家来说,尤其应重视对合作行为的研究。

分析多种情景下多主体、多因素的交互、叠加和综合效应,相对合理、深度地分析成因和机理,哪种情况下股市容易背离实体经济,什么时候容易高估和低估预期,行为表现是条件依赖的,而实验能有利于找出依赖关系和临界点。从单边线性 C-P 思维方式到多因素关联的内生互动的思维方式转变,必须要如此考虑和处理问题,必须要用到实验及类似的手段方法。

(二)科学与人文

什么才是人文社会科学真正的科学化?学界对此要么置之不理,要么仅停留在哲学和思辨层面的态度都是不可取的,学科发展的历史也没有受此困扰和搅缠。要想对这一不可回避的关系问题说得清楚一些,有力的手段工具是必不可少的。行为实验方法的具体形式和规范可以借鉴,而实验对象和内容又有鲜活的人文特色和人性灵魂,有望很好地将社会科学研究中的科学性与人文性相融合、切实打通途径,更好地解释和处理好实验的内部效度与外部效度的协调相应等问题;也能凸显各自特色、划定不同类别学科的合理边界。实验方法和规范都是为目的和内容服务的,它们相辅相成、共生演化、相互促进。

科学性与人文性,是人类与自然交互中的复杂本质和属性的两个不同侧面,它们有密切的内在关联,但又有各自不同的特点和表现形式。用自然科学的科学标准看待和衡量人文社会科学研究,可以为关于人和社会的研究的科学化指明方向、增添动力、提供利器;但从另一个角度看,也正说明传统的科学标准还不够科学。因为科学的真正含义不仅是技术规范,更重要的是要反映研究对象的本质。人的行为特点及社会规律性的"不可控"和"不可重复",常常表现出所谓的随意性,而这些并非是人文社会科学研究的"不科学",反而是对科学提出了更高的要求和赋予更丰富的内涵。所以,人文社会科学研究一方面要加强方法手段的规范性,另一方面更要凸显人文特色、彰显人性灵魂;既要避免强调人文特色而失去科学性,也更要注意勿用科学性遮蔽人文性,两者最有可能在实验的基础上融合统一。

逻辑分析和推理,也可以说是某种意义上的实验,只不过是在理论实验室里进行的,也同样存在有效性和可重复检验性等问题。只是在没有形成理论体系前,结论和知识或许是支离破碎的,而自恰或内在逻辑一致只是解决了内部效度问题,其仍存在外部有效性问题,即能否经受住实践的检验。自然科学的可控可重复实验可在很大程度上替代实践检验,而人文社会科学在此类问题上存在争议和反复不足为奇,更没必要大惊小怪,也不是凭一两个或少数人的经验感觉和权威等来断定,需要公开透明地接受更多人在更广泛情况下和长期的历史检验与评价。

现如今主流经济学理论的滞后与局限主要是由复杂的社会现实与单一的行为假设这一基本矛盾引致的,虽然人们并不否认自利理性这一基本行为属性更为常见,但这并不意味着就能接受用此来概括和代表所有行为属性,需要通过明确实验目的和巧妙的实验设计等,可以在经过科学检验的基础上更好地、综合地处理解决由单一行为假设和C-P推理定式引发的一系列问题。这是人文社会科学研究与自然科学研究的本质区别之一,是科学与人文真正融合必须要突破的关卡。因为人类社会不可能像自然界那样用若干正交因素搭建的积木世界来替代,人的行为不可能事先为自己贴上学科分类标签,人与自然界的友好交互不可能只在既定的框架内进行,人类社会的发展越来越证实这一点。虽然学科划分利于知识的积累和体系的建设,但根本上学科的发展是要服务于鲜活生动的人及社会发展的。

二、内容概要

本书以共同行动中合作行为的机理研究为主题和焦点,重点用博弈实验方法探讨在禀赋差异、收入不平等以及个体行为属性互异等情景下如何通过机制的设计和选择来提高合作水平,从而有利于提高社会福祉、实现共同行动目标;具体地以公共品供给为例,试图揭示人类合作行为的产生动因、持续条件、传导机理、影响效果及临界效应等。全书共有七章,基本组成部分之间的逻辑关系和技术展开路线为:在依据博弈论、行为经济学和实验模型等理论方法及梳理相关研究文献的基础上,构建行为与制度关联的理论分析框架和相应的系列实验模型(组合),运用实验室受控实验方法,在设计和选择不同的机制等现实中可能存在的多种复杂情景因素变化的条件下,观察公共品博弈实验中不同类型主体的种种行为表现和关键特征,进行对比分析和量化实证,深化公共品供给、制度和机制设计、公共经济学等领域的理论探讨,并给出若干应用案例。主要内容如下:

(1)放宽委托—代理理论模型中对代理人/主体的同质性假设,打开行为黑箱、开辟新的视角,将激励机制设计推广到具有异质行为属性的主体范围,此举意味着可以通过改变现实条件和诱发方式来深入研究个性差异化主体中隐含的多元行为属性,为后续研究奠定理论基础。

(2)通过多种场景下针对公共品自愿供给机制(VCM)的循序实验,发现无论是源自个体本身的行为因素、还是源自外部环境的制度因素,都可能会导致个体选择(显著)偏离经典的纯自利理性人假设而产生合作,进一步验证合作是人类行为的共有天性,从而揭示合作行为存在的内在原因,虽然常见的是条件性合作(合作水平对不同的条件会有不同程度的依赖性)。

(3)考察被试在初始禀赋和收入不平等、自然条件不平等这两类不平等,内生与外生的领导与惩罚机制等多种情景下总体与个体不同层面的公共品捐献水平,进行不同的机制选择和设置的对比分析及效应评价。研究发现:惩罚机制的引入对稳定持续地提高公共品自愿供给水平和效率提升有正向作用;领导机制对低禀赋者的捐献水平的影响效应更明显;以及不同机制及环境条件变化对个体行为属性演变的作用。

(4)尝试性地借助序贯博弈实验等系列组合实验,一是能细致、有效地逐步发现行为的深层本质和多样化表现,有助于量化分析行为因素关系;二是便于对行为特点、响应模式、机制效应和环境作用等进行对比评价,从中发现行为与制度(外部条件)的互动关系。

(5)探索性地将博弈实验应用于多主体(公用事业的多个利益相关者)、多目标、多因素、多阶段、多领域的复杂情景决策中,如:公共品提供、全球气候保护与国际减排协议、基本设施建设管理与基本公共服务均等化、核心价值观引领和行为规范保障下的和谐社会构建,以及缩小不合理的收入差距等。

本书在行为与制度(机制)互动的视野与框架中,运用实验方法观察行为表现和关键特征,发现行为响应模式和演变规律,探寻行为传导和群体涌现的机理,为合作行为提供了更为科学的证据,并给予了行为经济学解释:一方面,相对深入地分析了个性和禀赋差异、收入不均等环境对于合作的影响,验证了公共品自愿供给机制的有效性条件及制约因素;另一方面,较为系统地研究了不同性质和类型的领导/惩罚机制对公共品供给状况的影响,并且寻找到了能够同时提高公共品供给水平和供给效率的外部机制设计。据此,我们还提出了进一步研究的若干方向。相比已有研究,本书的主要贡献是在博弈实验分析框架中、在更有现实意义的参数设置下,通过实验室实验这一新兴研究方法全面系统地分析了个体差异和交互影响背景下的公共品供给问题,并且给出了合作的行为观点和实验证据,这不仅有助于开阔我们对相关问题的认知、拓展我们的研究视野,还有助于增强研究结论在应用方面的实用性和针对性。

三、章节安排及导读

不去奢望用一本书就能覆盖和说清楚关于合作话题需要研究和可以研究的内容,况且还是用实验和新的跨学科方法去研究,我们无疑是要根据自己的学术偏好和观点选择取舍、搭建框架。本书的各组成部分既有整体的联系,许多章节又相对独立,读者完全可根据兴趣各取所需;本书前四章主要是理论分析和方法介绍,第五章为实验研究,第六章介绍相关实证案例,最后一章总结全书并加以展望。将内容的逻辑关联和阅读认知习惯结合起来,我们建议读者按照下列既节省时间、又有助于理解的参阅顺序阅读(见图1-2)。

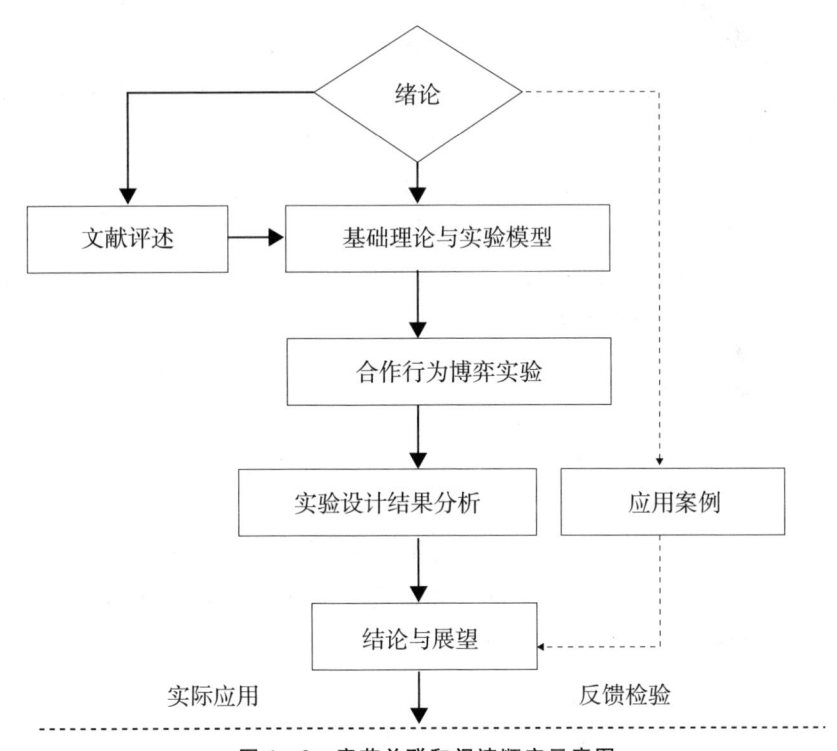

图1-2 章节关联和阅读顺序示意图

第一章绪论,叙述本成果的背景和动因。人类社会因合作得以存在,不仅仅是因为人是社会动物,具有合作偏好,也是群体发展的必然要求。人类具有自然与社会的双重属性,生物意义上的自利与社会意义上的合作都是与生俱来的,积淀而成的偏好是混合态的、处于演变的但又具有相对稳定性的。主流经济学基于完全理性的假设提出的自洽理论无法合理的解释社会经济发展中的诸多问题,本成果基于实验经济学方法,结合博弈论等理论,在实验室以现实中的人为被试研究公共品供给机制等问题。

第二章综述与公共品供给相应的研究文献,从不同角度论述群体行动机制,包括内生性(外生性)惩罚机制、领导机制等,拓展传统激励理论,放宽委托—代理理论模型中对代理人/主体的同质性假设,打开行为黑箱、开辟新的视角,将激励机制设计推广到具有异质行为属性的主体范围,构建异质性员工薪酬激励的基准模型并推广,然后以水资源管理为例,详细论述项目建设与运营中涉及的利益相关者问题,分析项目管理中的利益主体策略行为,提出利益补偿机制,并构建较为完整的分析框架,既包括非合作博弈理论,也涉及合作博弈的思想,最后,利用模型分析,证明提出的利益补偿机制是一个激励相容的机制,能够使各个利益相关者都自愿地选择有利于整体项目利益的策略行为。

第三章阐述共同行为理论和实验模型,分别叙述传统经济学和实验经济学在公共品领域的研究,传统经济学中,根据萨缪尔森给出的公共品定义,其具备非排他性、效用的非可分割性、非消费的非竞争性等特性,虽然萨缪尔森提出了公共品有效提供规则,即萨缪尔森规则,但在没有政府干预下,公共品供给需要通过私人捐献来实现,私人供给的基本模型是以纳什均衡这一假设为基础建立起来的,参与者的最优策略是不捐献。接下来,在基准模型的基础上,推广引入公共参与人构建公共品博弈和群体活动博弈模型,探寻多主体博弈均衡的分析框架和实现途径,并简要介绍用于解决社会经济复杂性问题的计算实验方法。

第四章基于博弈论研究分析合作行为,非合作博弈在有限重复与无限重复条件下可能地合作与非合作行为,其受到参与人的不同策略影响,如惩罚程度等。然后将公平偏好纳入到标准公共品博弈中,并研究在惩罚机制、领导机制等不同条件下的均衡解。并讨论了"互惠的利他主义",其系统化的策略最早是所谓"针锋相对"策略,而"针锋相对"策略被证明在无限次重复的囚徒困境博弈中是有效的。

第五章是具体的实验设计和结果分析,根据史密斯(Smith 1982)的总结,实验室实验要保证可复制性和可控制性,必须满足一定的实验设计原则,包括单调性、显著性、占优性等特性。本章实验的背景是减排与气候保护,实验被设计为在不同的脆弱指数和不同的禀赋条件下在适应性行为投资和减排投资之间的权衡行为研究。整个实验分为三个实验局(treatment),一个为基本实验局,一个为不同禀赋下的实验局(E-treatment),另一个实验局为不同脆弱指数下的实验局(V-treatment)。相应的实验结论为:(1)禀赋差异在气候保护背景下的公共品供给中对其绝对值影响显著;(2)外生惩罚机制能够显著提高公共品供给水平;(3)在外部惩罚实验局中,受试者做出惩罚的决定主要依赖于自身的禀赋水平,对方的禀赋水平,以及组内成员在公共品供给上的行为,以及这种行为与自身行为的差异等。

第六章为应用案例,分别研究分析公路、水资源等公共品和一个公共品自愿供给实验。在村公路研究案例中,揭示公共品市场配置资源和管理低效率的根源在于供求关系中的行为及信息不对称,用博弈论方法论证和选择均衡策略,探讨为提高公共品效用而设计的激励机制的基本特征,据此解释我国公共品短缺等现实问题的内在原因。然后在对天津市水资源实际案例分析中,主要是针对水资源管理中的利益相关者分析,介绍水资源综合管理的含义以及利益相关者分析的重要所在。随后,对天津市水资源管理的特点及主要利益相关者进行初步识别。建立在利益相关者识别和策略行为分析的基础上,文章对项目中涉及的不同利益相关者进行具体分析。此外,还介绍了在天津市调查研究、访谈和问卷调查工作中获得的关于天津市水资源管理和"引滦入津"工程的第一手资料。调查问卷分析也是天津市水资源管理案例研究的重点,通过对三种调查问卷(分别针对居民、企业和管理人员)进行调查结果分析。本章最后内容是关于公共品自愿供给实验,将交流机制引入双重公共品博弈中,研究在异质禀赋条件下,组内和跨组两种交流范围以及单次和重复两种交流频率对于双重公共品自愿供给的影响,在此基础上,分析互惠偏好、禀赋差异、交流的结果等因素是否起作用。

第七章是总结与展望。上述各章内容既相对独立,相互之间又有内在联系,可有针对性地、按不同顺序路径选取相关部分阅读,见图 1-2。如此既能有整体感,又能使重点突出,便于理解和应用。

第四节 评注与期待

"理论是灰色的,生命之树常青"。任何理论模型、经验数据和受控实验,与现实相比总是局部的、小样本的,这类探索也是永无止境的,而且是在逐步推进和提升的,这就是科学价值的实现方法,人文社会科学研究尤其应如此。

本书的研究相对集中在用实验方法研究差异化个体在群体交互与合作环境中表现出的多元行为属性,以及有效的激励机制的设计和选择,所得的结论不可能是普适的,仍属"盲人摸象"。但毕竟能为我们认知人类社会提供直接的感知和第一手材料,而且是动态的、尽可能地去考虑多种属性的,关键是我们应勇于承认传统观念和方法的局限性与所面临的挑战,而且要努力找到克服和制胜办法。

毋庸置疑,经济和人文研究中的实验方法发展至今还未遂人愿。这会使人自然地联想到和类比计量实证方法引入经济学分析所经历的遭遇和辉煌,而当今时代背景下实验方法的蓬勃兴起,其意义和能量都会大大超过以往任何一次方法创新对经济学的变革与推进。

显然,不要说不同的人在不同的环境下对同一问题所做的实验,可能会得出不同的结论,即使是同一个人、在同样环境下所做的重复实验,所得的结果也可能会不同。但并不能由此说行为实验的不可检验性和不可信,也丝毫不能否定此类方法的科学性,而这正好反映出行为的复杂性和实验的必要性,并且大量的实验证明了人类行为在许多特点上表现出的一致性和规律性。如公平偏好、利他合作、忠诚信任、互利互惠等,虽然还有很多不确定性,但至少是在很大程度上打开了行为黑箱,在揭示行为本质上迈进了一大步,从而有助于为认知复杂经济社会问题找到或接近决定性因素。行为实验既发现共性又尊重个性,是全包容、全覆盖的,将基于样本和经验数据的随机实验与自然实验相结合,在提升研究方法方面又迈上了新台阶。这正好体现人文社会科学研究中的人本特色,既有其规律性而又不那么机械死板,问题的关键是我们该如何设计实验,把焦点集中在行为属性、诱发行为特殊性的原因和条件上,揭示其内在机理。特别是在互联互通的时代,APP 等相关技术应用的广泛和深入程度,其强大功能可能现在还难以完全想象。当代人借助 APP 等所创造的奇迹,都是对人类曾经有的盲从和疏忽在一定程度上给予的弥补和挽救;同时,对于那些无论是做研究还是搞实业的人,会尽可能地避免继续地疏忽和无视导致的自行消亡。

经济实验＋APP 技术,是"互联网＋"的思维方式,极大地促进了实验的全息化、一体化和普及化。实验经济学的发展,不仅仅局限于实验室和现场/实地的受控实验,也不是一般的在线实验,而是可利用 APP 技术与日常真实行为并轨实验,再利用大数据技术能从细微真实的行为记录中发现特点和规律,以及酝酿、发酵、形成的宏观社会涌现和典型化事实等非常态现象;也能反过来把人如何受外界环境条件变化、反馈、响应模式等观察和刻画出来,形成完整的内在关联的螺旋式上升轨迹。而至于说具有人文特色的行为实验究竟能研究什么问题,用什么样的软件操控和数据处理技术,使所得结论更加可信和易于检验,这些问题不仅能从自然科学和工程技术那里借鉴经验、汲取养分,还极有可能超越对自然界的认识方法,将人的和灵魂深处鲜活的东西发掘总结出来,以更好地指导自身行为,促进人类社会的健康稳定、持续加速地发展。

再把话头收回到经济研究层面,尤其是本书的焦点议题,探讨共同行动的机制设计和选择及相关问题,通过改变资源禀赋、信息沟通、奖惩规则等,用实验想做和能做的事会很多,关于行为的认知及其对机制和条件变化的响应会更深、更细、更全,能使理论的解释力和预见力及可信度大大增强。制度无疑对个体行为和群体行动的产出起着至关重要的作用,但制度(机制)与行为(目的和方式)相互之间究竟是如何相互作用的,应该用什么样的研究方法更适宜等,经济实验研究正在开辟和继续沿此路径实现探讨内容和方法能力的实质性双重提升与转变,这已是很了不起的事情了。然而,实验方法还可能蕴藏着更加巨大的能量,或许会超出目前人类的想象所及,也很有可能引发经济学发展的突发式涌现和跨越式上升。

第二章　目标导向的机制设计与异质行为响应

聚沙成塔,集腋成裘,纯物化的总量可由个量的简单代数和得来,而赋予人文灵魂的个体行为又是如何加总生成群体现象的？研究个体意愿如何形成和影响群体行动,就需要深化和拓展同质的代表性主体,必须充分注意到异质个体行为对制度(机制)的差别化响应及组织结构效应等,如此有望为群体行动的多种可能的产出形态寻求内在动因和演变轨迹,需要探索相应适宜的方法,梳理和分类研究不同的机制设计及行为响应,这是一个很好的切入点和突破口。

第一节　自发行为与自愿捐献机制(VCM)

新古典经济学中合作是建立在追求自身利益的个体行为基础上,而且这些个体中并没有什么中心权威强迫他们互相合作。各自在追求自身利益的同时,彼此之间又能达成某种形式和程度的合作,其动机是否出于对他人的关心或者对群体利益的考虑呢？

合作可以从个体自利行为的理性选择逻辑中得到解释,而不需要强加上利他主义的考虑,这早在《国富论》的著名论断中就得到了最清晰的陈述:"就几乎所有其他物种的动物来说,在其长大成熟的过程中,每一个个体都是完全独立的,并从天性上不能与其获得其他个体的帮助。但是,人类几乎总是倾向于向他的同伴寻求帮助,尽管仅仅从同伴的仁慈中寻求这种帮助是徒然的。如果人们能够自愿的享受他们的自爱并向他人展示正是为了自身的利益去做他人需要我们所做的事,这种行为将很容易在人群中传播开来。不管哪一个人向其他人提供任何一个交换的机会,这都值得建议去做!因为:基于我'我所需'的,而你得到'你所求'的——就证实这类行为的全部意义所在;正是通过这种方式,我们从他人那里获得的远远大于我们所需要帮助的物品。我们得到所需要的食物,并不是出自屠夫,酿酒师和面包商们的仁慈,而是出于他们自利行为的结果"(Smith,1784)。

帕累托最优的概念就是对这种合作观的逻辑的追索。一种状态 X 是帕累托效率的,是指所有的相关者不能找到任何一种另外的状态 Y,以至于在 Y 状态时所有相关者的福利比 X 时更好,或者在 Y 状态时能够不减少他人福利的同时使得至少其中一个人的福利水平得以改善。显然,由于理性经济人能够通过强制实施一个帕累托最优的结果而抓住某种合作的机会,如果说一种状态 X 是帕累托非最优的,就意味着这种结果不是最终状态。帕累托效率是迄今经济理论中最被认可的概念或论点之一,事实上在新古典经济学理论分析中的一个主要任务就是寻求各种方法或者途径,以实现或者促进经济上帕累托最优的结果。在某些简化情景下,预先假设效率的概念在理性行为中十分流行是很现实的观点:人们将会彼此合作——如果合作将使得彼此获益。事实上在新古典经济学中就是以此为基础,主要研究在以下三个模式中的合作制度:

(1)直接协议模式,经济人之间通过直接、面对面的讨价还价,来达成一种群体的合作,这种合作的研究是建立在帕累托效率假设的基础上,在此基础上结盟或者联盟的形成就不能被忽略;同时在各种联盟条件下,哪一种效率的结果才是稳定的,即核的存在性,是对这类合作行为研究的重点。

(2)市场化模式,即社会行为的决策权被完全赋予个体意义上的经济人,因而群体行为的结果依赖于个体自利的策略互动性行为。这种合作行为研究的核心在于价格信号对于市场的合作组织来说,是一种有效的市场机制,当一个经济人知道价格以后,他只需根据价格信号的引导,最终这些非合作的自利性决策行为将会奇迹般达成一种帕累托有效的结果。

(3)基于正义的模式,此时决策权被赋予一个权威的仲裁者,其相关的社会选择将遵循一系列规范性的原则进行。如此其实就赋予了仲裁者一个机制设计的任务,即从个体参与人中诱导出关于自身偏好的选择,并且从这些选择中挑选出最终的机制,促使合作的产生。但是上述分析的基础在于理性经济人,在这一假定基础上人们的偏好具有完备性和传递性的理性定义,再辅以连续性和凸性等公理,那么就能够得到一个定义良好的偏好序,这个偏好序表达了人们进行选择的依据;紧接着通过设置一个连续且凹的效用函数来度量这个偏好序,那么经济学家就可以把效用函数作为目标,给定约束条件,从而整个选择变成了一个求解最优化的过程。但是这种假定带来一系列的问题,其中最关键的就是它要求结果和偏好的内在一致性,所求的最优解必然一开始就是决策者最偏好的,结果序实际上是偏好序的体现,通过观测人们的实际选择就能够推断人们内心的权衡,此时更不需要考虑心理过程,将大脑作为黑箱存在,这就是显示偏好理论的核心思想。新古典经济学认为虽然这些公理化假定是需要怀疑的,但它们是否和现实相符并不影响理论本身的科学性。新古典经济学本身对于合作的研究的逻辑实证主义主要是建立在这些公理化假设上的,但是到20世纪70年代,特沃斯基和卡尼曼(Tversky and Kahneman 1974,1981,1986)证伪了新古典理性人背后的公理化假定,同时提出了自己的备择效用函数。

这些从理性的自利假设出发的预测跟我们熟悉的许多情况并不相符。比如在独裁者博弈实验中,提议者和响应者决定如何分配一定数额的钱,提议者首先提议一个分配给响应者的份额,响应者必须无条件接受,在纯粹自利偏好下,提议者知道响应者没有否决权,从而分配给响应者的份额应该为0,但是在不同国家不同时间进行的实验发现,存在很大比例的提议者分配给响应者远大于0的份额。在礼物交换博弈实验中和纯粹自利偏好下,当提议者决定工资水平之后,响应者都只会付出最低水平的努力,但实验发现提议者提供了远高于最低水平的工资,响应者也付出了明显高于最低水平的努力,并且工资和努力之间存在显著的正相关关系。而信任博弈中在纯粹自利偏好下响应者不会返还任何数额的钱,提议者知道响应者不会有任何返还,所以不会赠送任何数额的钱,但是实验结果表明提议者赠送了一定数额的钱,响应者也返还了一定数额的钱,并且赠送数额和返还数额之间存在显著的相关关系。

表2-1 博弈实验中亲社会行为及其偏好

博弈类型	现实生活中的例子	理性经济人假设下的预测	博弈实验结果	行为解释
两个参与人,每一个参与人都可以选择合作或者不合作,支付函数如下: 　　合作　背叛 合作 H,H　S,T 背叛 T,S　L,L (囚徒困境)	负外部性的生产(污染,噪声大等),不具约束力的契约下的交换,地位竞争	背叛	道斯(Dawes,1980)50%的参与者选择合作,沟通机制能够增加合作的频率	互惠偏好
N个参与人同时决定他们的贡献水平 $g_i(0 \leqslant g_i \leqslant y)$,其中 y 是参与者的禀赋;每一个参与者 i 的所得 $\pi_i = y - g_i + mG$,其中 G 是所有参与者的贡献总和,并且 $m < 1 < mn$ (公共品博弈实验)	团队赔偿,在简单小型社会下的合作生产,公共资源的过度利用(比如水资源,渔场等)	每一个参与者贡献水平为0	莱德亚德(Ledyard,1995)参与者在一次性博弈中贡献50%的禀赋,在多期博弈情况下,大多数参与者选择 $g_i = 0$。沟通机制能增加贡献水平。个体惩罚机制也能显著增加贡献水平	互惠偏好

续表

博弈类型	现实生活中的例子	理性经济人假设下的预测	博弈实验结果	行为解释
在提议者和回应者之间分配有一个固定数额的钱 S。提议者提出一种分配方案，他要分给对方 x。如果回应者拒绝 x,两者都得 0,如果 x 被接受,提议者得到 S—x 同时回应者得到 x。(最后通牒实验)	保质期短的商品的垄断性定价	分配方案 $x=\varepsilon$；其中 ε 是最小单位。任意 $x>0$ 都可被接受	古斯等（Guth et al, 1982）大多数的分配方案是 0.3 或者 0.5 个 S,x<0.2S 在一半的时间内被拒绝	不平等厌恶、利他偏好
类似上面的最后的通牒实验但是回应者不能拒绝,提议者是独裁行为(S—x,x)(独裁者实验)	慈善捐献（比如彩票中奖者匿名的给陌生人捐款）	没有任何分享，也就是 x=0	卡尼曼等（Kahneman et al,1986）平均下来提议者能够分配 x=0.2S 给回应者。不过不同的实验结果变动很大	纯粹利他偏好
投资者有禀赋 S 同时要转移部分资产 y 给信任者,信任者收到 3y 的资产并且可以回馈给不超过 3y 的 x 的资产给投资者。投资者赚得 S—y+x,而信任者赚得 3y—x	没有约束力的契约下的交易	信任者不回馈投资者不投资	伯格等（Berg et al, 1995）平均下来 y=0.5S 同时信任者的回馈略少于 0.5S。x 随着 y 的增加而增加	互惠偏好
提议者提供 w 给回应者,同时提议者有一个合意的努力程度 ê,如果回应者拒绝(w, ê),那么双方的所得为 0,如果回应者接受,那么回应者可以自己选择在 1 到 10 以内的任意的 ê。那么提议者赚得 10ê—w,而工人赚得 w—c(ê),c(ê)是努力水平的成本,它随着 e 单调递增（礼物交换博弈）	雇员和雇主	回应者选择 ê=1,提议者付出最小的 w	费尔等（Fehr et al, 1993）提议者支付的 w 远高于最小值,回应者接受低水平的 w,但是对此的回应是 ê=1。	互惠偏好
提议者 A 和回应者 B 进行独裁者博弈。C 观察双方的分配情况。C 可以惩罚提议者 A 但是惩罚是有成本的。(第三方惩罚博弈)	对于不公条款的社会职责	A 不会给 B 任何分配,C 也不会对 A 进行惩罚	费尔和菲施巴赫尔等(Fehr and Fischbacher, 2001a)对 A 的惩罚要远小于 A 分给 B 的	不平等厌恶

说明：本表的数据在 Camerer 和 Fehr(2001)的表上基础上汇总重制。

其中囚徒困境博弈和公共品博弈中的合作行为比较典型,而其中的博弈实验中的合作行为恰恰模型化了一些经济现象的合作行为：例如环境污染问题,其中一个参与者的行为对其他合法团体构成了有害的外部性；又例如一种公共物品的生产等,实验表明,在一次囚徒困境博弈中有一半的实验对象会选择合作,而在公共品博弈实验中,实验对象通常会贡献出一半的禀赋进行投资(这个投资区间波动很大)。表2-2我们列举了12篇关于合作行为的实验研究文献的基本数据,这些数据均说明人们的行为系统地偏离了经济人的自利假设。

表2-2 合作行为博弈实验文献的基本数据

博弈类型	文献来源	国家	被试者是否为学生	平均合作水平
囚徒困境博弈	库珀等(Cooper et al.,1996)	美国	是	22%的合作
囚徒困境博弈	黑梅扎特和蓬波尼奥(Hemesath and Pomponio,1998)	美国,中国	是	在美国25%的合作,在中国54%的合作
囚徒困境博弈	泰森等(Tyson et al.,1988)	南非	是	45%的合作(黑人),37%的合作(白人)
VCM	安德里尼(Andreoni,1995)	美国	是	贡献水平33%的禀赋
VCM	李斯特(List,2004)	美国	否	贡献水平32%的禀赋——年轻人,贡献水平43%的禀赋——老年人
VCM	巴尔(Barr,2001)	津巴布韦	否	贡献水平为48%的禀赋(无惩罚机制)
VCM	巴尔和金赛(Barr and Kinsey,2002)	津巴布韦	否	贡献水平为53%的禀赋——女性,贡献水平为48%的禀赋——男性
VCM	卡彭特等(Carpenter et al.,2004a)	越南,泰国	否	贡献水平为72%的禀赋(无惩罚机制)——越南,贡献水平为61%的禀赋(无惩罚机制)——泰国
VCM	恩斯明格(Ensminger,2000)	肯尼亚	否	贡献水平为58%的禀赋
VCM	盖希特等(Gaechter et al.,2004)	俄罗斯	有部分为学生被试部分为非学生被试	贡献水平为44%的禀赋——学生被试者,贡献水平为52%的禀赋——非学生被试者
VCM	亨里奇和史密斯(Henrich和Smith,2004)	秘鲁,智利	否	贡献水平为23%的禀赋——秘鲁,贡献水平为33%的禀赋——智利Mapuche,贡献水平为58%的禀赋——智利Huinca

续表

博弈类型	文献来源	国家	被试者是否为学生	平均合作水平
VCM	卡兰(Karlan,2005)	秘鲁	否	贡献水平为81%的禀赋(实验为门限公共品博弈实验)

说明：本表数据来自 Cardenas 和 Carpenter(2008)的表,VCM 代表自愿贡献机制下的公共品博弈实验。

第二节 群体行动机制设计类别与效应

实验经济学特别是公共品博弈实验的引入,使我们得以从个体层面运用控制性的实验方法对公共品供给问题予以定量分析,在此基础上发现其内在规律进而可以为公共品供给的治理提供有效机制。传统的公共品博弈实验模型对此描述如下,假设共有 n 个人参加实验,实验员给予每个人初始 y 个筹码的禀赋,所有人同时向某公共池(公共项目)进行投资, g_i 表示第 i 个人投入的筹码量,投资完毕后,无论参与者投资多少,他们都将获得同等的回报,回报额为公共池中的投资总额乘以一个系数 λ。这样每个人得到的物质效用就是个体原来的初始禀赋减去投进公共池中的筹码再加上从公共池中得到的回报,个体 i 的效用函数为:

$$\pi_i^1 = y - g_i + \lambda \sum_{j=1}^{n} g_j$$

同时该轮中群体的收益是:

$$\sum_{i=1}^{n} \pi_i^1 = ny - \sum_{j=1}^{n} g_j + n\lambda \sum_{j=1}^{n} g_j$$

其中系数 λ 被定义为 MPCR(Marginal Per Capital Return),即边际个体回报,这里设定 $0<\lambda<1<n\lambda$,此时对个体 i 来说由于 $\frac{\partial \pi_i^1}{\partial g_i} = -1 + \lambda < 0$,故在每一轮中个体 i 的最优策略是使得 g_i 最小化,即投资水平为零。但从群体的总收益角度来说,每个人投资的最大化是最优策略,因为 $\frac{\partial \sum_{i=1}^{n} \pi_i^1}{\partial g_i} = -1 + n\lambda > 0$。

按照该博弈模型,搭便车策略始终是参与者的一个纳什均衡策略,但是现实生活的直觉和观察往往与此相悖。道斯和泰勒(Dawes and Thaler,1988)就指出,公共品中的搭便车问题一方面肯定会存在,但在另一方面肯定与标准的理论预测不符。安德里尼(Andreoni,1988),艾萨克和沃克

（Isaac and Walker,1988）等大量传统公共品博弈实验表明,人们即不会像自利模型预测的那样会选择全部卸责,也不会选择使整个社会最优的捐献全部禀赋的策略,这从另一个侧面说明合作在一个社会两难困境中确实存在。莱德亚德(1995)在其关于公共品博弈实验的综述文献中总结到:大量相关实验中的一个一致结果是,在实验初始时人们一般会投资(捐献)大约一半的初始禀赋,但是随着实验的重复进行,其投资水平会逐渐降低,并最终接近于自利模型预测的零水平投资。早期大量的公共品实验研究结果所揭示的一个基本规律是:人们的自愿合作行为显著存在而非人人搭便车。

在经济人自利假设条件下,搭便车策略始终是公共品博弈中参与者的纳什均衡策略,这是私人提供公共品的无效性和由政府来供给公共品必然性的理论基础。但是正如莱德亚德(1995)对20世纪70年代开始到90年代中期为止的公共品博弈文献的综述中所总结的,在一次性和有限重复实验阶段,被试的投资额一般处于帕累托最优水平和搭便车水平之间,平均值大约占被试全部禀赋水平的40%～60%,这与经济人假设下的零投资预测水平形成鲜明的对比。也就是说,在两难的社会困境中,大量的公共品博弈实验依然表明人类会形成自发的合作秩序。对此莱德亚德(1995)的解释是有两种:(1)坚持认为这仍然属于自利假设范畴,认为实验室环境下,参与者通常会对博弈激励机制产生混淆或者误差(confusion/error),所以才会出现正的贡献。而随着实验进行,参与者会通过学习来修正认知找到最优策略。但是很明显在众多文献中都存在期数效应(period effect)。(2)参与者存在不同程度的社会偏好(social preference),比如利他、互惠、不平等厌恶(Rabin,1993)。乔杜里(Chaudhuri,2011)对1995年之后的大量后续公共品博弈实验研究进行了新的梳理,进而总结和揭示了关于人类公共品供给问题中另外两个具有代表性的基本规律,即群体中条件合作者的存在是人们形成自愿合作的基础,而利他惩罚能有效解决人类合作的脆弱性问题。

一、惩罚机制

人们的自愿合作行为具有脆弱性特征。这种"脆弱性"是指随着实验重复进行,公共品自愿合作水平会逐渐下降。这种现象也被称为公共品投资额或合作水平的"期数效应",即随着期数增加,人们的自愿合作水平会呈现下降趋势,即使是在单期重复甚至被试随机匹配的情况下,这种期数效应也显著存在。并且越接近博弈的后期,人们的自愿合作水平越接近于经济人假设的零水平状态,即搭便车行为侵入并占据主导优势。我们需要如何解决人类合作的脆弱性特性? 随着公共品博弈实验研究的不断深入,乔杜里

(2011)在综述中发现利他惩罚往往是解决公共品自愿合作行为脆弱性的一种有效机制。利他惩罚虽然对于个体来说是有代价的,但是一系列的公共品实验研究揭示个体对搭便车者进行惩罚大量存在,并且显著地提升了群体的合作水平(Yamagishi,1986;Ostrom et al,1992;Fehr & Gächter,2000;Carpenter,2004,2007 a,b;Masclet et al,2003;Hermann & Thoni,2008)。对惩罚机制研究最为经典的为费尔和盖希特(Fehr and Gächter,2000,2002)。在他们的实验中,利用 Andreoni(1988)的"伙伴"与"陌生人"实验设置,参与人被分在 4 人一组的小组中,他们要参加 20 轮实验,其中头十轮没有惩罚机制,而后十轮则是带有惩罚机制的公共品实验。头十轮实验就是一个标准 VCM(Voluntary Contribution Mechanism)实验,每人有 20 个禀赋,MPCR 是 0.4。

在后十轮中每一轮分为两个阶段,在第一个阶段,参与者要进行一个标准的 VCM 实验,如上述的一般情况;在第二个阶段,参与者在看到其他人的贡献之后可以选择惩罚组内其他成员。被惩罚者每被惩罚一个惩罚点,就意味着其收益减少 10%,同时实施惩罚对于施罚者同样是有成本的。实验结果发现不带惩罚机制的实验中对公共品的平均贡献水平是 19%,而带有惩罚机制的实验中对公共品的贡献水平是 58%;同时在最后一轮中不带惩罚机制的公共品贡献率是 10%,而带有惩罚机制的公共品贡献率达到 62%。而按照理性模型,人们的标准策略是在不带惩罚时捐献为零,而在惩罚时选择不惩罚,他们的实验数据均推翻了这两个结论。尤其在最后一轮,人们的捐献水平还保持一个较高位置。费尔和盖希特(2000,2002)是在惩罚成本与技术、惩罚制度外生给定的前提下研究惩罚机制对群体合作行为的影响,并且没有考虑惩罚制度外生参数的变动,以及反惩罚行为与"二阶段搭便车"行为对合作行为的影响,后来,学者们从惩罚制度外生参数变动,二阶段惩罚、惩罚技术与惩罚制度内生性的角度拓展与深化费尔和盖稀特(2000)的研究。

(一)外生性惩罚机制

安德森和普特曼(Anderson and Putterman,2006)在费尔和盖希特(2000)实验设计基础上,同时排除对惩罚的策略性刺激,只使用了陌生人的实验设置,引入不同惩罚成本(对被惩罚者的单位惩罚需要惩罚者付出的代价)来研究惩罚对合作行为的影响。研究发现,对于不同的惩罚成本,针对搭便车者的非策略性惩罚行为确实普遍存在,而且被试的贡献水平低于小组平均贡献水平越多,他接收到的惩罚点数就越多;在控制了搭便车者的行为水平以后,惩罚行为水平与惩罚成本负相关,这说明惩罚决策服从需求法则。在费尔和盖希特(2000)实验设计基础上,卡彭特(Carpenter,2007b)进行了类似的研究,与费尔和盖希特(2000)的不同在于,他们采用5个不同的惩罚成本,同时每一个参与者只能惩罚他目前所在组内的一名成员。研究发现,惩罚成本提高10%,惩罚行为需求减少8%,而降低惩罚成本,增加了对搭便车者的惩罚威胁,提高了小组的平均合作水平。不过两者的研究结果稍有差异,安德森和普特曼(2006)的研究表明对于惩罚的需求可能是有弹性的,不过卡彭特(2007b)的研究得出在控制搭便车者的行为后,对于惩罚的需求可能是缺乏弹性的。尼克福瑞基斯和诺曼(Nikiforakis and Normann,2005)研究了有成本惩罚的成本效率问题,他们设计了4个不同的实验条件,每一个实验条件中都有相同的惩罚成本和不同的惩罚度,最后他们发现惩罚的效率和平均贡献率之间有一个单调关系:当效率提高时,平均贡献率也在提高,所以总是存在一个最优的惩罚度以及与之相匹配的平均贡献率。也就是,高贡献下的惩罚度并不意味着是有效率的惩罚度。

不过,作为比较静态分析,上文有关惩罚机制对合作行为的影响仅改变了费尔和盖希特(2000)中惩罚制度中的参数,没有考虑团队结构以及博弈期数的影响,卡彭特(2007a)检验了团队规模,公共品生产率和组内成员监控能力的关系,发现惩罚机制对于团队结构是很敏感的,当每一个组内成员能够监控并惩罚组内其他成员时,贡献率是很高的,但是当组内成员被允许监视并惩罚仅仅组内一半的成员时,这时候的惩罚是最有效率的,在这种情况下,贡献率几乎等同于每一个人相互监督,但是惩罚会使得搭便车者尽可能多的贡献,然而当组内成员只能监控并惩罚组内其中一人时,惩罚对搭便车者不再是一个有效威慑,这时候贡献率就会跌落到同没有惩罚机制下的情况一样。盖希特(2008)在费尔和盖希特(2000)模型的基础上改变了博弈的期数,研究发现惩罚机制对合作水平的影响依赖于公共品博弈的期数,即惩罚机制中的时间效应,在公共品博弈期数越多,Fehr和Gächter(2000)模型中惩罚机制对合作行为影响越明显。

上述有关惩罚机制对合作行为的影响仅限于一个有成本的惩罚阶段,而且惩罚仅针对有关公共品的贡献决策,因此,惩罚者可以免除被报复,而在惩罚阶段中没有对"搭便车者"实施惩罚行为的被试("二阶搭便车者")也可以免除被惩罚。假如存在对惩罚者与"二阶搭便车者"的报复机会,那么群体中惩罚行为将受到影响,从而影响群体的合作水平。

在研究二阶惩罚中的反惩罚行为(惩罚者只对一阶惩罚中惩罚过自己的被试实施惩罚)对合作水平的影响时,尼克福瑞基斯(2008)设计了一个实验,在这个实验中有两个不同惩罚机制,一个惩罚机制等同于费尔和盖希特

(2000)的设计,另一个惩罚机制中在原有惩罚机制中增加了一个反惩罚的第三阶段,在这个第三阶段中每一个参与者会被告知自己被惩罚的点数并给予一个报复给予自己惩罚的成员的机会,从而发现由于二阶惩罚行为的出现降低了第二阶段对搭便车者的惩罚行为,二阶惩罚实验设置降低了合作水平。而辛尼瓦古马等(Cinyabuguma,et al.,2005,后文简称 CPP)研究了二阶惩罚机会中对"二阶搭便车者"的惩罚行为,他们设计了一个实验,在这个实验中,参与者将观察到在惩罚阶段成员们所惩罚的对象是高于平均贡献率的成员,还是等同于平均贡献率或者低于平均贡献率的成员,同样地,在这个实验中也设置了第三阶段,在这个阶段参与人可以惩罚那些在第二阶段惩罚高于平均贡献率的成员。研究发现,由于这种惩罚行为提高了阶段二中针对"一阶搭便车者"的惩罚行为,提高贡献阶段的合作水平,因此,具有二阶惩罚机会的群体合作水平高于 VCM 与一阶惩罚实验设置中的合作水平。而 CPP(2005)与尼克福瑞基斯(2008)在研究结论上的差异主要源于实验设置中的信息差异。

德南-博蒙特等(Denant-Boemont et al.,2007)以费尔和盖希特(2000)实验设计为基础,综合 CPP(2005)尼克福瑞基斯(2008)的实验设置,研究反惩罚与对"二阶搭便车者"的惩罚对合作水平的影响。他们的研究验证了 CPP(2005)与尼克福瑞基斯(2008)结论,不过,研究也显示主要是由于反惩罚对合作水平的消极影响强度大于对"二阶搭便车者"的惩罚对合作水平的积极影响,因此,增加二阶惩罚并没有提高群体的合作水平。

(二)内生性惩罚机制

上述分权性、外生性惩罚机制引起了另外两个问题,即在允许惩罚的情况下容易导致"复仇式"的反惩罚,这其中包括反社会性惩罚,而这种反惩罚能够抵消利他惩罚对提升合作水平的积极作用,实验研究的数据表明,反常惩罚或对高合作者的惩罚在所有惩罚行为中占 15% 到 25%;另外一个是由于利他惩罚对双方来说都有成本,因此导致了群体效率降低的问题,比如德雷贝等(Dreber et al.,2008)在哈佛商学院的双人配对的囚徒困境博弈实验,详细分析了个体行为决策与收益之间的关系,他们发现,惩罚行为的采用和收益之间存在很强的负相关,排名越低即收益越高的参与者所采用的惩罚策略要比排名越高即收益越小的参与者少得多,即"赢者不罚"。同时他们的实验再次表明,惩罚会增加合作的频率,但不会增加平均收益水平。

卡萨里等(Casari et al.,2009),埃尔坦等(Ertan,et al.,2009)研究目的在于寻找一个内生性的惩罚规则以更加有效的克服搭便车问题。卡萨里等(2009)在实验中惩罚机制的内生性体现在一致同意实验设置中,该设置规定要对群体中某个成员进行惩罚必须得到两个或以上的群体成员的同意，否则不允许进行惩罚。实验发现：与费尔和盖希特等(2000)的设置相比较，一致同意实验设置显著的提高了群体的合作水平与成员平均收益，而这种改善主要是由于一致同意的惩罚规则减少了群体中对高合作者进行惩罚的行为。在实验设置中，埃尔坦等(2009)根据实验第一阶段对公共账户的贡献水平平均值，把每个群体的成员分为高于、等于与低于平均值的成员，然后要求成员就这三类成员进行投票，最后，根据得票的多少决定谁应该得到惩罚。实验发现，由于采用了投票决定谁应该受到惩罚，没有任何一个小组决定对高合作者进行惩罚，因此，有效的排除了反社会惩罚行为；在合作水平与效率方面，在通过投票决定谁应该受到惩罚的实验设置显著高于没有惩罚以及没有限制惩罚设置；比较不同实验设置群体中的搭便车频率，实验发现，标准 VCM 中的频率最高，其次是费尔和盖希特等(2000)设置下的搭便车频率，而频率最低的是通过投票限制惩罚行为的设置。

与费尔和盖希特等(2000)的不同，卡萨里等(Kamei et al.,2011,后文中简称为KPT)研究惩罚机制中的惩罚参数的内生性对合作行为的影响。KPT(2011)把 24 期重复性 VCM 划分为 6 个阶段，在每四期实验结束后要求每个群体中 5 个成员就惩罚参数进行投票，然后根据新的惩罚参数进行新一轮的实验。实验发现：在惩罚实验设置组中，89%的成员投票选择对搭便车者进行惩罚，并且投票者很快就找到最优惩罚系数；与基础实验设置比较，惩罚实验设置组中的合作水平与平均收益显著的提高，并且在重复实验过程中，合作与收益水平得到了有效的维持。

前述内容研究了惩罚技术的内生性对于合作行为的影响，可是，由于他们的研究是在给定惩罚制度的前提下研究惩罚对合作的影响，因此，这些研究不能回答两个理论问题：(1)在公共品博弈中，在存在自主选择的前提下，被试会偏好哪个制度？(2)若群体成员有权进行内生性的选择惩罚制度，这会对他们的合作行为产生什么样的影响？萨特等(Sutter et al.,2010)研究了内生性惩罚制度与合作的关系。

盖希特等(2006)在费尔和盖希特等(2000)实验设计的基础上，允许实验参与者在标准公共品博弈实验设置(SFI)与有成本惩罚机制的公共品实验设置(SI)间进行自由选择，从而研究实施对搭便车者的惩罚机制所具有的竞争优势。在实验的第一期后，比较 SI 与 SFI 发现：选择加入 SI 的参与者仅占全部实验参与者的三分之一；选择 SI 的参与者平均公共品供给量显著高于选择 SFI 的参与者，最初选择 SI 的参与者中有四分之三属于高合作者，选择 SFI 的参与者中有接近一半的人属于搭便车者；在重复的实验后期,几乎所有的实验参与者选择加入 SI 并且选择高度合作行为,而 SFI 中公共品供给几乎等于 0。在实验的最后,SI 中的成员平均自愿供给公共品达到禀赋的 99%,而 SFI 中成员的自愿供给接近于 0。

萨特等(2010)与盖希特等(2006)在实验设计方面存在三个方面的区别:首先,盖希特等(2006)研究被试通过"用脚投票"来实现对制度或机制外生的两个群体的选择,而萨特等(2010)要求被试"用手投票"来内生性的决定群体的制度选择;其次,盖希特等(2006)着重惩罚机制的使用,而前者在研究公共品投资中同时考虑了奖励机制的重要性;最后,后者允许实验参与者在两个不同机制的群体间进行无成本的自由转移,而前者在研究参与者在选择机制时考虑了相应的投票成本。萨特等(2010)研究显示:制度的选择显著的依赖于奖励与惩罚的效率,在高效率的奖惩条件下,85%的群体内生性的选择了带奖励的 VCM,而在低效率的奖惩条件下,63%的群体选择了标准 VCM;在群体的合作水平方面,制度选择内生时显著高于制度外生;在制度内生选择的实验设置中,无论奖惩效率高低,带奖励的 VCM 中的合作水平显著高于标准 VCM;在低奖惩效率实验设置中,带惩罚的 VCM 中群体合作水平几乎是带奖励的 VCM 中合作水平的两倍,不过,在高奖惩效率实验设置中,没有任何一个群体的被试内生选择带惩罚的 VCM。

二、领导机制

条件合作者的行为依赖于被试对其他人贡献水平的信念,可是,在同时行动的公共品博弈中,这种来自信念的不确定以及一些被试的悲观信念会造成公共品自愿供给不足。目前,在实验经济学中,学者通过在公共品博弈的贡献决策阶段引入领导机制来解决由于被试的信念而导致的合作问题。在序贯公共品博弈中,追随者往往把自己的贡献决策建立在领导者的合作水平上,另外,在领导者具有信息优势的情况下,追随者往往从领导者的贡献决策中推断信息,这可以诱发出追随者的互惠型或条件合作型行为,从而导致群体合作水平的显著提高(Moxnes 和 Heijden,2003;Potters et al. 2005;Güth et al.,2007;Gächter,et al 2010;Rivas 和 Sutter,2011)。

(一)外生性领导机制

在公共品博弈实验中,外生性领导机制中的领导一般由实验者指定或者由具有信息优势的一方扮演领导者角色。在领导者与追随者之间存在行为和信息不对称的背景下,研究表明领导者通过榜样或者牺牲自己的利益可以积极的影响追随者的合作行为(Hermalin,1998)。相关的实证研究,最初出现在领导者榜样对慈善筹款的影响机制研究中,韦斯特兰德(Vesterlund,2003)研究了在序贯公共品博弈中领导者慈善捐赠信息对慈善筹款的影响,她认为领导者慈善捐赠榜样在其他捐赠者的行为选择中发挥着框架效应(frame effect),这有利减少公共品供给中的"搭便车"行为。

波特等(Potters et al.,2007)认为理论上在不完全信息的序贯公共品博弈实验中,有可能领导者贡献行为起到了信号传递的功能,从而带动了追随者的贡献行为,并且提高了群体的合作水平,一方面也有可能是因为追随者是互惠型且模仿领导者的行为才引起了上述行为,所以他们设计了一个实验,分别在不完全信息条件下和完全信息条件下,同时实验分别采用序贯博弈方法和同时博弈的方法,这样就有 4 个实验条件,即不完全信息序贯,不完全信息同时,完全信息序贯和完全信息同时,在不完全信息条件下,他们将 MPCR 分别设置为(0,0.75,1.5),而完全信息下的 MPCR 为不完全信息条件下 MPCR 的期望值。他们在研究中发现:在不完全信息环境中,序贯公共品博弈实验中合作水平比同时博弈高出 50%。他们认为这可以由两个方面做出解释:信息优势的领导者以自己的贡献行为作为信号来协调与更新追随者的信念,促使 80%的追随者模仿领导者行为;领导者在做贡献决策时已经预期到追随者的条件合作型行为,比如:在 MPCR=0.75 时,理论上,领导者不应该采用合作行为,但是,实证研究发现,与同时博弈时 15%的合作水平相比,序贯博弈时领导者的合作水平提高到了 75%,而追随者的合作行为也增加了 37%。而在完全信息条件下,序贯公共品博弈和同时公共品博弈之间没有显著的区别,这就证实了领导者贡献行为起到了信号传递的功能,从而带动了追随者的贡献行为,并且提高了群体的合作水平。

可见,领导者的贡献水平影响着群体的合作水平,可是,领导者的贡献水平也不总是高合作型的,有些领导者贡献水平很低,这使得群体的公共品供给水平也很低,而另外一些领导者的贡献水平比较高,使得群体的公共品供给水平也比较高。盖希特等(2010)研究了领导者类型、领导者的贡献决策以及领导者对追随者合作偏好的信念对公共品贡献水平的影响。他们设计一个实验,这个实验是基于一个简单的两人的领导者—追随者博弈实验,具体实验中采用一次实验(one-shot)的版本,参与者在实验中共有 7 次决策,其中 1 次是作为领导者,6 次是作为追随者,而追随者的决策是通过策略方法(strategy method)引致得出,这样就能根据参与者在追随者情况下的贡献情况确定参与者的类型,同时基于上面的结果,他们让受试者预测他的同伴在追随者情况下的贡献水平,观察不同类型的参与人的信念,以确定是否存在虚假认同效应(false consensus effect)。实验研究发现:领导者的贡献水平与他们的合作偏好之间具有显著相关关系,自私型的领导贡献水平最低,强互惠型领导贡献水平最高,而弱互惠型领导的贡献水平介于两者之间;他们发现对追随者合作类型的期望与领导者合作类型之间具有显著的相关关系,即自私型的领导者总是倾向于认为群体中其他成员更有可能是自私的,而强互惠型的领导者总是倾向于认为群体中其他成员更有可能是强互惠型的。不过,盖希特等(2010)在控制了领导者对追随者合作类型的期望后,实验数据显示不同合作偏好类型的领导者在贡献决策方面依然存在比较大的差异。因此,他们认为不同领导者的贡献水平差异在很大程度上可以由领导者的合作类型差异作出解释,在互惠型领导者的领导下群体的合作水平更高。

(二)内生性领导机制

波特等(2005)研究了在有关公共品价值信息不对称的情景中,内生性领导机制对公共品贡献的作用。内生性主要体现在实验的博弈顺序结构(序贯还是同时)由被试投票与一致通过规则决定。他们设计了一个实验,在实验中组内共有两个参与者,同时 MPCR 是不确定的,在内生性实验设置中,共有两个阶段,第一阶段是投票阶段,在这阶段参与者 1 和 2 都投票 a_1 和 a_2(a_1, a_2=0 或 1),只有当 $A=a_1*a_2=1$ 时,则采用序贯博弈,参与者 1 的贡献率要被第一个被公布,第二阶段是贡献阶段,如果投票决定采用序贯博弈,那么 MPCR 对于参与者 1 就是已知的,而对于参与者 2 仍然是不确定的。为了对比外生性和内生性的差异,他们同时也设置两个外生性实验,分别是外生性序贯博弈和外生性同时博弈。在内生性博弈中,从理论上可以看出存在两个贝叶斯博弈均衡,其中序贯博弈是帕累托最优的。而在研究中发现,在内生性实验设置中,具有私人信息的被试中有 82% 投票赞成采用序贯博弈顺序,而没有私人信息的实验者中有 99% 赞成,结果有 81% 的实验小组采用了序贯博弈顺序;研究还发现无论博弈顺序是内生的还是外生给定的,在序贯博弈实验中的领导者与追随者的贡献水平与个人收益水平都显著高于采用同时博弈顺序时的水平。不过,内生性的序贯博弈顺序时的公共品供给水平与实验者收益水平比在外生性的序贯博弈实验时的高。

古斯等(Guth et al.,2007)在关于领导机制对于公共品博弈实验中合作行为影响的研究中,试图解答三个方面的问题:(1)领导者榜样作用对于 VCM 中的贡献率以及领导者的权力对于领导者榜样作用在 VCM 中的影响是怎样的;(2)如果领导者是固定或者轮流,对于其在 VCM 中贡献率是否有影响;(3)如果领导者是内生产生的,又会是什么情况。所以他们在实验设置时,在领导者榜样的基础上赋予领导者具有开除群体成员的惩罚权力,外生领导机制由实验者指定一个人为领导或者群体内部成员轮流做领导,而内生领导机制通过群体投票决定本群体是否需要一个领导。具体实验设计中,他们采用了三种类型的 VCM:(1)标准 VCM,(2)带有领导者的 VCM,(3)带有强领导者的 VCM。在分析第一个问题时候,他们采用带有强领导者的 VCM,赋予领导者具有开除群体成员的惩罚权力。在分析第二个问题时候,他们采用带有领导者的 VCM,同时设置了两个部分,第一部分中,领导者是固定的,在第二部分中,领导者是轮流担任。而对于第三个问题的分析,他们采用了带有领导者的 VCM,只是领导者是投票内生产生的。研究发现,领导者的榜样对于公共品的供给具有积极的影响,并且在领导者具有开除群体成员的惩罚权力时,群体内部公共品供给水平显著的提高;在两种外生的领导任命方式的实验中,公共品的供给水平没有显著的差异;实验发现 40% 的群体通过投票成功的产生了领导,在公共品供给水平方面,有领导的群体显著的高于没有领导的群体。

在现实中,一些群体中的领导既不是外生指定,也不是通过投票内生决定的,而是群体成员自愿充当领导角色的。里瓦斯和萨特(Rivas and Sutter,2011)研究自愿领导对公共品博弈的影响。在自愿领导实验设置中,在每期公共品博弈贡献阶段开始前允许小组中四个成员中的任意一位自愿决定是否担任领导的角色,一旦产生了自愿领导者,他就开始作出公共品贡献决策并且向其他三位成员公开决策信息,然后,其他成员同时就贡献水平作出决策,若博弈开始前没有人自愿做领导,那么该实验过程就等同于标准 VCM。研究发现,自愿领导设置中的合作水平比标准 VCM 高 50%,比外生领导实验设置高 80%。另外,他们发现自愿领导不仅提高了群体的合作水平,而且也降低了领导者与追随者在合作水平之间的差异。与外生领导实验设置相比较,自愿实验设置中的自愿领导机制发挥着信号功能,从而自愿领导对于追随者的榜样作用更强。

三、群分机制

(一)外生性群分机制

由于被试的异质性,那么形成 PG(Public Goods)博弈实验小组的成员组成将对参与者的合作行为产生怎样的影响?冈恩托斯道特等(Gunnthorsdottir et al.,2007a,b)与盖希特和托尼(2005)的研究根据参与者过去的贡献水平进行群分。冈恩托斯道特等(2007a)在实验中采用了两种实验设置：随机设置与分类设置。在分类实验设置中，实验工作者根据12名参与者在初始实验中的贡献量把他们分为高、中、低档三个小组。实验发现：对于给定的MPCR，分类设置中具有高合作倾向的一组中平均贡献量显著高于随机设置，并且随重复次数而下降的趋势更加缓慢；在MPCR＝0.5或者0.75时，分类设置中群体的合作水平可以得到有效维持，甚至不出现合作水平衰减的趋势。盖希特和托尼（2005）采用一次性线性PG博弈（MPCR＝0.6）来进行"排名"实验，目的是测量实验参与者的类型（合作态度）。完成"排名"实验后，他们开始进行10期固定成员的分类PG博弈。在实验前，参与者被告知群体分类的规则：根据在"排名"实验中成员的贡献水平由高到低，三人一个小组。小组分类完成后，成员获取有关本小组中其他成员贡献水平的信息。盖希特和托尼（2005）研究表明，外生性分类群体有效的提高与维持了群体的合作水平，而这种合作水平的提高是通过在合作倾向方面具有异质性的成员之间进行社会学习而实现的。

不过，这种外生性群分机制在实验设计上还存在着一些问题。比如：在对成员进行"排名"或分类而进行的第一期实验中，没有办法排除参与者基于对其他成员合作的信念而采用的策略性行为，这造成在盖希特和托尼（2005）的研究中得出了一个不符合逻辑的结论：当把"排名"实验中合作倾向最低的成员组合在一起时，该小组的合作水平却高于随机组中、低合作水平的小组。另外，在他们的实验设计中没有办法有效的检测出参与者所具有的群体成员信息对参与者合作行为的影响。戴·奥利维拉等（De Oleveira et al.，2009）根据菲施巴赫尔等（Fischbacher et al.，2001，后文中简称为FGF）测量出的成员社会偏好类型进行归类，把被试分为条件合作者与自私者两类，然后根据被试的类型群分为同质组与异质组，并且在实验设置中根据被试是否具有群体其他成员类型的信息把群体分为：知道信息分布组与不知信息分布组。他们的研究发现：由条件合作者组成的群体在合作水平上显著高于异质组；另外，知道信息分布组的合作水平也明显高于不知信息分布组，这意味着参与者所拥有的群体成员类型信息对参与者合作行为具有重要影响。

（二）内生性群分机制

对PG博弈中群体内生性的研究开始于埃尔哈特和克泽尔（Ehrhart and Keser，1999），他们把9个被试随机的分为三个小组，允许实验参与者单方面的自由决定加入其他群体或组建新的群体。由于群体中的合作者没有办法排除搭便车者的加入，因此，群体的合作水平很难维持并且呈下降趋势。在现实中，有关拥有决定谁应该进入或谁应该被排除出群体的权力对于群体的合作水平具有重要的影响,辛尼瓦古马等(Cinyabuguma et al.,2005)在标准的 PG 博弈实验基础上允许群体成员通过投票,并且可以按照多数票规则决定谁将被驱除出群体。他们的研究发现,与标准 PG 博弈实验相比,一旦引入驱除机制,群体成员的合作水平得到显著提高,并且得到了有效的维持。不过,他们在实验中规定:某个群体成员一旦被驱除出现在的大群体就没有机会重新回来,而是只能进入另一个低收益的群体进行博弈。我们认为这种驱除机制过于严厉,这会造成群体规模的不断缩小,进而使得群体所能够提供的 PG 水平不断下降。查尔斯和扬(Gary Charness and Young,2010)认为辛尼瓦古马等(2005)的驱除机制并不现实,并且没有考虑群体成员自愿离开群体的行为。他们主要研究群体成员退出、驱除以及群体规模内生化对群体成员合作行为的影响。在实验中规定每三期实验结束后,群体成员可以自主决定是否离开原来的群体(Ehrhart 和 Keser,1999),同时,群体成员还就留下来的成员进行投票表决,采用多数投票规则决定具体哪个成员应该被驱除出群体(Cinyabuguma,Page 和 Putterman,2005),不过,被驱除出去的成员有权力自主决定是否加入其他群体。实验还规定不同群体可以通过投票决定是否应该合并成更大的群体。实验研究发现:内生性群体实验组的 PG 贡献水平明显高于固定群体成员控制组,在群体合作水平的维持方面,固定群体成员控制组的合作水平呈现出持续的下降趋势,最后实验期仅有 25% 的合作水平,而内生性群体实验组的合作水平比较稳定,在最后的实验期还保持 95% 的合作水平。

布雷克等(Brekke et al.,2011)规定所有实验被试都要参加由三个部分组成的 31 期 PG 博弈实验。实验的第一部分是一次性标准 PG 博弈实验;第二部分是 10 期固定群体成员的重复 PG 实验,不过,在开始重复博弈前被试必须就加入蓝组还是红组进行决策,如果被试决定加入蓝组,那么他将获得 50 挪威克朗,如果被试决定加入红组,那么他将向挪威红十字会捐赠 50 挪威克朗,当被试做出该决策后,分别将选择红组与蓝组的成员按照三人一小组进行分组,然后开始重复 PG 实验;第三部分是 20 期 PG 博弈实验,与第二部分的区别在于:每期实验前,被试可以重新选择加入红组或者蓝组,每期实验的成员分别从红组或蓝组中随机产生,并且都获取前一期实验中红组与蓝组中每个小组的平均贡献水平。研究发现:在一次性 PG 博弈实验中合作水平高的实验者在后续的实验中更多的选择了红组;在任一实验期,红组中成员平均合作水平显著的高于蓝组,并且实验后期的合作水平红组得到了有效维持,而蓝组不断下降;对于具体的某个被试,当他作为红组成员时的合作水平往往会高于做为蓝组成员时的合作水平;随着实验的不断进行,红组与蓝组的合作水平差距不断变大。

四、结语

研究如何提高公共品博弈中的合作水平,对于解决提高团队竞争力、增加公共品的供给(比如:慈善捐赠)、解决环境保护以及气候变暖问题,甚至对于构建和谐社会等都具有重要的意义。现有文献围绕着公共品博弈中合作行为的两个问题(为什么出现合作行为?如何维持与提高合作水平),从被试合作行为的异质性角度解释了为什么在重复公共品博弈时合作水平会下降,然后分别从惩罚机制、领导机制两个方面综述了有关提高与维持合作水平的文献。对于每个提高合作水平的机制,我们都从外生与内生两个方面进行梳理和展开分析:惩罚机制主要研究在标准 VCM 基础上增加具有成本的惩罚阶段,现有的研究主要通过外生或内生的方法选择不同的惩罚技术或制度以实现增加一阶或二阶"搭便车"者的成本以提高合作水平;领导机制把标准 VCM 的同时博弈改为序贯博弈,通过对被试合作水平信念的影响,激发追随者的条件合作行为,从而提高合作水平。由此在一定程度上看出:可控实验方法在研究经济行为时的科学合理性及有效性。

第三节 基于异质主体行为的激励机制设计

"搭便车"行为不仅存在于公共品供给中,社会经济中的团体合作行为中也比比皆是,学者们为解决集体行为中"搭便车"行为造成的负效应而相应地设计相应的激励机制;同时,激励是经济管理研究的核心问题之一,其目的是调动人的积极性和协调利益关系,进而实现资源的有效配置,如:直接薪酬激励,相对绩效评估和综合激励措施等。自赫维兹的奠基性工作(Hurwitz,1972)以来,经过众多经济学家的努力,激励机制设计逐步发展成相对完善的理论体系和应用中十分活跃的领域。企业是要素"合作"的产物,其中的薪酬管理是企业对员工最直接有效、最常用的激励方式,是实践性很强的课题;将机制设计理论与此结合,传统理论是以比较成熟的、适用面较广的经典委托代理模型为基础,着重解决所有权与经营权分离的现代企业中的代理成本问题,而本节则试图从更广的、更贴近人的行为的视角,探索薪酬激励研究的一个新方向,也可以从某些侧面认识合作行为的一些特性。

当今日趋复杂的经济金融,人们多元化的价值取向、多种多样的行为表现,不断的变形异化,或加剧或消亡。当系统性偏差不显著时,可采用随机数学处理方法,不同方向的偏离相互抵消;而当这些偏差对结构、过程和宏观涌现或集体行动结果的影响不可忽略时,这为研究异质个体的合作行为提供了现实基础,而且广义的薪酬激励自然还会涉及非货币化方式,这就要有相应的新的研究处理方法和手段。企业绩效是衡量激励效果的方便易得的观察变量和评价尺度,需要更注重行为研究,博弈论为此提供了理论分析框架,实验提供了研究工具和手段。

一、薪酬激励理论分歧的焦点及成因

激励理论于20世纪70年代提出,在90年代得以迅速发展和提升;在薪酬激励实践中,为适应企业管理实践中组织形式和员工需求的多样化,企业分配中不断并迅速拉大的薪酬差距(Connelly et al.,2014),以及关于薪酬与绩效的关系、新时期的整体薪酬观念等问题在理论上难以形成定论,从而获得前所未有的关注(Lawler,1981;Tropman,2001)。薪酬激励及效应等相关问题是在理论上和实务界都备受关注、颇有争议的重要议题,其中的高管薪酬、薪酬差距与企业绩效之间的关系等关键内容,能否以及为什么和如何通过薪酬激励提高企业绩效这样一个直观的问题经过相当长时期的探索争论后至今仍未形成定论,成为理论上的一个分岔点。在经典的理性行为假设和代表性主体(RA:Representative Agent)分析框架内,已有大量的与本节主题相关度高的文献主要有效率工资、礼物交换实验、团队激励等。简要地回顾和评述相关文献与焦点定位问题是必须的,而前人大量的关于企业员工的薪酬激励的研究,主要是从总量、差距、载体(形式、构成)和制度(智力结构、会计信息)等因素与绩效的关系角度考虑,而且着重针对一些特指群体,如高管层、知识型员工和销售人员等(陈晓东等,2008),但为什么高管薪酬的增速、薪酬差距拉大的速度明显快于企业绩效的增长速度(Connelly,2014)等一些深层次问题至今未有比较合理公认的解释呢?

即使个体行为属性在时间和空间(也包括社会关系网络)上能保持一致,但行为表现也是依赖环境(条件)的。员工在市场和企业内的行为目标和方式是不同的,更何况在货币偏好、对薪酬收入的看重程度等方面表现出的个体差异性或异质性更是不可忽略的,但又是可认知和可处置的,这成为提升管理效率和提高企业绩效非常重要的、必须要深入探讨的问题。组织因素造成的员工在市场上和企业内行为的差异性,使得在研究薪酬管理时传统的基本行为假设的适应性问题突出,包括在市场行为导向和衡量标准等研究问题;其次,企业组织中基本的行为属性维度和关键指征上的个体差异性导致的激励效果和企业绩效,仅聚焦于特定群体和人员的工资报酬,既缺乏个体差异性(创造性贡献和动力的源头),又忽略了企业中各类要素和人员的相互联系的整体性(系统中元素的相互依赖和互为条件),因为日趋复杂的经济活动中的现代企业是多种差异性要素的契约结合体。

薪酬激励与企业绩效有非常密切的关系,是劳动经济学等相关分支的基本内容,传统理论也有相应的研究结论。然而,从早期的发现到最近的完全相反的结论,扭曲、混杂、掩盖或放大薪酬模式和支付构成对企业各类员工的激励效果、敏感度与薪酬变动、公平感与收入差距之间的关系(王国成,2014)。在这些方面理论基础薄弱,仅由局部和特定样本得到的经验性实证结果的支持,不具备普遍意义上的说服力和缺乏足够的支持力度。行为对薪酬变动(以及外部因素改变)的响应和敏感程度不同,差异不可忽略:公平感强的员工,或许会更多地观察到锦标赛制激励(行为理论之争)的负面影响;货币偏好突出的员工可能更倾向于直接激励,其根本原由在于行为属性的倾向性和现实表现的差异性。薪酬激励的手段措施、制度规则、企业文化等的效应是与微观基础层面上的员工类型特点交互适应的。选择性微观基础决定其性质和强度:锦标赛激励对货币偏好和注重效率的企业与员工来说可能是直接显效的,但对于看重公平和工作意义的员工则未必如此。因而,要完全掌握员工的私有信息,成本巨大,也不现实且没必要。相关的各种理论观点都存在着微观基础的适应性问题,因而为薪酬激励建立选择性微观基础是必要的。所以,揭开薪酬激励机制和行为选择的复杂之谜,认识到何种类型员工、哪些事情上和在什么时候究竟采用何样的激励方式与强度,无论是理论上,还是现实中都有重要意义。

解决委托—代理问题方法包含设计激励机制,委托人收集或交换代理人的私有信息等,但这些方法都将耗费巨大的成本,不如在实施过程中赋予代理人适当的自主选择权,让其在自我权衡选择(个体异质性)后自愿传递出委托人所需要的信息,更有利于达成双方受益(共享剩余)的博弈均衡(王国成,2012)。在此我们暂不考虑价值取向上的倾向性,着重理论技术上的探讨和解释,提炼问题、凝聚焦点、分解展开,如此平等的双向选择,更利于调动积极性、协调要素关系。若单从一方面考虑,陷入要素成本和产品价格的轮番推动,只会使要素利益矛盾加剧加大、加深加快。传统的计量实证,着重考察因素或变量间的统计或相关关系,但在探讨转折和临界变动时的数量界限等方面机理不清、方向不明;而从行为角度探讨更符合薪酬激励活动的根本,多主体平等博弈和行为实验等方法更符合其特点。拓展前人基于人力资本理论和治理结构、集中对高管薪酬的研究。给予和尊重企业所有员工的自主选择权,尽可能符合和接近其偏好,这就是最大的激励。礼物交换、互利互惠、公共品供给和信任博弈等行为博弈实验(Camerer,2003),为此提供了大量的有充足说服力和支持力度的实证数据。

异质薪酬激励的含义是丰富的、表现类型是多样的。薪酬激励有效的前提是激励模式与激励对象的偏好和追求的目的一致(符合)。锦标赛和行为理论两种代表性理论观点的分歧,在行为根源上找到统一的解释,破解的方法就是分类处理员工的异质性行为。大量的实践和理论研究表明,薪酬激励理论分歧的根本点在于对人的基本行为假设上。付出劳动无疑需要补偿和奖励,人们对货币和财富有基本的刚性需求,这些是共性、是稳定的基础;然而真正能起激励作用的是满足个性需求的差异性,采取差别化薪酬激励,对企业、社会和每一位员工,都是非常有研究价值的。行为异质性与适应性薪酬激励的微观基础:主要是指员工行为对传统理论中经典假设不同程度的异化或异变,是一种系统性偏差(Bias)而非随机误差(Error),而且不同的员工偏离的程度可能是不同的,实际应用中是指不同类型员工的各种真实行为表现,如在货币偏好(对薪酬激励方式、时机和强度的看重程度)、认知与技能、公平感、条件响应、性格特征以及家庭背景等关键行为特征方面的个性化和差异性,而这些异质性或行为偏差对企业绩效产出造成的影响不容忽视。选择性微观基础,或者说是微观决定的,即不同类型员工的行为属性在很大程度上决定着薪酬激励模式和机制选择的有效性。

由于组织内化和团队涌现等群体行为的功能属性,企业能够转换甚至改变完全竞争、单一价值取向的市场属性和特色,使员工的个性化差异得以更充分地展现,而且薪酬投入和绩效产出并非呈简单线性的正相关关系,不同类型员工和部门间的薪酬差距和分布结构的形态更是多样化和复杂多变的。现代企业是多种要素和不同类型员工的契合体,其中个体差异性蕴涵的创造性,团队激励协同效应和系统涌现的能量等,仅靠传统的基于可分离、相互独立变量的因果关系分析方法所不能完成的,这是理论和方法的根源;而行为偏差和不对称,是人文现实根源。因而,拓宽激励对象范围和群体、考虑多元行为属性、丰富激励选择方式,调动各方面的积极性,协调要素利益关系,才能真正使企业达到最优产出。

二、激励机制设计基本模型

在构建异质性员工薪酬激励的基准模型时,本节采用通行的机制设计模型表述和符号体系(Fudenberg 和 Tirole,1991,Ch7),做适当的改动和扩充。委托代理理论试图用形式化语言规范地分析这样一类问题:在类似于薪酬管理劳资双方参与的博弈局势中，一个参与者（称为委托人或资方）想使另一个参与者（代理人或劳方）按照前者利益选择行动，但委托人不能直接观测到代理人选择了什么行动，能观测到的只是一些间接的替代（代理）变量（如：产品数量和工作时间代表劳动者的努力态度，产品质量和工艺创新等反映出劳动者的认真程度与能力水平，薪酬模式选择显示劳动者的货币偏好……），这些变量由代理人的行为属性、环境条件和其他外生的随机因素共同决定，因而充其量只是代理人的不完全信息（私有信息）。委托人的预期目标和所面临的问题是，如何设计合理的机制（制度、规则及合同），以便能根据这些观测到的信息来奖惩代理人，激励其选择对委托人最有利的行动。

$\forall i \in N$（代理人集合），用 A_i 表示该代理人所有可选择的行动组合，$a_i \in A_i$ 表示 i 的一个特定行动；[1]令 θ_i 是不受代理人（和委托人）行为控制的外生变量（称为"自生成状态"），Θ_i 是 θ_i 的取值方位，θ_i 在 Θ_i 的分布函数和密度函数分别记为 $G_i(\theta_i)$ 和 $g_i(\theta_i)$（当 θ_i 为离散变量时，相应地 $g_i(\theta_i)$ 为概率分布）。在代理人选择行动 a_i 后，外生变量 θ_i 实现。a_i 和 θ_i 共同决定一个可观测的结果 $x_i(a_i, \theta_i)$ 和一个货币收入（产出）$\pi(a_i, \theta_i)$，其中 $\pi(a_i, \theta_i)$ 的直接所有权属于委托人。假定 π 是 θ_i 的严格递增的凹函数（即给定 θ_i，代理人的努力程度越高，产出（绩效）越高，但努力的边际产出率递减），π 是 θ_i 的严格增函数（即较高的 θ_i 代表 i 有较强的能力和处于较有利的状态，因而具有较高的生产率水平）。注意，$\pi(a_i, \theta_i)$ 也可能是一个向量，可能包括 π，甚至 a_i 和 θ_i（后一种情况意味着 a_i 是可观测的）。在 1 对 1 的两个（类）参与者的博弈格局中，[2]委托人的问题是设计一个激励合同 $s(x)$，根据观测到的 x 对代理人进行奖惩。

$s(x)$ 的特征：假定委托人和代理人的 v-N-M 期望效用函数分别为 $v(\pi-s(x))$ 和 $u(s(\pi))-c(a)$，其中 $v'>0, v''\leqslant 0; u'>0, u''\leqslant 0; c(a)$ 为选择行动时的努力成本函数，且 $c'>0, c''>0$。即委托人和代理人都是风险规避者或者风险中性者，努力的边际负效用是递增的（成本曲线的凹凸方向与效用函数相反）。$\partial \pi/\partial a>0$ 和 $c'>0; \partial \pi/\partial a>0$ 的假设意味着委托人和代理

---

[1] 尽管在许多模型中行动 a_i 被简单假定为代表工作努力水平的一维变量，理论上讲，行动 a_i 可以是任何维度的决策向量。比如说，如果 $a_i=(a_1^i, a_2^i)$，一种可能的解释是 a_1^i 和 a_2^i 分别代表代理人花在"数量"和"质量"上的工作时间，只是为了分析的方便，常常假定 a_i 是代表努力水平的一维变量。

[2] 另一方也可以是由典型的代表性主体实施行为替代的一类代理人，故对于这样不考虑代理人差异性的情况，分析中的符号可不用加下标来区别。

人的利益冲突,即委托人希望代理人多努力,而 $c'>0$ 意味着代理人希望少努力。因此,除非委托人能对代理人提供足够的激励,否则,代理人不会产生动力按委托人希望的那样努力工作。

假定分布函数 $G(\theta)$、生产技术 $x(a,\theta)$ 和 $\pi(a,\theta)$ 以及效用函数 $v(\pi-s(x))$, $u(s(\pi))-c(a)$ 都是共同知识;就是说,委托人和代理人在有关这些技术经济关系上能达成一致的认识;此假定还意味着,a 和 θ 同为代理人相互关联的性征变量,如果委托人能观测到 θ,也就可以知道 a,反之亦然。①

委托人的期望效用函数可以表示如下:

(P) $\quad \int v(\pi(a,\theta)-s(x(a,\theta)))g(\theta)d\theta$

委托人所期望的就是如何制定 $s(x)$ 以激励代理人选择 a,使上述期望效用函数最大化。但是,委托人在这样做的时候,也需要考虑到代理人面临的两个约束。第一约束是参与约束(participation constraint),即代理人从参与该项活动中得到的期望效用不能小于不参与时能得到的最大保留效用,②可以表述如下:

(IR) $\quad \int u(s(x(a,\theta)))g(\theta)d\theta - c(\theta) \geqslant \bar{u}$.

第二个约束是代理人的激励相容约束(Incentive Compatibility):给定委托人不能观测到代理人的行动 a 和自然状态 θ,在任何激励合同下,代理人总想选择使自己的期望效用最大化的行动 a,因此,委托人希望的任何 a 都只能通过代理人在使自身效用最大化的行动中实现;③换言之,如果 a 是委托人希望的行动,$a'\in A$ 是代理人可选择的任何行动,则只有当代理人选择 a 比选择 a' 得到更多的期望效用(至少不低于)时,代理人才会选择 a。激励相容约束的数学表述如下:

(IC) $\quad \int u(s(x(a,\theta)))g(\theta)d\theta - c(a) \geqslant \int u(s(x(a',\theta)))g\theta d\theta - c(a')$, $\forall a' \in A$

代理人为实现委托人的利益最大化目标下的理性选择 a,并不一定保证是代理人自身唯一的效用最大化;而委托人若设计不出这样的机制,不能够激励代理人达到如此的努力水平,自然也实现不了效用最大化。这实质上就是博弈均衡。委托人所要做的是通过制定能激励代理人选择 a 的 $s(x)$

---

① 这是为什么必须同时假定 a 和 θ 都不可观测的原因。
② 理性代理人的保留效用由他所面临的其他市场机会决定,参与约束又称为个体理性约束(Individual Rationality)。
③ 通俗点儿讲就是:老板希望员工做的,正好也是员工愿意做的。

来最大化期望效用函数(P),满足约束条件(IR)和(IC),即:

$$\max_{a,s(x)} \int v(\pi(a,\theta) - s(x(a,\theta)))g(\theta)d\theta$$

S. T. (IR) $\int u(s(x(a,\theta)))g(\theta)d\theta - c(a) \geqslant \bar{u}$

(IC) $\int u(s(x(a,\theta)))g(\theta)d\theta - c(a) \geqslant \int u(s(x(a',\theta)))g(\theta)d\theta - c(a'), \forall a' \in A$

这种最基本的模型化方法被称为"状态空间法"(state-space formulation),最初由威尔逊(Wilson,1969),斯宾塞、泽克豪森(spence 和 Zeckhauser,1971)和罗斯(Ross,1973)提出使用,其优势是非常直观清晰地构建了委托人和代理人之间的技术经济关联,局限是从难以获得经济学意义上有信息量的解[如果 $s(x)$ 不限制在有限区域,解甚至不存在]。

莫里斯(Mirless,1974;1976)和霍姆斯特姆(Holmstrom,1979)对上述模型方法加以推广,得到了另一种等价的但更为方便的模型化方法,称为"分布函数的参数化方法"(parameterized distribution formulation)。这种方法是将自然状态 θ 的分布函数转换为行动结果 x 和 π 的分布函数,这个新分布函数通过内在关联函数(技术关系)$x(a,\theta)$ 和 $\pi(a,\theta)$ 从原分布函数 $G(\theta)$ 导出,用 $F(x,\pi,a)$ 和 $f(x,\pi,a)$ 分别代表导出的分布函数和对应的密度函数。在状态空间法中,效用函数对自然状态 θ 取期望值;在推广后的参数化方法中,效用函数对可观测变量 x 取期望值。此时,委托人的问题可以表述如下:

$$\max_{a,s(x)} \int v(\pi - s(x))f(x,\pi,a)dx$$

S. T. (IR) $\int u(s(x))f(x,\pi,s)dx - c(a) \geqslant \bar{u}$

(IC) $\int u(s(x))f(x,\pi,a)dx - c(a) \geqslant \int u(s(x))f(x,\pi,a')dx - c(a'), \forall a' \in A$

委托代理理论还有另外一种模型化方法,称为"广义分布方法"(general distribution formulation)。从以上分析中可看出,代理人在不同行动之间的选择等价于在不同分布函数的选择,因此,可将分布函数本身当作选择变量(相当于在数学上进行泛函分析),将 a 从模型中隐去。令 p 为 x 和 π 的一个密度函数,p 为所有可选择的密度函数的集合,$c(p)$ 是 p 的成本函数,那么,更广泛情况下委托人的问题可以表述为:

$$\max_{a,s(x)} \int v(\pi - s(x))p(x,\pi)dx$$

S. T.　(IR)　$\int u(s(x))p(x,\pi,s)dx - c(p) \geqslant \bar{u}$

　　　(IC)　$\int u(s(x))p(x,\pi)dx - c(p) \geqslant \int u(s(x))\tilde{p}(x,\pi)dx - c(\tilde{p}),$
$\forall \tilde{p} \in p$

在上述三种模型化方法中,相比较而言,参数化方法可以说是最常用的标准方法。

三、异质性员工背景下激励模型的推广

推广异质性员工的薪酬激励模型可沿两个方向展开:(1)基础行为核心假设(IRRA)不变,主要考察条件性因素变化所产生的影响,是外部延展法;(2)放宽行为假设,聚焦主体性因素,深化对多元行为属性的分析,属于内生纵深法(王国成,2012)。越来越迫切的现实需求,又有当今分布式模拟实验等高性能计算技术的支持,使得对异质性员工的薪酬激励的专门研究成为必要而又可行。

将单向委托代理关系中的激励机制加以推广,考虑员工行为的异质性,在更广的范围内赋予其更多的自主选择权,形成双方对等的双向互选的局势,就有可能达成更高层次上的博弈均衡。上述的模型化分析中,$x(a,\theta)$是个体行动结果,$\pi(a,\theta)$是企业绩效(员工群体努力的结果),委托代理模型所要表述的核心问题其实就是个体与群体(或不同类型个体)之间的行为关系问题,但传统的做法是在 RA 范式(代表性主体:Representative Agent Paradigm)和相应的分析框架中展开的。为了说得更清楚一些且便于比较,需要将 RA 范式进一步明确为 IRRA 范式(Independent 和 Rational Representative Agent),不仅表明了研究的个体是同质的、相对独立决策的理性的代表性主体,其更深层的含义是:在此假定下,加总生成机理就可大大简化为最基本的形式,社会总量(福利函数/选择函数)＝个量简单的代数和(个体行为方式的同向集聚)。由于日趋复杂的现实经济生活中个体行为多样化和群体产出结果的涌现(Emergence)特征,需要考虑具有不同微观背景(偏好禀赋、行为模式、成长轨迹等)和所处环境条件不同(组织结构、演变过程和外部因素的变化等)的异质性主体的情况,其加总机理、实现途径和产出结果等并不是单一确定型的,也不可能完全符合随机假定,正是如此才可能会导致宏观涌现,这也正是相对集中地探讨个体与群体行为关系、由此揭示经济复杂性之谜的必要性和可行途径。

将 IRRA 放宽到 HIA(异质性交互主体:Heterogeneous Interacting Agent),考察员工异质性的基本维度(方面)可设定为:货币偏好或金钱观

以及财富禀赋;风险态度与时间偏好;人力资本(智力禀赋与受教育程度);岗位职级(机遇捕捉);行为模式(基本决策行为和随外部条件变化或外生冲击的响应函数/反应类型),各个维度都有相应的度量方式和尺度。我们用 λ_i 表示 i 在综合考虑上述几个维度意义上的行为属性(方式)参数,代理人群体中至少存在一个 $j(j\neq i)$,使得 λ_i 与 λ_j 之间有显著性差异,否则,就可简化适用 IRRA 假设和范式。最基本的推广就是在 i 的效用函数中包含行为属性参数和其他人的策略行为,同时该模型体系中其他处均做相应的改动,即:

$$i \text{ 的效用函数 } u(s) \implies u_i(s_i, s_{-i}; \lambda_i)$$
$$\text{保留效用 } \bar{u} \implies \bar{u}_i(\lambda_i)$$

则可将考虑问题的背景延伸到如下情况:委托人(整个社会)对若干个差异化的个体进行激励;用 $A_i(\lambda_i)$ 表示行为属性 λ_i 的代理人 i 的所有可选择的行动组合(一般情况下简记为 A_i),$a_i \in A_i$ 表示代理人的一个特定行动;令 θ_i 是不受代理人 i(和委托人)控制的外生变量,Θ_i 是 θ_i 的值域,其他含义类推。此时机制设计的基准模型扩展为:

$$\max_{a, s(x)} \int_{\oplus} v(\pi(a, \theta) - s(x(a, \theta))) g(\theta) d\theta$$

S. T. (IR) $\int u_i(s_i, s_{-i}; \lambda_i) g_i(\theta_i) d\theta_i - c_i(a_i) \geqslant \bar{u}(\lambda_i)$

(IC) $\int u_i(s_i, s_{-i}; \lambda_i) g_i(\theta_i) d\theta_i - c_i(a_i) \geqslant \int u_i(s_i', s_{-i}; \lambda_i) g_i(\theta_i) d\theta_i - c_i(a_i')$

$\forall i \in N$ 和 $\forall a_i' \in A_i$。其中目标函数是总量(平均)意义上的委托人(机制设计者)的效用最大化,A 和 Θ 分别为各分量 A_i 和 Θ_i 的笛卡儿乘积空间,$s_i' = s_i(x_i(a_i', \theta_i))$。

核心思想和基本原理:委托人可设计不止一种的薪酬合同或激励合同,给员工在可行的薪酬支付方式中有一定的自主选择权,提高其收入满意度。目标函数中劳资双方的效用最大或 IR 约束的推广。最终使得双方实现博弈均衡:自愿实施,不存在单方偏离的激励。由于员工的异质性,可能存在偏离经典理性的个性化选择,在不增加薪酬成本的前提下,让员工自主选择薪酬激励模式和支付方式,必然会提高双方的效用或满意度,最大限度地激发员工的积极性和提高企业绩效及和谐度。

对异质性个体的激励问题的理论意义十分清晰明确。$\int_{\oplus}$ 表示现实中可能存在的由个量生产总量的广义的求和/积分形式。异质性薪酬激励提高的效率取决于：对个体的激励强度、各部门间的协调配合程度（组织效率）和企业的绩效，即融合系数。理论值的近似框定：$0 \leqslant$ 降低的薪抽成本 $\leqslant \sum_{i=1}^{N}(1-\alpha_i)s_i$，此时（完全个性化的激励），异质性薪酬激励效率提高的最大比例约为：$\sum_{i=1}^{N}(1-\alpha_i)s_i/Ns$

其中，N 为企业员工总数，α_i，s_i 分别为员工 i 的货币偏好和应发工资，s 为代表性主体的平均工资标准。当所有的员工均为完全理性、货币偏好相同且均为 1 时，式(2-1)简化为通常意义上的同质性薪酬激励。理论研究中计算实验方法；实际操作中"自助式薪酬菜单"实践中的可操作性，选择的能动性，符合主观意愿，自我意愿的充分表达。在自我选择中实现个性化的自我激励，给出薪酬管理的一揽子解决方案。

从激励方式和强度与绩效的关系看同质与异质行为模型的区别与意义，理论上能降低薪酬成本，以最少的成本及变动区间、最大限度地调动积极性和提高企业绩效以及人与人、部门与部门之间的和谐程度，才能真正彻底解决异质性个体的行为多样化与委托人目标单一化之间的矛盾，才能真正激励出微观个体的主动性和创造性，才能真正创建出个体心情舒畅（满意度高且相对公平）、企业绩效和效率高的共赢局面。

在 IRRA 范式和均衡分析框架中，我们可求同质主体解析式行为方程在满足一定条件下的最优解；而对于异质交互（HIA）范式，用科学现实主义的演化观，可通过分布式来求基于 Agent 的行为方程的数值模拟解。如此，可使对异质员工薪酬激励有更加科学可靠的理论支撑和方法保证，这就是由基于同质主体的个体选择最优的模型到更一般实用意义上的异质—行为建模。[①]

第四节　多阶段机制设计

水资源管理及类似问题是多社会群体、多因素、多部门、多阶段、多情景下的共同行动，也具有公共品的一些特征。相对于一般管理活动，水资源项目建设与运营所涉及到的利益相关者类别和数量都明显增多，可为充分分

[①] 成本不超过 $c(s^*)$，绩效和积极性不低于；记可替代的备选激励机制或薪酬模式的集合为 Sim={}，至少存在一种机制的成本小于单一（绩效大于），这就证明有显著的改进意义。

析水资源管理中各种利益相关者提供较好的分析平台。此外,中国作为一个水资源相对短缺的发展中国家,水资源项目工程仍然是水资源管理工作中必不可少的主体部分,有关的理论研究能为中国具体实践带来极高的应用价值,也能够充分体现中国水资源管理中的多种特征。因此,本节着重考虑水资源项目建设与运营中涉及到的利益相关者问题,寻求与各阶段、各环节特点和目的响应的激励机制,从而为水资源管理中的利益主体参与问题构建较为完整的分析框架,由此可对更为广泛的公共品供给和管理提供有益的借鉴和启示。

一、策略行为分析框架

(一)分析框架总述

根据以上介绍,利益相关者策略行为分析的主要场景是一项水资源项目,例如调水、引水工程或海水淡化工程等,这些都是中国大量水资源短缺地区已经进行或即将进行的水资源项目。对于整个项目,可以将其分为三个主要阶段,分别为项目建设前的准备阶段、项目建设阶段以及项目建成后的运营、维护和更新阶段。

在水资源综合管理理念下的水资源项目中,需要实现两方面目标。第一个目标是实现人与自然的和谐关系,这是使得项目能够在未来具有可持续性的基本原则。人类在经历长期发展后已经逐步意识到,自然是人类发展不可或缺的基础,任何大型项目的建设都应该考虑到对环境的影响。如果一个项目不能同周围环境和谐相处,在长远看来,它也不可能长久存在,在历经各种人类酿造的灾害和痛苦以后,这已经成为人们的基本共识。另一个目标涉及经济和社会范畴。公众参与在公共事务决策中已经变得越来越重要,这一简单而不易达到的目标需要所有利益相关者能够参与到决策过程当中,并从项目中最终得到好处(至少不能因此变坏)。这不仅是符合经济福利原则的,也能够像艾德莱恩伯斯和克利金(Edelenbos and Klijn,2006)在文章中提到的那样,越多的利益主体参与到决策过程中,就越有利于产生更多的思想与建议,并潜移默化地夯实决策过程的基础。此外,从微观角度考虑,利益相关者的意愿和认同感严重影响着项目建设和维护,而从更广的层面看,这还会影响到整个的社会福利和社会稳定。更为全面地,全球水伙伴(Global Water Partnership,2003)认为,有效的水资源管理需要满足下述条件,即管理方法应该是公开与透明的、包容与可沟通的、一致与完整的、平等与合乎道德的,而且采取的行动和实施应该是有责任的、有效率的、负责的和可持续的。

研究中,对水资源管理中的利益相关者分析重点在于策略行为的考察。对于研究方法,文中将着重运用博弈论理论,包括合作博弈与非合作博弈的理论思想。之所以采用博弈分析方法,其中的首要原因就在于水资源管理中涉及的利益相关者众多,并且他们来自许多不同的部门,要想综合考虑到各利益主体的不同利益,同时实现多利益主体均衡并非易事。仅仅考虑到第一层级的利益相关者,就包括来自政府、居民、产业部门和其他相关的利益群体,更不用说第二层级的利益相关者分析。在这种情况下,使用博弈论方法能够更加清晰和方便地分析不同利益相关者的策略行为。另外,合作博弈与非合作博弈都十分重要。一般来说,水资源项目是一个复杂、持久的大工程,对它的分析需要涉及几个阶段的许多不同方面的问题。因此,合作博弈与非合作博弈思想的综合运用有助于解决这一问题。除此以外,水资源管理通常是长久而不间断的,随着更多信息的揭露和参与者的相互了解,情况往往会发生改变,这就需要多阶段分析以充分反映随时间变化而发生的动态变化。综上所述,本节的分析框架是一个考虑到多阶段、多利益主体、多领域、多因素和多目标的博弈论分析过程。在这一过程中,对于五个主要阶段的分析起到关键性作用,在分析这些问题之前,先明确一些简单的定义:

(1)利益相关者集合由集合 N 代表,$N=\{i:i=1,2,\cdots,n\}$,其中,利益相关者 $i \in N$,同时表明模型中包含 n 个利益相关者。他们代表着不同的利益相关者,包括各种类型的政府部门、居民、产业部门和其他相关利益主体。需要注意的是,在许多公共项目分析中,政府没有被列为利益主体,而此分析中的一处显著特点就是更加充分地体现了不同政府部门的作用,从而将政府行政因素考虑其中。尽管许多政府部门的主要任务仍然是帮助协调项目中的不同利益相关者的相互利益,但是它们自身的利益和损失也能够体现在模型中。

(2)对于每个利益相关者 i,他的策略行为集由 S_i 代表,其中的一个策略行为表示为 $s_i \in S_i$。对于项目中的所有利益相关者,整个的策略行为空间是 $S=S_1 \times S_2 \times \cdots \times S_n$。

(3)模型的信息空间是 $\Theta=\{\theta_1,\theta_2,\cdots,\theta_n\}$,其中,$\theta_i$ 只有利益相关者 i 能够掌握,而其他利益相关者不能直接获取,这一点适用于不同的利益相关者 $i=1,2,\cdots,n$。

(二)分析框架的五个主要阶段

在介绍完简单定义之后,接下来对策略分析中的五个主要阶段进行阐明,如表 2-3 所示,列出了五个主要阶段、应用到的机制和可能选取的各种模型。

表 2-3 利益相关者分析的五个主要阶段

主要阶段	应用到的机制	可能选取的模型
信息披露	实话实说机制	显示原理
协商谈判	谈判模型	纳什谈判模型
激励与监督	激励机制、惩罚机制、监督机制	委托代理模型、激励机制设计、最优契约模型
利益补偿	克拉克-格罗夫(Clarke-Groves)机制	公共物品提供中的免费搭乘模型、利益补偿模型
信任与可持续发展	可持续和合作机制	信任博弈、动态/重复博弈、演化博弈、声誉模型

1.信息披露(Disclosure of information)

在水资源项目中，如果不能搞清每个利益相关者的确切信息，就很难决定每个利益主体应该为项目建设支付多少或者得到多少补偿。因此，在项目中解决信息不对称问题的一个办法就是发现每个利益相关者的私人信息，但是这往往很难做到。在这一过程中，就需要让利益相关者讲真话，从而弄清他们的真实收益和损失。通过这种方法，就能够让利益相关者较为公平地承担项目中产生的成本，并最终从项目实施中受益。信息披露属于非合作博弈的范畴，可以使用实话实说机制(mechanism for telling the truth)，对应的博弈论模型主要是显示原理(the revelation principle)。

2.协商谈判(Negotiation mechanism)

在水资源项目建设的准备阶段，各利益相关者需要在项目建设前达成总体上的共识。在项目建设和项目维护阶段，协商谈判机制还会在矛盾出现时发挥作用。在具体实践中，可以通过会议和研讨的形式将利益相关者聚集在一起，共同探讨项目中出现的各种问题。在讨论过程中，信息和想法通过沟通得以交换，人们可以借此调整各自的预期和目标，进而有利于共识的达成。协商谈判并不总是顺利的，有时需要多轮谈判，一步步地取得进展。正如拉恩波特和韦斯特曼(Ravnborg and Westermann,2002)所总结的，共同学习为问题的解决或缓和提供了重要基础，第三方的协助也有利于冲突的公开化，促进谈判过程。因此，营造一个信息和意见充分交互的良好谈判氛围十分必要，有助于问题的解决。另外，对管理体制和文化体系的理解程度也是需要注意的重要方面(Pahl-Wostl等,2008)。在协商谈判阶段，合作是问题的关键，谈判模型(negotiation model)可以作为分析基础。

3.激励与监督(Incentive mechanism and regulatory mechanism)

激励机制需要做的就是设定一套恰当的机制，使得利益相关者自愿实施同项目或社会期待相一致的行为，在其自身进行最优化选择的同时，实现整体利益的最优。在具体实践中,由于利益相关者的种类众多、利益关系复杂,或许不能达到最优解(the best solution),不过依然可以实现次优解(a second best solution),使得整体利益得到提高。在问题分析中,个体理性(individual rationality)和激励相容(incentive compatibility)是需要进行考察的两个方面。个体理性确保每个参与者最终都能够从项目中获得收益,从而愿意参与到项目当中;激励相容则实现了个体选择与社会选择的一致性。然而,通过激励机制进行最终选择时,一些利益主体由于享有私人信息的优势,能够借此获得额外收益,这也就是为什么在激励机制的使用过程中,社会往往只能实现次优解,而不太容易达到最优解。在激励机制发挥作用的同时,监督机制的作用不可忽略,这也遵循着"胡萝卜加大棒"的管理理念。监督机制迫使利益相关者信守诺言,从而让谈判过程更加有效。通过监督,由公众共同设立的规范与惩罚可以成为激励机制的有效补充,这使得利益相关者的行为得到限制,有助于达到尽可能高的社会总收益。这一阶段充分体现了激励机制(Incentive mechanism)、惩罚机制(penalty mechanism)和监督机制(regulatory mechanism)的作用,能够运用到的模型包括委托代理模型(Principal-Agent model)、激励机制设计(incentive mechanism design)和最优契约模型(optimal contract)。

4. 利益补偿(Interest compensation mechanism)

利益补偿机制将是研究中模型设计的主要情景,也是本节研究的重要创新点之一,对于水资源项目的成败起到决定性作用。在接下来的模型分析中,利益补偿机制将被具体地模型化,并最终应用到第六章天津市水资源管理案例分析中。建立在其他主要阶段和特定假设的基础上,将会证明只要项目总收益超过总成本,就能够寻找到令所有利益相关者都能够接受的解决方案,使得每一个利益主体都能够在水资源项目中获得收益(至少不会受损)。这样,通过一轮或多轮的利益补偿,就可以实现帕累托改进(Pareto improvement),全部利益相关者的效用得到提高或维持不变(保留效用)。分析中将会参考克拉克-格罗夫(Clarke-Groves)机制,并借鉴公共物品提供中的免费搭乘模型(free-riding model in public goods),设计针对水资源项目的利益补偿(interest compensation)模型。

5. 信任与可持续发展(Trust and sustainable development)

在水资源项目建成后的运营、维护和更新阶段,利益相关者之间的信任程度是项目能否持续、有序发展的最关键因素。如果没有人们之间相互的信任,许多问题都会变糟,几乎没有人能够从中受益。一个关于货币政策的经典案例(Barro,1986)就十分恰当地表明了这一点。货币当局的基本任务是保持物价稳定，在一个简单博弈中，它需要在抑制通货膨胀和促进经济增长之间进行选择，当它背叛公众而选择推高通货膨胀的经济政策后，货币当局就会丢掉维护物价稳定的良好形象，失去公众对它的信任。这时，一项旨在刺激经济增长的货币政策就会失去效果，同时还会导致高通胀的发生，使得所有人的境遇出现恶化，因为公众已经预见货币当局将要采取的政策，改变了自己的策略行为。在具体方法上，声誉模型（reputation model）和动态博弈（dynamic game）可以帮助问题的分析。在博弈进行的过程中，人们会根据各个利益相关者先前的行为进行信念（faith）上的调整，这样就会导致随后策略行为选择的变化。此外，奖励与惩罚都是促进信任和实现项目可持续的必要措施，需要针对项目建成后的运行设计一套机制，使得各利益主体都能够意识到，信守承诺是优于背叛的，这样就能够达到更优选择，同时在人们之间建立充分的信任。

上述的五个阶段和方法是相互紧密关联的，包括了项目从筹备、建设和维系的各个阶段，有助于实现项目在公平、可持续的原则下进行。从技术角度看，合作博弈和非合作博弈都发挥了很大的作用，不同方法之间又是相辅相成的，需要共同的协作使用。例如，利益补偿机制作为分析的核心，需要依赖于前三个阶段的有效实施，尤其是信息披露、激励与监督机制，对利益补偿分析奠定了不可缺少的运用基础。除此之外，信任与可持续发展阶段是完全建立在项目筹备和建设基础之上的，而其中的奖励和处罚方法也是来源于监督机制的。因此，以上五个阶段缺一不可，共同构建起水资源项目的完整分析框架。由于其他四个阶段的分析方法都能够较为直接地从博弈论中获取，鉴于文章篇幅有限，只针对核心的利益补偿阶段进行详尽的模型化分析。

二、利益补偿模型分析

（一）模型背景及定义

利益补偿模型对应上节中提到的第四个阶段，即利益补偿机制（Interest compensation mechanism）。模型的基本理念参照并拓展了克拉克-格罗夫（Clarke-Groves）机制，该机制主要应用于公共品管理中，能够使利益相关者在决策过程中按照各自的真实信息选择策略行为（Clarke，1971；Groves，1973；Mas-Colell、Whinston 和 Green，1995；Myles，1995）。

在建立模型的过程中，需要考虑到几点模型运用的差异。在中国，行政因素和经济运行机制同时对利益相关者的策略行为施加影响，在没有考虑中国特殊情况的条件下，纯粹的经济模型可能会出现偏误。对于前文所述的各种方法,如信息披露机制、激励机制和谈判协商机制,在分析相对独立个体时能够发挥较好的效果,但是在分析中国问题时,就需要考虑由上述两种因素同时决定的一些新特点,这就要求在一种新场景下开展有关问题的研究。对此,通过建立利益补偿模型,能够将利益相关者相互比较的策略行为对决策的影响等特定因素考虑在内,这也是本研究着重强调利益补偿机制的一个重要原因。此外,不同政府部门的行为也被引入到模型当中,这样就可以在既考虑到经济因素的同时,也能够反映行政因素对利益相关者决策的影响。对于其他一些重要的机制和模型,可以同利益补偿模型结合使用,以求贴近中国当下的具体情况。

另一个需要思考的问题是,过往的理论研究中通常只是以一种相对独立的方式考察利益相关者,而没有考虑到不同利益相关者进行收益比较时所产生的问题。以水资源项目中的移民补偿为例,当一户居民得知其他居民的补偿金数额时,就会考虑同自己的情况进行对比。尽管有时补偿金数额可能已经足够令人满足,但是当获悉另一户与自己情况相类似的居民得到了更多的补偿款,该户居民就会感到不满。尽管自己已经收到了足够多的补偿资金,但是仍然感到闷闷不乐,甚至不再愿意参与项目实施,这就违背了项目建设的初衷,降低社会总福利水平。从这点来看,个体的效用函数不仅取决于项目本身和补偿金绝对数额给自己带来的效用变化,还同时受到不同个体之间相互比较的影响。针对这种效应,我们称之为比较效应(the comparison effect),并将在利益补偿模型的分析之后单独进行讨论。

对于利益补偿模型,除了上文给出的三点定义以外,还将在此进行其他方面的定义说明:

(1)将项目决策的最终方案定义为 x,它可以有不同种选择,由每个利益相关者的策略行为 s_i 共同决定,此处对于不同利益相关者,$i=1,2,\cdots,n$。

(2)利益相关者 i 的效用为 U_i,假定其函数形式是拟线性的,该效用函数可以表示为:

$$U_i(x,\theta_i,e_i,t_i)=v_i(x,\theta_i)+(e_i+t_i) \tag{2-1}$$

对于不同的利益相关者,$i=1,2,\cdots,n$。这里,θ_i 是利益相关者 i 的类型;v_i 是由项目直接引起的该利益主体的效用变化,这种变化由项目决策的最终方案 x 和利益相关者的类型 θ_i 共同决定;e_i 是利益相关者 i 的初始禀赋,也可以理解为保留效用,可以将其看作持有一定数量货币所带来的效用,或是使用同等数量货币购买的私人物品可以带来的效用,初始禀赋 e_i 是一个常数,不会对最大化选择产生任何影响;t_i 是项目对利益相关者 i 的转移支付,转移支付可以是正值,也可以是负值,还可以恰好等于 0,但是项目对所有利益相关者的转移支付之和应该小于等于 0。之所以该总和不能为正，是由于模型中已经将以银行为代表的融资部门考虑在内，因此也就没有来自模型外部的融资可能。这一点通过数学形式表示为 $\sum_{i=1}^{n} t_i \leqslant 0$，而由于项目包含了各类利益相关者，不可能留存剩余金额，因而转移支付总和只能等于 0，即 $\sum_{i=1}^{n} t_i = 0$。

（二）利益补偿模型

对于一个项目，总收益是所有那些从项目中受益的利益相关者的收益总和，总成本包括项目的建设和运营费用，以及因项目受损的全部利益相关者的损失总和。根据先前的定义，利益相关者在项目中的收益和损失用 v_i 表示，对于不同的利益相关者 $i=1,2,\cdots,n$。项目的最终目标是使得所有涉及的利益主体都能够从项目中最终获益，或者至少不能因此而受损（即保持其保留效用），也就是实现帕累托改进。为了能够实现这一目标，最基本的一个条件是项目总收益必须超过项目总成本，而且这仅仅是一个必要条件，因为获得利益的个体和承担损失的个体可能不是同样的利益主体，就会有利益相关者可能因项目的实施而出现福利下降的情况。因此，需要在利益相关者之间进行货币转移支付。不过，问题在于每个利益相关者的转移数额应该定在多少，是正值还是负值呢？因此，想要解决这一难题，就需要设计一种利益补偿机制。可以想象，如果每个利益相关者的类型都是公开的，就可以简单地根据 v_i 决定转移支付的具体数额。但是，现实中并非如此，利益相关者的类型 θ_i 是不可获知的（对于 $i=1,2,\cdots,n$），这一信息仅仅被每个利益相关者自己所掌握，即便对他们进行询问，往往也只会得到错误的信息，因为他们知道自己说出的类型将会关系到转移支付数额的制定，人们通常都希望从项目中得到更多的利益。这一点用数学语言表示就是 $s_i \neq v_i$，即利益相关者提供的信息（选择的策略行为，对自己收益或损失的报告）往往不能反映自己的真实情况（真正的收益或损失）。在接下来的分析中，将证明存在一种机制，能够促使利益相关者做出符合社会利益最大化的选择。

整个项目的总收益减去总成本可以表示为：

$$\sum_{i=1}^{n} v_i(x,\theta_i) - C(x) \tag{2-2}$$

其中，$\sum_{i=1}^{n} v_i(x,\theta_i)$ 包含了项目给所有利益相关者带来的收益和损失之和，$C(x)$ 是项目的建设和运营费用。式（2-2）就是整个项目的收益函数，对它的最大化也就意味着社会的最优选择。不过,公众并不知道每个利益相关者的 $v_i(x,\theta_i)$,而只是知道人们给出的策略选择 $s_i(x,\theta_i)$。这样,只能对下式进行最大化处理:

$$\sum_{i=1}^{n} s_i(x,\theta_i) - C(x) \tag{2-3}$$

利益补偿机制的关键在于以下转移支付函数的建立:

$$t_i = \sum_{\substack{j=1 \\ j \neq i}}^{n} s_j(x) - C(x) + r_i(s_{-i}) \tag{2-4}$$

对于不同利益相关者 $i=1,2,\cdots,n$。这里的 $r_i(s_{-i})$ 是一个需要根据实际情况进行设计的函数,它需要满足的条件是,它的变化与 v_i 或 s_i 无关,只取决于除了利益相关者 i 本人以外的其他利益主体的策略选择。

这样,利益相关者 i 的效用函数变为[通过等式(2-1)和等式(2-4)推导]:

$$U_i(x,\theta_i,e_i,t_i) = v_i(x,\theta_i) + (e_i+t_i) = v_i(x,\theta_i) + e_i + \sum_{\substack{j=1 \\ j \neq i}}^{n} s_j(x) - C(x) + r_i(s_{-i}) \tag{2-5}$$

在等式右侧,e_i 和 $C(x)$ 是常数,$\sum_{\substack{j=1 \\ j \neq i}}^{n} s_j(x)$ 和 $r_i(s_{-i})$ 由其他利益相关者决定,而非个体 i 本人。因此,只有 $v_i(x,\theta_i)$ 这一项是由个体 i 自己决定的。再回过来看等式(2-3)(社会进行最大化选择的依据),如果该利益相关者想要实现自身效用函数的最大化,合适的策略就是说真话,也就是 $s_i(x)=v_i(x)$。在这种情况下,利益相关者 i 的效用函数可以转化为:

$$U_i(x,\theta_i,e_i,t_i) = e_i + \sum_{i=1}^{n} s_i(x) - C(x) + r_i(s_{-i}) \tag{2-6}$$

在这一等式中,e_i 和 $r_i(s_{-i})$ 不取决于自己的决策,而 $\sum_{i=1}^{n} s_i(x,\theta_i) - C(x)$ 被公众进行了最大化。因此,讲实话就会被利益相关者 i 选择,以实现其效用函数的最大化。类似地,每一个利益相关者 i(对于 $i=1,2,\cdots,n$)都会选择"说真话"这一策略,式(2-2)的最大化也就得以实现,从而证明了利益补偿机制的有效性。

(三)考虑比较效应(comparison effects)的模型

建立在上面模型的基础上,在考虑利益相关者的比较效应之后,需要进行一点儿小的变动。这一变动能够反映同其他利益主体进行补偿(即转移支付)对比所带来的效用变化,这种变化通常随着利益相关者相近程度的增

大而有所增强。新的效用函数可以表示为

$$U_i(x,\theta_i,e_i,t_i,t_{-i}) = v_i(x,\theta_i) + (e_i + t_i) + compp_i(t_i,t_{-i}) \tag{2-7}$$

这里,$compp_i(t_i,t_{-i})$代表比较效应,不同利益主体的比较效应函数形式可能不尽相同。总体而言,如果利益相关者i认为自己获得的补偿t_i小于与自己具有相似特点的其他利益相关者,在进行一番比较后认为自己获得的补偿不足,该个体就会因比较效应产生负效用,即$compp_i(t_i,t_{-i})<0$;反之,$compp_i(t_i,t_{-i})>0$。

接下来,考虑整个项目的情况。由于比较效应改变了每个个体的效用,项目的总收益减总成本就变为:

$$\sum_{i=1}^{n} v_i(x,\theta_i) + \sum_{i=1}^{n} compp_i(t_i,t_{-i}) - C(x) \tag{2-8}$$

这种情形与未考虑比较效应的模型相类似,即公众对每个利益相关者的$v_i(x,\theta_i)$和$compp_i(t_i,t_{-i})$并不知情,而只是知道每个利益主体选择的策略。此时,由于效用函数发生了变化,利益相关者的策略不再仅仅包括对$v_i(x,\theta_i)$的考虑,还会反映$compp_i(t_i,t_{-i})$的情况。利益相关者i选择的策略记作$s'_i(x,\theta_i)$,则整个社会的最大化过程需要满足下式的最大化:

$$\sum_{i=1}^{n} s'_i(x,\theta_i) - C(x) \tag{2-9}$$

此时,为了实现社会福利最大化,转移支付函数的形式应该为:

$$t_i = \sum_{\substack{j=1 \\ j \neq i}}^{n} s'_j(x) - C(s) + r'_i(s'_{-i}) \tag{2-10}$$

对于不同的利益相关者,$i=1,2,\cdots,n$。这里,$r'_i(s'_{-i})$是根据具体情景设定的函数,以使转移支付函数能够满足机制设计的要求,它必须满足与v_i、$compp_i(t_i,t_{-i})$和s'_i的变化无关,仅仅取决于其他利益相关者的策略选择。

分析至此,利益相关者i的效用函数可以化为〔通过等式(2-7)和等式(2-10)推导〕:

$$U_i(x,\theta_i,e_i,t_i,t_{-i}) = v_i(x,\theta_i) + e_i + compp_i(t_i,t_{-i}) + \sum_{\substack{j=1 \\ j \neq i}}^{n} s'_j(x) - C(x) + r'_i(s'_{-i}) \tag{2-11}$$

在等式的右侧,e_i和$C(x)$依旧是常数,$\sum_{\substack{j=1 \\ j \neq i}}^{n} s'_j(x)$和$r'_i(s'_{-i})$取决于其他个体,而不是利益相关者$i$自己。真正由其本人决定的变量只有$v_i(x,\theta_i)$和$compp_i(t_i,t_{-i})$。再回顾一下等式(2-9)的形式(社会最大化的目标),如果这一个体想要实现自己效用函数的最大化,同样需要选择"说真话"策略,也就是做到策略函数等于因项目产生的受益或损失与比较效应之和，即 $s'_i(x) = v_i(x) + comp_i(t_i, t_{-i})$。这样，个体 i 的效用函数变为：

$$U_i(x, \theta_i, e_i, t_i) = e_i + \sum_{i=1}^{n} s'_i(x) - C(x) + r'_i(s'_{-i}) \quad (2-12)$$

在这个等式中，e_i 和 $r'_i(s'_{-i})$ 不取决于利益相关者 i 的决策，而 $\sum_{i=1}^{n} s'_i(x) - C(x)$ 是全社会的最大化目标。因此，在引入比较效应以后，利益补偿机制仍然是有效的。

（四）模型结论和启示

根据以上的模型分析，证明了研究中提出的利益补偿机制是一个激励相容的机制，能够使各个利益相关者都自愿地选择有利于整体项目利益的策略行为，与此同时，他们实际上是在实现各自效用函数的最大化。值得注意的是，在没有获取每个利益主体的真实类型的情况下，公共项目最终能够实现社会福利最大化，正如同全部参与者的偏好都已经公开的那样。此外，实施过程中最为关键的部分在于转移支付函数的构建，需要满足同利益相关者 i 全然无关的条件。同时，个体效用函数与社会最大化目标存在一定的重叠，这也在一定程度上导致了个体的激励相容情况。在模型中，行政因素主要通过政府部门进行考虑，这些部门在考虑公众利益的同时，也会受到自己利益得失的影响。

模型的扩展充分体现了比较效应的作用。从心理学角度看，当人们经历同等数额的财富变化时，财富损失对效用变化的影响程度往往更大。比如，当某个体丢失 100 元的时候，他的痛苦程度远高于其意外收获 100 元的喜悦程度，人们通常更加计较自己的损失，而非自己得到的和拥有的。具体到比较效应，可以据此得出同样的结论。假设两个利益主体具有完全相同的特征，主体 A 比主体 B 得到了更多的补偿。当他们二人进行比较之后，主体 A 因比较效应产生的效用增加会小于主体 B 因比较效应发生的效用减少，因而两人的总效用因比较效应而降低。类似结果可以推广至多人的情形，因此，当不平等现象存在时，因比较效应带来的社会总效用变化为负，即 $\sum_{i=1}^{n} comp_i(t_i, t_{-i}) < 0$（根据等式 2-8）。随着不公平程度的增大，$\sum_{i=1}^{n} comp_i(t_i, t_{-i})$ 的取值也会变得更小，从而进一步降低整个项目的总效用。所以，当考虑到比较效应的时候，在利益相关者中出现的利益补偿不公现象，将会减少项目的总福利，因而应该尽量避免不公平现象的发生。在实践中，居民受到比较效应的影响最为明显，在具体案例对居民进行分析时，

将会注意到比较效应的作用。

本节主要是分别对策略行为分析框架和利益补偿模型进行了较为详尽的阐述与分析,针对中国水资源综合管理的实际状况和理论研究中的薄弱部分,拓展和构建了相应的理论分析模型,进行了积极的探索创新。首先,本节的理论分析框架是一个考虑到多阶段、多利益主体、多领域、多因素和多目标的博弈论分析过程,既包括非合作博弈理论,也涉及合作博弈的思想。在对水资源项目全过程的分析中,考虑到整个项目的各主要阶段,包括项目建设前的准备阶段、项目建设阶段以及项目建成后的运营、维护和更新阶段。结合水资源项目的主要特点,研究将多类博弈模型分析和机制设计方法联系到一起,使其共同组成完整的分析框架,有助于解决水资源项目中的各类问题。其次,文章对利益补偿机制进行了较为全面、透彻的深入分析,将克拉克-格罗夫(Clarke-Groves)机制进行细化和扩展,使这一思想能够更好地运用到具体的水资源项目中。在具体模型构建时,充分考虑到模型对现实问题的解释能力和对不同场景的适应性,尤其是对于中国问题的研究,在考虑经济因素的同时,还要注意行政因素、社会经济发展阶段和公民参与意识的重要影响。对此,模型的建立确保一些特定因素能够被较好地纳入模型分析中,有助于对现实问题的分析和研究。理论分析的另一点创新在于对比较效应的揭示,以往研究中对利益相关者个体行为的独立分析不能充分考察各利益主体的行为特征与利益得失,而模型扩展部分的比较效应分析则突出人们之间的互动关系,能够进一步体现项目中每一个体的真实感受,有利于实现项目建设的经济和社会目标,提高社会总福利水平与社会公平性。比较效应分析不仅能够运用于水资源项目中,还可以在其他利益补偿问题中发挥其独特的作用,使得众多社会和经济问题能够得到更好地解决。

对于模型的应用范围,除了像调水工程或海水淡化工程这样的水资源项目以外,本节的介绍论述中涉及的五个主要分析阶段,尤其是利益补偿机制,可以在许多公共物品或准公共物品问题中加以使用。例如,通常的基础设施项目与水资源项目有着许多相似的地方,这样就可以将本研究中的分析方法运用到这些问题当中,比如发电厂、电力和能源供给网络、通信设施、高速公路、铁路、城市道路、城市公共交通系统等一系列基础设施的建设和运营。同时,对于环境保护和自然资源保护的有关问题,也能够从以上这些机制中得到一定的启示。在一定程度上,利益相关者需要承担一部分环境与资源保护的费用,并限制自己的一些不利于环境和自然资源保护的行为,不过人们将有机会享受更好的环境,并能够在生产生活中受益于改善的环境和自然资源使用条件。在这一过程中,利益补偿机制的运用可以帮助实现帕累托改进,使得所有利益相关者的效用得到提高或至少不会变坏。除此以外,其他的一些应用领域还包括基础文化和教育服务的提供、科学技术的发展、对市场无序问题的治理、知识产权保护、反腐败等(Wang,2004),以及其他同外部性和信息不对称有关的问题。

第五节 本章小结

大量的相关文献研究表明,基于主流经济学理论对合作行为的预测与现实存在诸多不一致,而在博弈实验中表现出的亲社会倾向等合作行为,却能对一些经济现象的合作行为有更加合理的解释;虽然实验经济学方法的结果也存在些许差别,但其结果无一不说明人类的行为系统地偏离主流经济关于人的自利假设。即使如此,实验经济学中的自愿合作行为仍然具有脆弱性特征,研究者为解决类似问题也提出相应的机制设计如惩罚机制、领导机制等;相对于 VCM,这些机制可以较好地提升个体的合作意愿,减少"搭便车行为",而群分机制也表明当群体内部条件合作者居多时,群体中的个体合作行为意愿也较大。类似地,激励机制同样可以减少群体中"搭便车行为",但需要重视个体差异性与自主选择权。如此从同质到异质地逐步深化行为分析,将委托代理理论推广到基于异质员工的薪酬激励是这一方向上积极而有益的探索。

上述对水资源管理的分析,运用合作博弈与非合作博弈的理论思想分析其中利益相关者,包含信息披露、协商谈判、激励与监督、利益补偿等五个阶段,然后重点针对利益补偿模型进行研究,拓展克拉克-格罗夫(Clarke-Groves)机制,设计利益补偿机制,揭示比较效应的存在对效应变化的影响,最后证明所提出的利益补偿机制是一个激励相容的机制,能够使各个利益相关者都自愿地选择有利于整体项目利益的策略行为,为深入分析合作行为提供一个相对完整的具体领域内的应用案例。

第三章 共同行动的理论与实验模型

行为视角,群组实验,有望逐步揭开共同行动之谜,促使经济理论研究能够实质性地纵深发展,当然,这也需要有广泛适用的理论基础和基准实验模型作为参照和平台。本章就以公共品提供为对象和载体,概述共同行动的相关理论和实验方法,进一步探索解决复杂情景决策及相关问题的可行途径。

第一节 传统经济学中公共品的研究

公共品主要是指用于社会公共需要具有公共消费性质的产品或者服务,按照萨缪尔森给出的定义,纯公共品是指任何一个人对某种物品的消费不会减少别人对这种物品的消费。公共品的基本特征如下:

(1)非排他性,是指一旦提供了公共品,不可能排除任何人对他的消费,或者在技术上可以排除,但排除的成本极大。非排他性的含义:1)任何人都不可能不让别人消费;2)任何人都不得不消费;3)任何人都可以恰好消费相同的数量。比如国防领域,如果在一国的范围内提供了国防服务,则要排除任何一个生活在该国的人享受国防保护,是极端困难的。

(2)效用的非可分割性。即公共物品是向整个社会共同提供的,具有共同受益或者联合消费的特点。其效用为整个社会的成员所共享,而不能将其分割为若干部分,并且也不能据此归属于某些个人或者企业享用,或者不能按照谁付款,谁受益的原则,限定为之付款的个人或企业享用。例如国防提供的国家安全保障即是对一国国内的所有人而不是在个人的基础上提供的,事实上,只要生活在该国境内,任何人都无法拒绝这种服务,也不可能创造一种市场将为之付款的人同拒绝为之付款的人区别开来。

(3)非消费的非竞争性。即某一个人或企业对公共物品或者服用的享用,不排斥、妨碍其他人或企业同时享用,也不会因此而减少其他人或者企业享用该种公共物品的数量或者质量。这就是说,增加一个消费者不会减少任何一个人对公共物品的消费量,或者说增加一个消费者,其边际成本等于零。

可以注意到现实生活中的公共物品满足上述三个特性的情况是不同的,并不是所有的向整个社会共同提供的物品或者服务都具有非竞争性和非排他性的特征。或者,在消费上具有非竞争性的物品却很可能是具有排他性的。

对于纯公共品的最优提供首见于萨缪尔森(Samuelson,1954)的论文,随后他又对纯公共品的最优提供进行图形化解释。因此一般把公共品有效提供规则称为萨缪尔森规则。在萨缪尔森规则下,假定存在唯一的一种公共品,并在开始时假定没有自由处置权。后一个假定意味着所有家庭消费的量必须等于公共品的供给。该经济由 H 个家庭组成,以 $h=1,\cdots,H$ 标注。每一个家庭有一个效用函数:

$$U^h = U^h(x^h, G)$$

其中 x^h 是私人品向量中家庭 h 的消费;G 是公共品的供给。总供给 G 出现在所有家庭的效用函数中,表明该公共品是纯公共品。假定该经济能够生产的 $x^h(h=1,\cdots,H)$ 和 G 的组合的约束条件为生产可能性集,对生产可能集的隐含表述记为 $F(X,G) \leqslant 0$,其中 $X = \sum_{h=1}^{H} x^h$。

为了确定最优配置集或者帕累托最优配置集,政府选择 $x^h(h=1,\cdots,H)$ 和 G 使得第一个家庭效用最大化,约束条件为家庭 2 到家庭 H 获得给定水平的效用以及这种配置具有生产可能性。变动家庭 2 至家庭 H 的给定效用水平,就可以得出帕累托最优配置集。这一最大化问题的拉格朗日方程为:

$$l = U^1(x^1, G) + \sum_{h=2}^{H} \mu^h [U^h(x^h, G) - \overline{U}^h] - \lambda F(X, G)$$

其中 $\overline{U}^h$ 为家庭 2 至家庭 H 必须取得的效用水平。假定所指定的效用水平可以同时达到,则描 x^h 的一个分量 x_i^h 的选择的必要条件是:

$$\frac{\partial l}{\partial x_i^h} \equiv \mu^h \frac{\partial U^h}{\partial x_i^h} - \lambda \frac{\partial F}{\partial X_i} = 0$$

在最优状态时,对于所有 $i=1,\cdots,n$ 均成立,为了选择公共品的供给量,对 G 求最优,得:

$$\frac{\partial l}{\partial G} \equiv \sum_{h=1}^{H} \mu^h \frac{\partial U^h}{\partial G} - \lambda \frac{\partial F}{\partial G} = 0,$$

从中求解 μ^h,得到:

$$\sum_{h=1}^{H} \frac{\frac{\partial U^h}{\partial G}}{\frac{\partial U^h}{\partial x_i^h}} = \frac{\frac{\partial F}{\partial G}}{\frac{\partial F}{\partial X_i}}$$

上述的左式是第 h 个家庭公共品和第 i 个私人品之间的边际替代率。右边则是公共品和私人品之间的边际转换率,因此可得 $\sum_{h=1}^{H} MRS_G^h = MRT_G$。这就是萨缪尔森规则,它表明当公共品与每一种人人品的边际转换率等于所有家庭边际替代率之和时,就实现了公共品的帕累托最优供给。不过尽管非排他性已经作为定义纯公共品的一个性质,但它在萨缪尔森规则的推导中没有发挥作用。实际上,最优供给水平并不取决于排他能力,而排他能力只在确定可行的供给机制中才有意义。其次萨缪尔森规则在形式上看起来简单,不过却不易付诸实施。为了推导这一规则,假定政府可以完全控制资源配置,或者说政府可以采用一次总赋税对所得重新加以分配,为公共品的供给提供资金,而私人品的供给则分散进行。在政府提供公共品以及政府政策工具不受限制的经济而言,是有可能达到帕累托最优的,但是在公共品完全有个人家庭自愿捐助的情况下,其实并不能得出这个结论。

假定经济体中有 H 个家庭,每个家庭有 ω^h 个价格单位的禀赋,家庭无弹性供给该禀赋,将每个家庭的所得固定为 ω^h。唯一的私人品只使用价格单位是以不变规模收益进行生产,以单位产出需要为 1 个单位的标准投入品。因而,为简便起见,假定私人品价格等于 1 个标准单位。公共品生产的约束条件亦为规模收益不变,每单位公共品的生产需要 p_G 单位的劳动投入。记公共品的价格为常量 p_G。

则每一家庭 h 的效用函数可表示为:

$$U^h = U^h(x^h, G)$$

其中 x^h 是消费的私人品数量;$G = \sum_{h=1}^{H} g^h$,g^h 为家庭 h 的捐献,除了 h 外,所有家庭对公共品的捐献为 $\overline{G}_h$,定义为:$\overline{G}_h = G - g^h$;运用预算约束 $x^h + p_G x^h G^h = \omega^h$,效用可以用 $\overline{G}_h$ 和 g^h 表示如下:

$$U^h(x^h, G) = U^h(\omega^h - p_G x^h G^h, g^h + \overline{G}_h) = V^h(\omega^h, \overline{G}_h, p_G)$$

家庭 h 在给定的 G^h 和约束条件 $g^h \in (0, \frac{\omega^h}{p_G}]$ 下选择 g^h,使得上式最大化。无差异曲线 V^h 可以在 $(g^h, \overline{G}_h)$ 空间中做出。对于给定的 g^h,增大 G_h 总是可以产生一个更高的可获得的 V,g^h 是有预算约束限定的,偏好集是外凸的。由于每一家庭在实施最大化的时候其他家庭的供给是既定的,所

以对于给定 $\overline{G}_h, g^h$ 的最优选择发生在无差异曲线与水平线 $\overline{G}_h^*$ 的切点处。可以通过纳什反应函数描绘出 $\overline{G}_h$ 变化时 g^h 的最优选择。当 g^h 的选定值为内解时,反应函数的梯度可以推导出来。对于反应函数上的所有 g^h,有:

$$g^h = \arg U^h(\omega^h - p_G x^h G^h, g^h + \overline{G}_h)$$

对上式进行求导得到:

$$-U_x^h p_G + U_G^h = 0$$

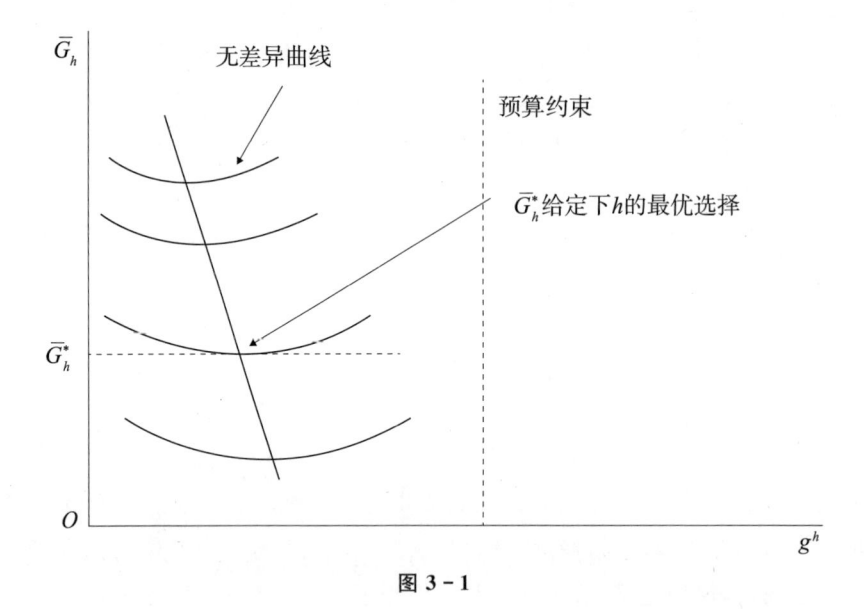

图 3-1

满足一阶条件的 g^h 和 G_h 的变化:$\dfrac{dg^h}{dG_h} = \dfrac{U_{xG}^h p_G - U_{GG}^h}{U_{xx}^h p_G^2 - 2U_{xG}^h p_G + U_{GG}^h}$

当 $U_{xG}^h > 0$ 时,上式总和为负。而私人供给公共品的经济均衡发生于该家庭的一组选择中,使得所有的反应函数同时满足。这里再定义私人供给均衡,私人供给均衡是指私人捐献的某种向量 $\{\hat{g}\}$,其中 $\hat{g}^h \in [0, \dfrac{\omega^h}{p_G}]$,使得 $\hat{g}^h = \rho^h(\overline{G}_h)$,其中 $\overline{G}_h = \sum\limits_{j=1, j \neq h}^{H} \hat{g}^h$。如果 $\hat{g}^h > 0$,家庭 h 称为捐献者,如果 $\hat{g}^h = 0$,家庭 h 就称为非捐献者。捐献者集合以 C 表示。

此处对这一均衡存在性的证明应用了证明纳什均衡存在性时所使用的论据。假定偏好是严格外凸的,复合函数 $R(g^1, \cdots, g^H) \equiv (\rho, \cdots \rho^H)$ 从紧的外凸集合 $_{H=1}^{H}[0, \dfrac{\omega^h}{p_G}]$ 到本身定义了一个连续函数,根据布劳沃定理 $R(g^1, \cdots, g^H)$ 上至少有一个定点,而 $R(g^1, \cdots g^H)$ 的一个定点显然是一个死人供给均衡点。另外还证明了在弱假设条件下,私人供给均衡是唯一均衡。给定

$\overline{G_h}$，可以确定作为所得函数的家庭 h 的供给。

纳什均衡一般情况下并不一定满足帕累托效率，而且尽管经济主体在独立行为时不能改善福利状况，但是同时改变其行为对于所有主体却是有利的。此事捐献的同时增加会提高所有家庭的福利。

综上所述，在没有政府干预下，公共品供给需要通过私人捐献来实现，私人供给的基本模型是以纳什均衡这一假设为基础建立起来的，并说明了它导致了不小的结果。如果我们所采用的效用函数是线性函数，如同公共品自愿捐献博弈实验中的支付函数，那么很容易得出其纳什均衡为 0 向量，也就是说公共品自愿捐献博弈实验中，参与者的纳什均衡为 0 向量，每个参与者的最优策略是不捐献。

第二节 实验经济学中公共品博弈研究

在公共品博弈实验中，如果采用传统的标准偏好假设，那么搭便车应该是一次性博弈中的占优策略，同时也是有限重复博弈中的完美子博弈均衡。但是大量的公共品博弈实验研究发现，被试行为具有条件合作性，卡塞尔和范温德(Keser and van Winden,2000)利用安德里尼(Andreoni,1988)的朋友和伙伴的实验设置，研究发现显示，被试既不是全部自利的，也不是全部利他的，而是大多数属于条件合作者(80%)，他们把合作行为建立在以未来为导向的预期行为(future-oriented behavior)和反应行为(reactive behavior)上。FGF(2001)为了剔除决策中的策略选择因素，在实验中，被试首先进行一次性公共品博弈实验(one-shot game)，其次，被试根据给定的"平均贡献表"填写自己的合作水平，他们采用这种"策略方法"(strategy method)测量被试的行为异质性。研究显示实验参与者主要具有三种类型：条件合作者、搭便车者、驼峰型(具体见图 3-2)。图中的横坐标表示群体其他成员的平均贡献值，而纵坐标表示被试的条件贡献值，其中 50% 的参与者属于条件合作者，该类被试的条件贡献值与群体其他成员的平均贡献值呈显著正相关，不过，反应曲线位于 45 度对角线下方，这说明被试具有条件合作性，但是同时具有"自我服务"倾向(self-serving bias)；30% 属于搭便车者，该类被试无论群体其他成员的平均贡献值是多少，都选择 0 贡献值；而 14% 的被试属于驼峰型，该类被试在某个临界值前采用条件合作行为，大于临界值时，他们的合作水平单调下降。布兰多和瓜拉(Burlando and Guala,2005)采用四种不同的方法检验 FGF(2001)的研究，研究发现，35% 的被试属于条件合作型，18%属于利他型，32%属于搭便车型，还有15%无法归类。赫尔曼和托尼（Hermann and Thöni,2008）与克歇尔等（Kocher et al.,2008）研究不同国家不同文化背景中被试的合作类型,虽然被试合作类型存在文化差异,但是基本验证了FGF（2001）有关被试合作类型异质性的结论。

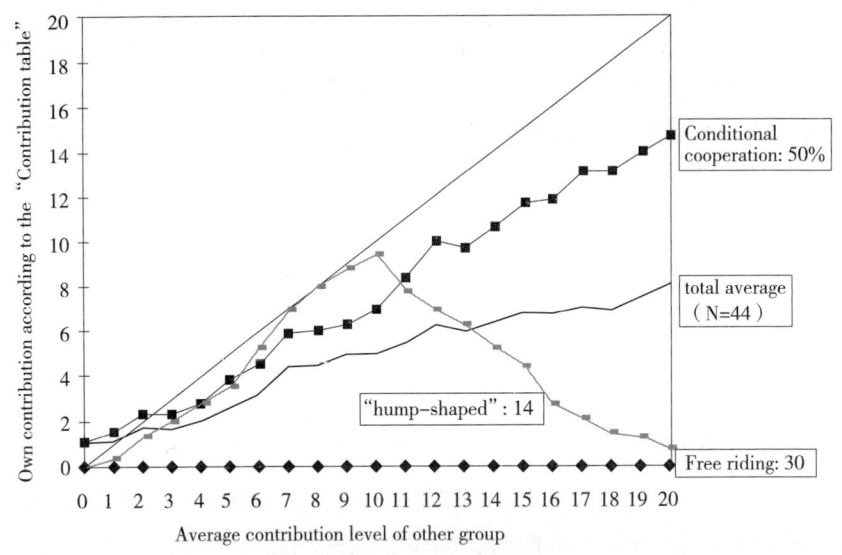

图3-2 FGF（2001）有关被试合作类型

事实上卡塞尔和范温德（2000）和FGF（2001）对于被试者异质性类型的观察方法是不同的,卡塞尔和范温德主要是通过观察参与者的行为在多大程度上取决于同伴以前的行为,来研究参与者之间的互惠行为以及这种互惠行为对于决策行为的影响。而FGF则是观察参与者如何对关于同伴行为的自我信念的响应。布兰茨和查尼斯（Brandts and Charness,2009）基于他们前几年的工作（Brandts和Charness,2003）,对比这两种观察方法,发现大体上这两种方法是一致的。

FGF（2001）认为,若不对PG博弈的参与者进行挑选,那么参与者主要是条件性合作者与"搭便车者",在实验初期,一些对其他参与者的合作偏好持乐观信念的条件性合作者会表现出较高的合作水平,可是,随着实验的重复开展,他们会不断发现参与者的异质性（其中存在一些"搭便车者"）,这使得条件性合作者在后续的博弈中不断降低合作水平,因此,总体的合作水平也开始下降。不过,FGF（2001）实验研究没有解释被试有关其他被试贡献水平信念的形成机制；在对合作水平不断下降的解释中没有区分参与者合作偏好差异与信念两者所发挥的不同作用。菲施巴赫尔和盖希特（2010）扩展了 FGF(2001)实验,他们设置了两个不同的实验条件。在 P-experiment 中,参与者首先进行一个一次性(one shot)公共品博弈实验,然后需要填写一个问卷,问卷是在给出组内其他成员可能的平均贡献水平的情况下,要求参与者填写自己属意的贡献水平。而在 C-experiment 中,参与者要进行 10 轮随机匹配的 VCM 实验,在每一轮的最后,参与者被要求估计组内其他成员的平均贡献。在一期实验中,半期要求进行 P-experiment,紧接着另外半期进行 C-experiment。在剩余其他期实验中,实验顺序将会被颠倒。研究发现:55%的参与者属于条件合作者,23%属于"搭便车者";在一个给定的实验期中,参与者有关其他成员贡献水平的信念由期初的信念与该期后有关其他参与者平均贡献的估计值共同决定;通过仿真计算发现只要贡献水平下降,信念就会下降。对于大量的条件性合作者,在平均贡献水平下降与自己的信念下降两种力量的共同作用下,他们也会选择更低贡献水平,从而造成 PG 博弈中合作水平的持续下降。由于 FGF(2001)只是分析了参与者合作偏好异质性对条件合作的影响,而忽视了信念的影响,因此,他们低估了条件合作的程度。另外,菲斯巴赫特和盖希特(2010)研究发现:在上文信念形成的机制下,即使参与者中没有"搭便车者",只要参与者属于不完全条件合作者(他们的合作水平由其他成员的平均贡献值乘以小于 1 的正数决定)就足以促使合作水平的持续下降。

作为解决公共品自愿合作行为脆弱性的一种有效机制,利他惩罚及同类实验不断出现。尼克福瑞基斯(2008)设计了一个实验,在这个实验中有两个不同惩罚机制,一个惩罚机制等同于费尔和盖希特(2000)的设计,另一个惩罚机制中在原有惩罚机制中增加了一个反惩罚的第三阶段,在这个第三阶段中每一个参与者会被告知自己被惩罚的点数并给予一个报复给予自己惩罚的成员的机会,从而发现由于二阶惩罚行为的出现降低了第二阶段对搭便车者的惩罚行为,二阶惩罚实验设置降低了合作水平。从理性经济人的角度来看,惩罚是不必要的,但是惩罚的出现表明了人们存在一种社会偏好对公平的追求和对不平等的厌恶。费尔和盖希特(1999)的一个重要工作和贡献就在于运用他们所提出的公平偏好理论对此公共品博弈实验中违背经济人假设的自愿合作行为进行一个经济学理论上的解释。

第三节 基准模型的理论分析及推广

基于传统经济学理论,由纯粹"搭便车行为"预测公共品供给的低效率并不意味着是一种定论性的解释,相反,如何在集体行动层面上合理地组织和有效地实现个体最优选择及其与集体目标的协调一致,是不断考验和激发人类智慧的重大理论与实践课题。

公共服务均等化从本质上看就是合理协调群体利益关系以实现社会经济的均衡发展,主要是依靠公共收支来实现。提高公共服务的基本目标与核心问题是:宏观总体上提升国家治理水平和维护长治久安;另一方面在微观层面又能对个体的激励,提高劳动生产率和效率,保证均等化的可持续性。在处理方法上,公共服务是某种形式的公共品,可推广公共品基准模型来深入细致地分析研讨个体与群体(社会)的行为关系,在此基础上确定基本公共服务的理论内涵和边界,处理好公平与效率、缩小收入差距与提升民生福祉的权衡、研究中的立场选择与价值取向等理论预设问题。

一、偏好的人际维度与社会福利函数

选择和设定逻辑起点,引入和明确界定社会偏好、社会福利函数等相关基本概念,构建与组织结构形态和评价标准相应的社会福利函数,以此作为分析框架和工具,寻求公共服务均等化实践中的理论基点和可靠支撑。

(一)社会偏好的界定及理论内涵

近年来行为与实验经济学缘何兴起且蓬勃发展,其内在动因与重要贡献是揭示出背离经典假设的行为偏差的广泛存在性,颇具代表性的是社会偏好(social preferences)概念的提出及相应理论的建构。人在生存成长中的物质需求、精神需求以及社会交往始终是交织融合、浑然一体的,由此产生的理论关注和分析也是由来已久的:亚当·斯密在道德情操论中朴素而又睿智地对人类源自生理、心理/情感以及社会性等因素影响所表现出的多元化行为属性,给予了相对完整的描述(Smith,1759),为后人提供了具有永恒魅力的研究视角和分析框架;作为社会偏好理论的概念雏形可追溯到20世纪上半叶凡伯伦(Veblen,1934)和杜森贝里(Duesenberry,1949)等人的贡献及相关的文献论述。然而,直到20世纪末,或许是借助行为实验等方法的力量,拉宾(Rabin,1993)、卡梅拉(Camerer,1997)费尔等人才相对完整地提出了"社会偏好"概念和构建相应的理论模型(Kohler,2003;陈叶烽等,2012),标志着社会偏好理论基本概念体系的逐步清晰。概念和理论的核心是指:经济主体不仅关心自身的物质收益,也会关心他人的利益。现有的相关文献中与社会偏好或多或少地被同时表述为另外三个相近的概念,即他涉偏好(other-regarding preferences)、"亲社会性偏好"(pro-social preferences)、"互动偏好"(interdependent preferences),这几个概念虽然形式不一，但都不约而同地基于策略行为表达了与自利偏好有鲜明的相左立场和显著不同：社会偏好是其效用函数的重要组成部分，与个体偏好共同起作用；常常是通过策略行为表现出来，而且大都是条件依赖的。

在人际关系维度上，根据与他人的交互响应程度依次划分：利他；合作；公平与互惠，据此可将社会偏好大致分为三种偏好，即互利偏好、差异厌恶偏好（公平偏好）及利他偏好（突出表现为社会福利偏好）。利他偏好是指人们的效用函数中他人的利益与自身的效用正相关，是一种无条件的社会偏好；互惠偏好和差异厌恶偏好是有条件的社会偏好，基于心理动机的互惠偏好认为尽管需要付出一定的成本，人们却会以善报善，以恶惩恶；而基于结果的差异厌恶偏好认为人们在处于劣势和优势的不平等时均存在效用损失，而且处于劣势不平等时的效用损失大于处于优势不平等时的损失。

从个体和整体两个层面和角度来看社会偏好，考察微观层面偏好对个体、宏观层面上整体效率的影响，经历着个体偏好—社会偏好（序关系、组织结构、社会心态等因素）—社会选择—社会福利—公共服务均等展开途径环节和阶段。微观层面分析个体的涉他偏好策略行为，整体层面关注社会选择/公共管理等理论专题，总体上考察来自社会偏好对经济和社会发展的激励效用。

正统理论中的个体偏好是定义在客体集或商品集上的序关系，随着人际关系和社会网络在经济生活的影响和对行为分析的逐步深化，博弈论的策略行为是经济理论发展到新阶段的一个显著的时代标志（王国成，2005）。通过策略行为表现出的对他人、群体和社会的关系是分析基础。神经元经济学合作行为的生物学基础，大量的无可辩驳的客观事实和科学研究结论证明，生理属性和社会属性。引入社会偏好，其理论和现实及方法论意义主要表现为：建立了个体与整体的结合枢纽；拓展了学术视野、将重心和着力点转移或归位到理论分析时两个区段不同的条件下的（非线性）行为特点等微观基础；并将其参数化，使得规范的深化行为分析可行而便捷。

（二）社会福利函数的生成与公平测度

在传统的个体相对独立决策的理论模型基础上，以及满足效用完全可分可加等前提条件的经典分析框架中，社会福利函数可用简单代数和的加总方式获取。然而，现实的社会经济活动中，在人际关系维度上及策略行为的作用下，还可划分为功利主义、罗尔斯正义和纳什乘积（联合增量最大化）类型的加总以及相应的（不）公平测度指数和方法，如 AKS 指数类、罗尔斯主义社会福利泛函类等。据此构建的指数形式及性质，采用泛函化方法由简单转化到拓展生成；通过社会组织不同结构类型的建构，引入个体的涉他偏好、群体的社会偏好等测度公平、合作（利他）和信任（互信与互惠）以及亲社会性；使得公共品博弈中所表现的行为属性和社会福利水平的结构稳定、产出平稳；在用群体和全空间上的均衡分布和再分配手段度量时，要明确原则和底线标准，扩大基本公共服务的覆盖范围和增强力度，以达到减弱公地悲剧、提高公共福祉的目的。如此既能继承关于社会性能良好指数所应满足的条件，又能在很大程度上弥补由价值取向的分歧所造成的技术分析不一致及相关问题。

以社会福利函数为工具和尺度进行（不）公平测度与评价，其根本问题是建立起符合某种社会正义准则的社会偏好或序关系（欧阳葵、王国成，2014），据此衡量社会总体意义上对财富分配和享用的满意度的变动。然而，由于个体行为的社会性以及将偏好扩展到人际关系维度时表现出的异质性，使得社会福利函数的构建变得极其复杂和困难：一方面要尽可能反映现实问题和研究对象中由个量生成总量的机理，另一方面利于理论分析时的有效与便捷。关键点或问题要点是个体偏好的逻辑联系能否满足集体理性且个体效用不降低的原则条件，因为不会存在单方改变策略提高某主体自身收益的可能和激励的博弈均衡状态。

（三）个体与群体贯通的分析框架

从方法的需求和创新来说，将个体的涉他偏好与群体的社会偏好参数化，以社会福利函数为工具并延伸有关基础概念作为的理论基点和逻辑支柱，可深入展开公共服务及更广泛意义上的公共品提供等方面的研究。作为单个存在、独立决策的主体，隐含的是将所处的群体环境做了同质化和理想化的处理与设定，此时个体与群体的关系和总量生成方式是唯一确定的；而将微观行为基本假定放宽到异质性主体范围，进而考察其与群体行动产出的关系，既能合理刻画微观主体的多元行为属性，又能全面综合地分析揭示个体效用对群体产出的影响，以及反过来群体产出和宏观条件变化对个体产生的有效激励，这无疑对基本公共服务均等化实践有积极的指导意义，为解决同类的或相关的问题给予有益的深度的启发。

具体做的过程是要按行为角度的原理原则找准实践中需要把控的关键点、行为边界、临界变化的阈值和促进因素等，将微观个体层面上对行为的深化分析与宏观总体上复杂形态的演变结合起来，构筑和搭建个体与群体贯通的分析框架与微观宏观一体化模型，跨学科交叉综合地分析解决公共服务均等化的深层复杂问题，以便持续不断、深入规范地分析和有效实施，对许多疑点难点能给予更好的解释，回答更多的为什么，使得对目标、方式、力度和路径及意义等都能置于一个整合的分析框架中；只有如此自觉、清醒和主动地协调共同行动中各方利益主体的益损变动,才能真正持续有效地深入推进基本公共服务的进程。

二、策略行为、矩阵结构与总体产出

每一个人的行为都必然要和其生存环境(自然的与社会的)发生这样或那样的联系,所以个体决策除了自身所具备的条件还会考虑环境和他人行为的影响,表现为个体行为的策略性。延伸个体视角,引入个体的涉他偏好和策略行为,考察公共品提供及基本公共服务均等化背景下和演化进程中个体的(动态)优化选择,至少应该是次优或具有比较优势,对他人的合作倾向和社会向好的信念与判断在不断地提高,进而争取实现动态过程中的最优;在群体行动中结构化地考虑每一个体的策略行为及影响,就会得到结构化刻画群体行为的矩阵,以此为基础研究总体产出。

在同一人际关系网络中的社会组织结构和分布形态下,微观主体的策略行为与交互方式、传导路径和层级规模不同,会放大或缩小初始行为与条件的差异性,使得微观行为与宏观现象之间的联系更加扑朔迷离,但却一定存在可认知的内在规律。借助形式化的柯西(Cauchy)不等式作为基准模型,利用其原理可解释总产出与要素分布状况的联系,即越平均配置越有利于实现总体产出或效用最大化,这为从个体视角研究群体行动指明了方向并提供了参照系。然后,逐步加入涉他偏好和动态因素,将囚徒困境模型扩展到具有不同社会偏好的异质性主体,揭示对个体的激励、个体所做的努力和提高总体产出之间的内在正比关系;然而,涉他行为的引入,自然要考虑均等化(社会组织结构和空间地域上的分布)问题,而且要想获得理论上的最优解,这取决于群体内个体成员的偏好、行为方式和相互关系(理论上的彻底解决必须要有严谨的推理,此处只是为了简要说明其中的基本道理)。考虑行为的异质性与交互性,就应该将个体相对独立决策时的自身效用最大化目标上升到以多主体共赢(博弈均衡)为目标。因而,均等化的方式和程度,是与一定的微观基础相应的,需要有相同的变化方向和尽可能接近的符合程度,并且能对个体产生源源不断的激励。即使从个体或局部角度看,公共服务均等化以及社会经济均衡发展也是必要的,但需要有微观与宏观之间的交互适应性,即宏观运行的各种形态和结果都有其相应的微观基础,各类微观基础从根本上决定了各种可能出现的宏观形态和现象,而且两个层面都是在动态调适的。一般认为,均等化是再分配,是注重公平;其实这也是一种长期的效率激励效应,因而,持续的效率和动力,也必须以公平为基础。从对公共品的研究可得知,公共服务均等化的方式、进程和效果能对社会经济发展产生重要影响,这不仅仅是资源配置和社会财富再分配的问题,更重要的是根源上的人的行为健全和全面发展问题,由此促进社会的和谐和深层的结构改善。

当代经济理论的进展和前沿分支的兴起与蓬勃发展,如行为博弈论和演化博弈论等,更加关注不同类主体行为的交互适应和结构上的演化过程,以及各影响因素的作用方向和目标之间的相互促进,其现实意义是在群体成员的共同意愿和诉求上的社会和谐。理论上可以证明,总体产出的极大值或最优解存在于个体的边际效用向量与实际分布尽可能地接近或吻合(或许是一个渐近过程,但难以确定唯一最优解)。在满足个性化需求的基础上,类似地可推广和现实化,在理论充分考虑到和深入研究个体的涉他偏好及心理因素的差异性等行为因素的基础上,现实中划清政府和市场的边界,发挥市场在资源配置中起决定性作用,政府在保证利益方面和维护市场秩序,使各自在有效领域内协调配合、相辅相成,更加有效地发挥作用;也能对整体经济的持续健康发展、反对贪腐、社会的和谐、新型城镇化建设、惠及民生的福利事业等提供更加积极有效的理论启示。

三、引入公共参与人的社会福利最优契约

理论中,个体自利的假设可以将公共知识或共同信息看成是同质的和线性的,而现实中个体行为的策略性是异质的和非线性(或分段线性)的,是私有信息,需要有外部因素协调;从整体视角和全局博弈来看,可通过引入公共参与人,由其主导或代表整个群体的社会偏好和主流价值观,协调个体的策略行为,施加集体理性,将不同参与人之间的非合作博弈转化为合作博弈,建立整个群体的社会福利泛函(欧阳葵、王国成,2013)作为复杂宏观产出的度量工具,可能更有利于处理好个体与集体行为关系和不同的子群体之间的利益博弈。[①]

在引入了公共参与人的全局博弈中,先是借助实验经济学方法测定异质性微观主体的行为参数,再合理规范地刻画社会组织结构关系与市场秩序及行为演化,然后就可计算出以社会最优契约作为博弈均衡下的总量产出;由此不仅能反映出个体间的资源配置和财富分配,还能反映出更深层的利益集团博弈关系的调整。如此在理论上能使社会福利公平可测度,有助于弄清楚公共选择与社会偏好的形成与性质,以及最优解是否存在;实践中能够更明确地界定政府的定位、边界底线和职能转变,将市场内化为合作博

---

① 具体的做法和作用可参见下一节给出的示意性例子。

弈处理好群体间利益关系,更好地对社会经济发展方向和模式的引导把控,也能促使市场机制更多地发挥正能量,更好地发挥其在资源配置中的决定性作用;真正体现以人为本、人与社会的全面发展,一方面是微观层面个体的自律与他律的结合,另一是宏观层面的总体形态、总量产出和演变路径等,如此就能将宏观变化有机地联系起来。因而,从微观与宏观结合的角度分析,能使公共服务获得更好的社会福利效果。如此能为各种复杂宏观现象找到更具解释力的微观成因,能为相应的理论奠定更加坚实的微观基础,也能使宏观调控政策和手段与微观主体行为的对接中更好地找准落地点和操作点。

联系到现实问题,任何经济发展、政治进步、社会良序、文化建设等宏观层面的目标和实施措施,其根源上都是由差异化的个体选择及相互作用的行为所导致,都需要通过相应的微观主体行为发生作用才能达到预期目的。在当今我国的社会背景中,如:"一带一路"国际战略的实施;新常态下理顺政府与市场的关系和行为边界,转变政府职能、提高执政能力;大众创业、万众创新,寻求经济增长内在动力;缩小不合理的收入差距,区域发展不平衡,基于罗尔斯正义确立社会保障底线以维护绝大多数人的尊严;更有成效地防贪反腐,还需要注意堵塞间接的、隐性的和跨期的非法侵占;……。而引入虚拟的公共参与人,确立社会可接受、易操作的主流价值观及相应的社会福利评价函数是必要的和可行的;只要公共参与人以共同意志和公共利益为导向,以适当适度的方式遵守和发挥应有的职能作用,用科学合理的社会福利、价值取向、测量标准等来衡量全社会,用平等而更有针对性地对待具有不同社会偏好等微观背景的不同类型个体的公共利益诉求,奉行公共利益优先至上,增强制度、道德、信誉及秩序规范的刚性约束,使社会主义市场经济方向和主流价值、相应的伦理道德观和行为规范准则落到实处,这就是研究合作行为与共同行动的现实意义及可行路径。

四、实现路径与比较实证

从微观与宏观结合的角度,以不同类型微观个体的行为表现按行编制、以影响行为的关键因素为例,构建行为分析矩阵,使实验样本的"小"数据与真实行为的大数据有机对接,能够一体化、动态关联和结构演变地分析个体与群体的内在联系和变动机理。这并不存在严格的一定之规和必须要遵循的流程,只是需要找准和把握好关键环节和步骤。根据我们的尝试和体会,应着力把握的几个关键环节如下:

(1)深化行为分析、测定行为参数。基于多态、多源、异质、异构的真实行为大数据,借助实验经济学方法,关键是就个体偏好、行为秉性、学习记忆、策略行为、习性偏差、自我调适、主观情绪等一系列因素对问题的影响程度排序,找出和辨识有限理性乃至"非"理性真实的关键行为特征和差别化响应模式,或用综合的个性行为特征参数修正,框定和估算行为参数的变量类型、取值范围和临界效应等,实质上是逐步实现个体与集体理性一致的过程。这是研究群体决策行为的基础保证环节,也是理论与现实连接的枢纽。

(2)弄清隐含前提,针对结构关联与动态演变做更为具体细致的分析。

(3)构建基于微观宏观一体化连接模型的计算实验平台。

(4)设置多情景、列举多因素、基于广义贝叶斯准则逐一推演判断。分析和设置现实中可能出现的各种复杂情景和若干影响因素,以广义的贝叶斯准则和相应的矩阵校准定基筛选,找到微观行为与宏观现象的双向关联和互动机理,更合理地揭示群体决策复杂之谜。

(5)回到实践中经受检验,不断反馈修正提高。

就公共品供给而言,由于个体行为差异性、过程多变性和结果的更多不确定性,以及理论和数据等方面的限制,传统的计量模型和案例比较等经验实证在研究合作行为和群体决策时只能做高度简化;而对于具有分散化、多连通和互为因果等显著特点的群体合作,其效应及评价主要体现在个体选择与共同意向两个层面及相互关系上,理论上要解决两类问题:一是个体提高合作倾向与互信程度,增强全局意识、恪守社会道德规范;二是整体上需要公共参与人主导价值取向、维护秩序和公共利益边界,制约和防止为了个体小的私利而侵犯和损毁较大的他人或公共利益的行为,提升实现公共利益的能力。

运用经济实验方法研究合作行为,建立分析框架以凸显理论聚焦探讨的必要性、可行性与合理性;从某种意义上讲,这能有力支持对公共品提供和公共服务均等化中策略行为的特点及规律的研究,可为探讨更广泛的维护公共利益提供高度关联的有益借鉴和启示。其实,基于随机方法考察因素变量的因果关联或相关关系的统计分析也是实验,只不过是忽略行为差异性、人与人(条件因素)之间互动的行为关系等情况下的特例;而仅靠结果汇总变量、因素关系建模、经验数据驱动的经典计量实证方法的支持极为有限,需要发展应用诸如行为实验类的辅助性实证方法,基于人类主体的受控(实验室和实地)实验与计算机模拟实验相结合,有望开辟一条新的有效途径(Tesfatsion,2006;王国成,2013)。我们通过引入个体行为的社会偏好、构建社会福利泛函,推广公共品提供的基准模型,并采用经济实验方法获取相关行为参数,可进一步探讨基本公共服务均等化的理论基点和实现途径。①

---

① 本章第五节将会比较详细地展开计算实验的原理和实现流程,并简要介绍应用案例。

第四节　基本公共服务均等化的理论基点

当今利益主体多元化与全球一体化、微观选择的个性化(行为方式多样化)与宏观经济的整体性之间的矛盾日益凸显和激烈,尤其是在面对各类危机和冲突等日趋复杂的社会经济活动时,传统理论在屡屡经受无情的冲击和检验时显露出滞后窘态,这其实是在孕育着上佳的机遇和提出了迫切的现实需求,将当代经济理论的发展推到了极其重要的抉择关口。委托代理模型、激励机制设计具有明显的在非对称信息条件下以单方效用最大化为目标的理论倾向(Rees,1985;Myerson,2008);多边谈判和契约理论中着重研究对称行为假设下的联合效用最大化(Binmore et. al.,1986;Hart and Moore,1988);而公共选择与对集体行动逻辑的探索,更多地得到的是消极的负面结论,虽然有森等人的改进,但以阿罗的工作为代表、由严谨逻辑得出的一系列不可能定理,为最大限度满足个体意愿的社会选择构筑的障碍似乎仍难以逾越(Olson,1965;Arrow,1951);日渐炙热的用演化观点和方法研究合作行为的理论焦点(Nowak,2006),也主要还是个体视角的;福利经济学、发展经济学以及经济学家们在充填宏观微观人为沟壑所做的种种努力和沉淀,认识到复杂现实的多样性与理论逻辑的单一性之间的基本矛盾,或许能促使我们从个体与集体的行为关系角度,以博弈模型为分析框架,更加集中地研究主体之间的策略行为,有望揭秘个体选择与集体行动之间复杂的内在联动关系。近年来,对宏观经济学的微观基础、由个量到总量的生成机理以及宏观与微观的相互影响等重大难题的理论探索和殚精阐释(Weintraub,1977;Janssen,2008),博弈论着重策略行为分析在揭示个体理性与集体理性复杂关系的同时,也构建了异质性、交互性、理论分析框架,借助内生化和参数化,贯通了关联和途径,借助一体化建模平台,计算实验等实现技术,市场异象和经济运行的典型化事实,指出了深化行为研究的延伸方向。

一、社会合意行动的个体行为基础:策略交互性

现代经济学的行为基础和相应的基本假设是个体的自利理性,然而,从自利角度考察个体理性行为及涉他性(other-regarding)和从行为关系角度考察集体理性及社会效应,能拓宽学术视野、丰富行为研究内容、发掘其本质特征。驱使、个体自利行为的策略转向条件、特征和动因及影响结果。

(一)个体行为的策略性

人类属于群居动物,在与自然界进行物质交互过程中面临的可利用资源总是有限的,其行动空间必然受不同主体相互影响的制约,而且单一个体在相对独立决策时与多主体相互影响条件下决策时的行为模式还可能存在显著差异。因此,将个体行为空间划分成两个区段或部位:以个体效用最大化为目标的相对独立决策的区段Ⅰ和以策略行为相互影响下考虑公共利益目标的区段Ⅱ(见图3-3中发生偏转的直线),更有利于全面分析行为属性以寻求其本质特征。在相对独立的个体决策阶段,可完全自主选择(法律框架内想干啥就干啥),追求效用最大化;在相互影响(策略行为)的公共利益阶段,需要遵循共同规则,不允许干的就一定不能去干(必须有法律明确赋权才能去行动)。两个区段的行动目标和方式也有显著不同:个体行为追求最优,群体行动避免最差;相比较而言,个体响应方式灵活敏感,群体行动模式迟缓滞后;不同区段的外界条件不同,刺激和诱发出的行为表现也不同,具体的决策行为方式也就不同,区段Ⅱ交互条件下的具体行为表现更多地受双(多)方策略选择的影响;而且每一个体的转折点λ_0与其行为秉性、资源禀赋、外部环境(包括与他人的关系)密切相关,由此表现出个体行为的异质性和策略性及非线性特征。

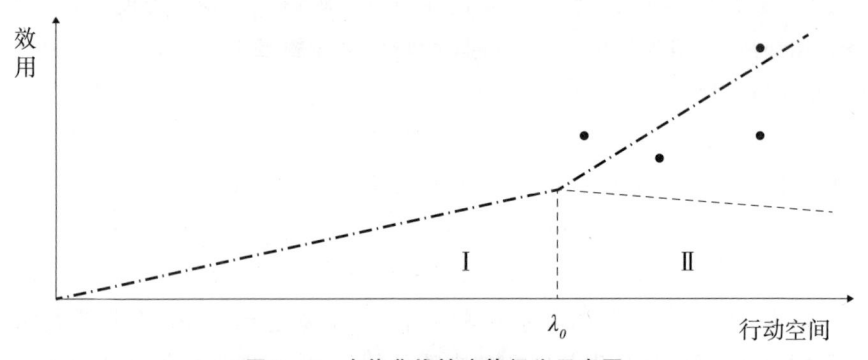

图3-3 个体非线性决策行为示意图

(图中,细虚线为边际效用相对稳定的个体决策区段;λ_0为行为分界点或阈值;粗虚线的区段Ⅱ是相互影响下的策略行为阶段,还有可能呈波动震荡或折线状,如实点所示;虚线表示另一类可能的行为表现。)

在区段Ⅰ可采用同质的代表性主体的行为假设及相关分析方法,而在区段Ⅱ则需要进行异质性主体的交互行为分析。个体行为的异质性具体表现为:每一个体禀赋的多元行为属性的比例结构(权重分布)、与外界发生交互和演变过程中的条件依赖与临界点(图3-3中的λ_0)是不同的,由此影响和可能导致群体行动的传导机理与产出结果的多重性。所以,在考察个体决策行为时，一定要注意到在策略行为的交互影响下为实现公共利益（从而提高自身利益）有可能发生的转变。只要个体选择是非线性、差异化的，必然会在集体行动中出现公共利益目标不一致、不协调的情况。换句话说，宏观复杂的典型化事实等是纳什均衡多重性的表象，根源上都是由异质性个体在交互行为中的多样化选择所致。通过分析个体自利行为的策略转向来拓宽视野和扩展疆域，深化并异化基础研究，是理论发展的必然和现实需求的使然。

（二）社会合意行动的理论分析框架

合意，其含义是合理的意愿或符合意愿，是就主观意识层面而言的；群体中成员相互之间的策略行为可能导致合作创造剩余（增值），也可能因不合作造成内耗降低个体效用。同质的理性主体在基数效用基础上可直接加总生成总量，而对于不同维度、多元属性、多种影响因素、不同计量单位的异质性主体，更多地应考虑其序数效用，不具有可比性和可加性，不宜简单加总而是某种序包含的关系。由此引出集体行动当且仅当是一种社会相对最优，用合意来表示此时集体行动的基本属性和特征；而合意行动基础上的社会选择（福利）函数的最优契约的存在与否，取决于个体成员的选择行为属性（考虑策略效应的非线性决策行为）和对目标产出的评判标准（主流价值观）、组织形态结构演变和适应性群体认知（文化认同）以及对外部环境条件的响应模式等。

目标完全相同、步调绝对一致的集体行动（目标或价值函数的同构）在现实中通常是不可能存在的，当个体选择延展到相互影响的策略行为区段，众多差异化个体的交互作用会导致什么样的集体行动，该如何选择尺度标准和描述刻画、量化测度的方法，寻找和搭建什么样的理论分析框架？由于个体是本能的自利与条件性的利他的行为复合体，具有禀赋理性与学习适应性共生、独立行事与合作倾向并存等多元属性，只是各部分（分量）所占比例程度、随外界条件变化的临界点等可能会因人而异、有所不同，在考量策略交互性后更清晰地显现其内在的本质特征，具体表现为分阶段选择的转折分岔轨迹（见图3—3）；由于集体行动的价值函数（目标）的非单一性、序关系的多途径关系链条和多向性、制度规则的作用以及政府行为的现实干预效应；特定环境下差异性个体行为相互影响的非线性本征属性，经过自身的信念与判断、相互之间的信任激荡、组织结构中的发酵与酿造，潜藏了多种可能的总体产出，在不同的结构网络和外界诱变条件下演化出多样态典型化事实，使得个体选择与集体行动之间的关系错综复杂、扑朔迷离，导致了理论上博弈均衡的多重性和实践中的宏观涌现，这正是社会经济复杂性的根源和机理，也在一定程度上表明了集体行动中有公共协调人参与（或某种力量的介入)的必要性和必然性。

博弈论中的囚徒困境等经典案例,[①]在揭示个体优化选择与集体行动结果之间复杂内在联系(也称为社会选择悖论)的同时,也构建了示范性的理论分析框架,能够结构式、一体化地展现个体与群体的行为特征、传导机理和各种可能的结果,将个体选择、总体产出和分布结构相互之间的有机联系整合后再现。在相互影响条件下,每一个体的效用或产出不仅仅由自身行为决定,还受他人行为和外界条件变化的影响(甚至在某些情况下要取决于他人如何选择);同时,自身行为也在影响他人。"合"主要是指合理与符合(程度),"意"即意向/意愿,可将大多数人认可接受、多数人有同感的意愿,理解成边界相对清楚的一个动态渐近过程,直至一致同意,而非一个点(值)的状态,适合在博弈框架内用现代集合论方法分析。进而,在博弈均衡意义上界定社会合意的集体行动和社会最优契约等,研究它们的实现条件和稳定(唯一)性等。如此定义的社会合意行动不可保证所有参与人都能同时实现自身效用最大化,但却能避免集体最差结果:每一参与人不可能靠单方面的策略变换提高自身的收益,同时也不用担心其他人的策略行为变化会降低自己的效用,也没有人会主动偏离共同预期到的博弈均衡结果,因而又是相对稳定的。

二、基于引入公共参与人的博弈均衡构建社会选择函数

(一)博弈均衡与社会选择

纳什均衡——非合作博弈论中的核心概念,是一个自我驱动型的契约(Brandenberger 和 Dekel,1987),没有人愿意单方面偏离契约中的共同约定。然而,这样的契约却常常具有多重性,在社会选择时反映出现实中公平准则的不唯一性。如何从多个契约中选择合理可行的契约,而且是相对稳定的,这就需要对由个体理性导致的纳什均衡结果施加某些集体理性的限制。这可通过考察如下表所示的具有三种备选事项的扩展情侣博弈来阐释(见表3-1)。

表3-1 扩展的情侣博弈

1＼2	芭蕾	电影	足球
芭蕾	1,1	0,0	0,0
电影	0,0	1,5	0,0
足球	0,0	0,0	4,4

[①] 由 Merrill Flood, Melvin Dresher 和 Albert W. Tucker 共同奠立,参见:Poundstone, W. (1992) *Prisoner's Dilemma*. NY:Doubleday.

在表3-1中，(芭蕾,芭蕾)、(电影,电影)和(足球,足球)是该博弈的三个纯策略纳什均衡。然而，由于信息的不对称，个人的偏好与社会福利最大的集体产出并无必然的内在联系，那么，实际中到底会产生哪一种结果呢？虽然直观上很容易看出(芭蕾,芭蕾)的策略组合被其他两个纳什均衡所帕累托占优，但是，直觉缺乏严格的理论支撑，现实中并没有绝对把握保证其他两种结果更有可能发生。而若参与人1和2可以事先进行交流与协调，那么(足球,足球)便是一个更加可信的结果。这一结果对于双方来说不但是集体最优，而且也是稳定的。于是，参与人之间的交流与协调使得该类博弈本质上成了一个社会选择问题。具体来说，表3-1所示的情侣博弈便可转化为如下表所示的社会选择问题(见表3-2)：

表3-2　由扩展情侣博弈转化的社会选择问题

芭蕾,芭蕾	芭蕾,电影	芭蕾,足球
电影,芭蕾	电影,电影	电影,足球
足球,芭蕾	足球,电影	足球,足球

此时，若将参与人的行动空间看成是备择社会状态集，从而两个参与人在交流与协调过程中的契约选择过程就可转化为一个社会最优选择问题。如果基于参与人的支付定义或构建一个社会福利函数，那么社会最优选择问题就视同为一个社会福利最大化问题。在将社会福利视为个人效用之和(简化为代数和)的情况下，表3-2中所示社会状态集所对应的社会福利水平如下(见表3-3)：

表3-3　扩展情侣博弈的社会福利

2	0	0
0	6	0
0	0	8

由表3-3可见，(足球,足球)是社会福利最大化的行动组合。但是，一般而论，将此定义为社会最优契约选择仍存在两个问题：一是理论上并不能保证社会福利最大化的行动组合与纳什均衡等价(Bergson,1938)，而且人们总是希望良好的集体行动结果具有稳健性，这就必须要求社会最优契约选择应包含于纳什均衡之中；二是把社会福利表示为个人效用的简单代数之和可能存在极大的争议，因为个量如何生成总量至今仍是一个未解之谜。这种功利主义主张以及遵循伯格森—萨缪尔森传统(Samuelson,1947)的其他社会福利函数受到了强烈批判。

由阿罗不可能定理可知，如果备选社会状态至少有三个，那么在无限制的定义域下，当社会偏好满足完备性和传递性时，满足帕累托准则和不相关选择独立性的社会福利函数必然满足独裁性。这就是为达成集体理性施加限制性条件的必要理由。由此表明，在社会福利函数的选择上，缺乏精准度量的序数主义原则无法给出令人满意的答案。事实上，在很多情况下，社会选择问题必须依赖于能测度出偏好强度的基数性质。在策略行为影响下的人际比较中，社会选择所牵涉到的最具代表性的社会福利评价标准主要有三类：功利主义（Bentham，1789）、罗尔斯主义（Rawls，1971）和纳什谈判解（Nash，1950a）。在某种意义上，纳什谈判解可视为功利主义和罗尔斯主义之间的折中。而在这三种社会福利评价标准中，只有纳什谈判解才具有基数不可比性。当然，这并不必然表明纳什谈判解比其他标准更具有优势。为保护公共利益，达成集体理性，本书采取的方法是在博弈中引入一个公共参与人，让其充当所有参与人事前交流磋商中的协调人，以便使构建更丰富含义的社会福利函数成为可行。

现实中更常见的是不同的博弈参与人对备选项的偏爱程度、效用函数的取值是异质的，考虑个体选择中的自利与涉他不同区段选择的非线性特征，以及相应地由此引起的群体组织和支付结构的复杂多变，进而可推论，个体多元化的偏好分布、行为属性和选择导致了群体决策结果的不唯一性。正是因为异质性与交互性等个体多元行为属性（多样化行为表现）为分析集体行动结果和复杂宏观现象造成了诸多麻烦，因而也就必须以对异质与交互等行为属性的深化分析作为揭示复杂之谜的逻辑起点。基于互异主体（HIA：Heterogeneous Interacting Agent）研究复杂经济问题（Kirman，2010），不仅是对经济理论的重大贡献，也是认识论上重要的发展进步。在此情形下，可外生地将社会福利函数确定为公共参与人的效用函数，笔者认为，这一尝试不但在理论上是可行的，也是十分现实的。

（二）公共参与人博弈

类似于完全竞争市场上一般均衡价格形成机制中的虚拟喊价人，以及一系列不可能性定理等相关研究结论的理论指向，启发我们引入公共参与人构建相应的博弈均衡分析框架。公共参与人的"存在"形式、[①]策略空间和职责是推动形成共同行为准则、增强互信和促进信息有效沟通交流，其效用（支付）函数就是代表公共利益的社会福利（选择）函数。为了便于对比说明，我们在此对相互关联的基础概念给出严格的形式化表述。

设有限参与人集合为 $I=\{1,2,\cdots,N\}$。对于任意参与人 $i\in I$，设其有

[①] 一个很容易想到的公共参与人的现实存在是政府或公共组织。

限行动空间为 A_i，并记 $A = A_1 \times \cdots \times A_N$。参与人 i 的效用函数即为定义在 A 上的支付函数 $u_i: A \to \mathbb{R}$。对于任意 $i \in I$ 和任意行动组合 $a = (a_1, \cdots, a_N) = (a_i, a_{-i}) \in A$，$u_i(a) \in U_i$ 表示参与人 i 在行动组合 a 下的支付（或效用）。设 $u_i(A) = U_i$ 为参与人 i 的支付（或效用）空间，并记 $U = U_1 \times \cdots \times U_N \subseteq \mathbb{R}^N$。我们称 $G = (I, A, U)$ 为参与人 I 之间的一个（标准型）博弈。设定义在 A_i 上的任意概率分布的集合记为 $\Delta(A_i)$，称之为参与人 i 的混合策略空间，其元素 $\alpha_i \in \Delta(A_i)$ 称为参与人 i 的混合策略。参与人的混合策略空间可记为 $\Delta(A_1) \times \cdots \times \Delta(A_N)$。

将纳什均衡概念（Nash，1950b）简化而又严格地表示为：如果存在某个混合策略组合 $\alpha^* = (\alpha_i^*, \alpha_{-i}^*) \in \Delta(A_1) \times \cdots \times \Delta(A_N)$，使得 $\forall i \in I, \forall a_i \in A_i$，$u_i(\alpha_i^*, \alpha_{-i}^*) \geq u_i(a_i, \alpha_{-i}^*)$，则称 α^* 为 G 的纳什均衡。

现在，我们试图在博弈 G 中引入一个公共参与人。"公共参与人"可以是虚拟的某种形式，也可以是真实存在的自然人或法人（有时甚至可以存在于各参与人之间）；既可以是某种物质实体，也可以是某种抽象的构造物……在博弈进行之前，由公共参与人提出一个策略组合建议。如果所有参与人都愿意遵循公共参与人所提出的建议，则可称此建议为该博弈的一个契约。如果公共参与人所提出的建议是一个纳什均衡，那么将没有人愿意单方面违背该建议。但是，如果把纳什均衡视为该博弈的一个契约，那么事实上就相当于假设所有参与人的行为选择都满足如下两条准则：

准则1（非合作原则）：每一参与人的最优策略选择基于其他人都遵循该建议；

准则2（纳什稳定原则）：在实施了准则1的情况下，如果违背该建议对每一参与人都没有任何好处，那么其将遵循该建议。

公共参与人的基本特征：需要考虑的主要因素包括整体形象、文化与主流价值观、战略选择、公信力等；所执行的职能是实现必要的交流与沟通，由此引导个体行为选择。演化博弈中（Weibull，1995）以对称协调博弈为平台，研究合作行为的发生、持续和集体理性的实现条件，相应地明确个体行为选择、个体约束条件和公共道德底线等。而行为规则和个人信用，是最具有可操作性的变量和控制因素。

准则1表明在纳什均衡中参与人策略选择的独立性，从而使得纳什均衡在非合作原则下成为非常有说服力的解概念。准则2体现了纳什均衡的稳定性，即纳什均衡具有"自我驱动型"性质，也可以直观地理解为：因为违背该契约对参与人没有任何好处，但却可能给其他人带来害处，所以每一参与人将遵循该契约。因此，如果每一参与人都相信其他参与人不会采取"对自己无利而对他人有害"的行为,那么准则 2 便是对非合作博弈的解概念所施加的一个非常合理的约束。

在这样的协动过程中,公共参与人充当了一个协调人。自然地,公共参与人也可以与其他参与人一样参与博弈。因此,若将公共参与人用 0 来表示,则参与人集合可设为 $I^{\#}=\{0,1,\cdots,N\}$。对于公共参与人 $0\in I^{\#}$,设其有限行动空间为 A_0,并记 $A^{\#}=A_0\times A_1\times\cdots\times A_N$,$U^{\#}=U_0\times U_1\times\cdots\times U_N$ $\subseteq\mathbb{R}^{N+1}$。公共参与人的效用函数即为社会福利函数,且对于任意 $a\in A^{\#}$,$u_0(a)=W(u_1(a),\cdots,u_N(a))$。特别地,我们总是假设社会福利函数是个人效用函数的增函数,即对于任意 $i\in I$,若 $u_i\geqslant u_i'$,则 $W(u_i,u_{-i})\geqslant W(u_i',u_{-i})$。我们称 $G^{\#}=(I^{\#},A^{\#},U^{\#})$ 为一个公共参与人博弈。如果公共参与人的行动空间是空集,那么公共参与人博弈 $G^{\#}$ 便退化为一般博弈 G。很明显,公共参与人的行为与策略极易给我们留下充分的想象空间。如果公共参与人拥有协调者和参与者双重角色,将会使问题变得更加复杂然而也更加诱人。

同样地,可把公共参与人博弈中的混合策略空间记为 $\Delta(A_0)\times\Delta(A_1)\times\cdots\times\Delta(A_N)$,于是,就可以很自然地推广得到公共参与人博弈 $G^{\#}$ 的纳什均衡定义。

定义 3.1 如果存在某个混合策略组合 $\alpha^*=(\alpha_i^*,\alpha_{-i}^*)\in\Delta(A_0)\times\Delta(A_1)\times\cdots\times\Delta(A_N)$,使得 $\forall i\in I^{\#}$,$\forall a_i\in A_i$,$u_i(\alpha_i^*,\alpha_{-i}^*)\geqslant u_i(a_i,\alpha_{-i}^*)$,则称 α^* 为公共参与人博弈 $G^{\#}$ 的纳什均衡。

公共参与人的引入,促进了在策略行为的区段Ⅱ参与人之间的信息交流和互信,确立公共行动规则(可共同接受的主流价值观),协调集体行动,有利于达成社会最优契约。

三、收入分配中社会公平选择的逻辑内涵与比较

在社会选择时常用的三类公平准则中,功利主义是朴素的,罗尔斯主义附加了外生的公平观,纳什谈判解由于着眼于总体产出则显得有些变幻莫测。设置不同的社会福利函数是对实际中相应的各种组织结构和传导机制的抽象,对研究异质性个体背景下的总量生成机制、反过来对微观个体决策行为的影响以及为宏观经济理论寻求微观基础解释等,都不失为一种有力的工具。而在引入公共参与人的博弈分析框架中,通过比较能更清楚地看到各类公平准则的逻辑内涵与关键特征,以及它们之间的相互关联。

(一)集体合意行动与社会最优契约

在公共参与人博弈 $G^{\#}$ 中,由于一般假设参与人的行动组合空间是有限集,故参与人的混合策略空间必定是紧集。因此,至少存在一个混合策略

组合 $\alpha^0 \in \Delta(A_0) \times \Delta(A_1) \times \cdots \times \Delta(A_N)$，使得 $\forall a \in A^{\#}$，有：
$$u_0(\alpha^0) \geqslant u_0(\alpha)$$

也就是说，α^0 是使得社会福利最大化的混合策略组合，可称之为"社会最优策略组合"。遗憾的是，社会最优策略组合并不一定是纳什均衡，这使得社会最优策略组合通常难以实现。在纳什均衡中，当其他参与人都选择均衡策略时，公共参与人的均衡策略必定是针对其他参与人策略的最优反应（即给定其他参与人的均衡策略选择，公共参与人的均衡策略选择必定是社会最优的），但是这个最优反应并不一定是 α_0^0。由于纳什均衡通常具有多重性，在不同的纳什均衡中，公共参与人会选择不同的最优反应。因此，如果博弈的结果只能是纳什均衡，那么我们会很自然地期望得到一个"最好"的结果——即"最好"的纳什均衡，就称这个"最好"的纳什均衡为社会最优契约。即当其他人都选择均衡策略时，公共参与人应该选择使得社会福利最大化的行动。但是，由于博弈均衡的多重性，公共参与人博弈的纳什均衡却未必是唯一使得社会福利最大化的行为组合。因此，社会最优选择与纳什均衡常常是不一致的。

不失一般性，我们可以将公共参与人博弈中的混合策略空间 $\Delta(A_0) \times \Delta(A_1) \times \cdots \times \Delta(A_N)$ 视为一个可供选择的社会状态集。进一步，混合策略空间中的任意一个混合策略组合都可视为行动空间上的一个概率分布。设博弈 $G^{\#}$ 所有混合策略组合所对应的概率分布的集合为 $M^{\#}$，而纳什均衡所对应的概率分布的集合则为 $E^{\#} \subseteq M^{\#}$。现在，如何将 $M^{\#}$ 中的所有元素进行一个合理的社会排序便成为一个社会选择问题。据此，任何一个公共参与人博弈都相应地对应着一个社会选择问题。

然而，社会选择问题中的最优社会选择却与纳什均衡没有什么必然的联系。尽管公共参与人会倾向于社会最优的行为组合，但是其他参与人却未必同意这一点。而在纳什均衡中，虽然各参与人都不愿单方面偏离均衡策略，但均衡策略却未必使得社会福利最大化。为了在纳什均衡中兼顾策略选择的社会属性，本节提出社会最优契约的概念：即公共参与人在各种可行契约（纳什均衡）中提出社会最优的契约。不难发现，公共参与人的社会偏好只有在当纳什均衡具有多重性时才能体现出来。这里的逻辑顺序是：

(1) 公共参与人提出建议，其建议必须是纳什均衡；

(2) 当存在多个纳什均衡时，公共参与人将选择一个最优的纳什均衡；

(3) 各参与人（在准则 1 和准则 2 下）接受并履行社会最优契约。

然而，社会最优契约未必是最优社会选择，而只是多重纳什均衡中社会排序最高的纳什均衡。我们现在将社会最优契约严格定义如下：

定义 3.2 在公共参与人博弈 $G^{\#}$ 中,若存在 $\pi \in E^{\#}$,使得

$$\pi \in \arg\max\nolimits_{\pi' \in E^{\#}} \sum\nolimits_{a \in A^{\#}} \pi'(a) W(u_1(a), \cdots, u_N(a)),$$

则称 π 是一个社会最优契约。

根据此定义,由不同的社会福利函数假设可以得到不同的社会最优契约。如果社会福利函数 $W(\cdot)$ 满足如下两个性质:

(1)若对于任意 $i \in I, u_i \geqslant u_i'$,则 $W(u) \geqslant W(u')$;

(2)若对于所有 $i \in I, u_i > u_i'$,则 $W(u) > W(u')$;

那么我们称社会福利函数 $W(\cdot)$ 满足帕累托性质。如果社会福利函数 $W(\cdot)$ 满足如下两个性质:

(1)若对于任意 $i \in I, u_i \geqslant u_i'$,则 $W(u) \geqslant W(u')$;

(2)若至少存在一个 $i \in I$,使得 $u_i > u_i'$,则 $W(u) > W(u')$;那么我们称社会福利函数 $W(\cdot)$ 满足严格帕累托性质。

如果社会福利函数满足严格帕累托性质,则称社会最优契约 π^* 是帕累托最优契约。在实践中,最为常用的满足严格帕累托性质的社会福利函数是功利主义。功利主义社会福利函数认为,社会福利等于个人效用之和(直接的代数和)。

定义 3.3 在公共参与人博弈 $G^{\#}$ 中,若存在 $\pi \in E^{\#}$,使得:

$$\pi \in \arg\max\nolimits_{\pi' \in E^{\#}} \sum\nolimits_{a \in A^{\#}} \pi'(a) \sum\nolimits_{i \in I} u_i(a),$$

则称 π 是一个功利主义最优契约。

设博弈 $G^{\#}$ 的所有功利主义最优契约的集合为 $U^{\#}$。功利主义已受到广泛的批评,与之对应的另外一个应用同样十分广泛的社会福利函数是罗尔斯主义社会福利函数,其认为社会福利水平取决于处境最差者的效用水平。

定义 3.4 在公共参与人博弈 $G^{\#}$ 中,若存在 $\pi \in E^{\#}$,使得:

$$\pi \in \arg\max\nolimits_{\pi' \in E^{\#}} \sum\nolimits_{a \in A^{\#}} \pi'(a) \text{Min}\{u_i(a)\}_{i \in I},$$

则称 π 是一个罗尔斯主义最优契约。

设博弈 $G^{\#}$ 的所有罗尔斯主义最优契约的集合为 $R^{\#}$。注意,罗尔斯主义社会福利函数虽然满足帕累托性质,却未必满足严格帕累托性质。因此,罗尔斯主义最优契约未必是帕累托最优契约。除了功利主义和罗尔斯主义之外,由纳什提出的所谓"纳什谈判解"也提供了一个非常重要的社会福利函数。这个社会福利函数认为,社会福利应当等于个人净增效用之积。特别地,在纳什社会福利函数中,假设存在着一个谈判的初始点。在公共参与人博弈中,我们可以将此初始点设为博弈中各参与人所能得到的相应的最差结果(保留效用)。

定义 3.5 在公共参与人博弈 $G^\#$ 中,若存在 $\pi \in \mathscr{E}^\#$,使得:

$$\pi \in \arg\max_{\pi' \in E^\#} \sum_{a \in A^\#} \pi'(a) \prod_{i \in I}(u_i(a) - \text{Min}\{u_i(a')\}_{a' \in A}),$$

则称 π 是一个纳什最优契约。

设博弈 $G^\#$ 的所有纳什最优契约的集合为 $\mathscr{N}^\#$。需要指出的是,纳什最优契约也未必是严格帕累托最优契约。这是因为,可能存在某个参与人,使得其相对效用水平为 0。如果所有参与人的相对效用水平都严格大于 0,则纳什最优契约一定是严格帕累托最优的。

(二) 社会最优契约排序

此时,根据上述三个社会福利函数①来计算表 3-1 所示博弈的最优社会契约。计算可分为三个步骤。首先,三种社会福利函数在行动空间上所对应的社会福利水平如表 3-4 所示:

表 3-4 扩展的情侣博弈的社会福利空间

2	0	0
0	6	0
0	0	8

(1)

1	0	0
0	1	0
0	0	4

(2)

1	0	0
0	5	0
0	0	16

(3)

其中,表 3-4 的 (1)、(2) 和 (3) 分别由功利主义、罗尔斯主义和纳什社会福利函数得到。然后,该博弈的七个纳什均衡所对应的行动分布(包括混合策略)分别如表 (3-5) 所示:

表 3-5 扩展的情侣博弈的纳什均衡(纯策略与混合策略)

1	0	0
0	0	0
0	0	0

(1)

0	0	0
0	1	0
0	0	0

(2)

0	0	0
0	0	0
0	0	1

(3)

5/12	5/12	0
1/12	1/12	0
0	0	0

(4)

16/25	0	4/25
0	0	0
4/25	0	1/25

(5)

0	0	0
0	16/45	4/45
0	20/45	5/45

(6)

---

① 通俗点儿讲:功利主义社会福利就是个体成员效用的直接相加;罗尔斯主义社会福利则取决于社会成员中处境最差者的效用,反映出某种特定的公平倾向,实质上是外生的赋予权重的加权和;纳什最优(协商解)是乘积形式的联合效用或共同利益最大化。与功利主义、罗尔斯主义和纳什协商解三种公平准则对应的总量生成方式分别为:代数/算术求和(和差关系)、最大最小值法和联合效用最大化的乘积关系(可看成是代表了泛函意义上的最优解析解)。

80/261	80/261	20/261
16/261	16/261	4/261
20/261	20/261	5/261

(7)

然后,根据表3-4和表3-5,可以得到三种社会福利函数所对应的各纳什均衡的社会福利水平如表(3-6)所示:

表3-6　纳什均衡的社会福利评价

	(1)	(2)	(3)	(4)	(5)	(6)	(7)
功利主义	2	6	8	4/3	8/5	136/45	296/261
罗尔斯主义	1	1	4	1/2	4/5	4/5	116/261
纳什社会福利	1	5	16	5/6	32/25	32/9	240/261

最后,由表3-6可知,功利主义对于七个纳什均衡的社会排序如下:
(3)＞(2)＞(6)＞(1)＞(5)＞(4)＞(7),
故功利主义最优契约为(3)。再根据罗尔斯主义社会福利函数,可知:
(3)＞(1)=(2)＞(5)=(6)＞(4)＞(7),
故罗尔斯主义最优契约为(3)。同样地,由纳什社会福利函数可知:
(3)＞(2)＞(6)＞(5)＞(1)＞(7)＞(4),
故纳什最优契约亦为(3)。由此说明,集体理性与社会最优契约的达成,可以在个体偏好一致或同等、①信息充分交流沟通的情况下实现;公共参与人则可通过提出共同行为准则建议,引导个体增强互信和交流,改善可能的均衡结果的权重分布,最终实现社会合意行动。

四、社会最优契约的基本特征与现实意义

在上述案例的讨论中,三个不同的社会福利函数却得到了相同的社会最优契约。特别地,其中功利主义社会福利函数与纳什社会福利函数的社会排序结果高度接近。但是,这一结果并不具有普适性。因此,有必要分类讨论现实中可能存在的不同的社会福利函数及其相应的分配原则与政策选择有何种不同的含义。

(一)社会福利函数的线性

定义3.6 在公共参与人博弈$G^{\#}$中,对于任意$\pi\in\Delta(A_0)\times\Delta(A_1)\times\cdots\times\Delta(A_N)$,有

---

① 当由$u_i(a_i)$扩展到$u_i(a_i,a_{-i})$为保序变换时,对任意$i\in I$均成立,两者在相同的点取得极值。

$$\sum_{a \in A^{\#}} \pi(a) W(u_1(a), \cdots, u_N(a)) = W(\sum_{a \in A^{\#}} \pi(a) u_1(a), \cdots, \sum_{a \in A^{\#}} \pi(a) u_N(a)),$$

则称该博弈的社会福利函数是线性的。

也就是说,如果社会福利函数是线性的,则对于任意 $\pi \in \Delta(A_0) \times \Delta(A_1) \times \cdots \times \Delta(A_N)$,有

$$E[W(u_1(a), \cdots, u_N(a))] = W(E[u_1(a)], \cdots, E[u_N(a)])。$$

很明显,功利主义社会福利函数具有此线性性质,这是因为

$$\sum_{a \in A^{\#}} \pi(a) W(u_1(a), \cdots, u_N(a)) = \sum_{a \in A^{\#}} \pi(a) \sum_{i \in I} u_i(a)$$
$$= \sum_{a \in A^{\#}} \sum_{i \in I} \pi(a) u_i(a)$$
$$= \sum_{i \in I} \sum_{a \in A^{\#}} \pi(a) u_i(a)$$
$$= W(\sum_{a \in A^{\#}} \pi(a) u_1(a), \cdots, \sum_{a \in A^{\#}} \pi(a) u_N(a))。$$

社会福利函数的线性特征可以理解为理论上的规模不变性与实践中的政策延续性,社会中每一成员的效用按相同比例增减时,社会福利函数的序位不变。

但是罗尔斯主义与纳什社会福利函数则不具有此性质。以表 3-4 所示的博弈为例,其各纳什均衡所对应的期望效用组合分别如表 3-7。

表 3-7　纳什均衡的期望效用组合

	(1)	(2)	(3)	(4)	(5)	(6)	(7)
$E[u_1]$	1	1	4	1/2	4/5	4/5	116/261
$E[u_2]$	1	5	4	5/6	4/5	20/9	180/261
$E[u_1] + E[u_2]$	2	6	4	4/3	8/5	136/45	296/261
$\text{Min}\{E[u_1], E[u_2]\}$	1	1	4	1/2	4/5	4/5	116/261
$E[u_1] \times E[u_2]$	1	5	4	5/12	16/25	80/45	$160 \times 180/(2612)$

不难发现,在上述七个纳什均衡效用组合中,只有(2)和(3)是帕累托最优契约。由此可知,功利主义满足线性,而纳什社会福利函数则不满足。特别地,罗尔斯主义在此例中也满足线性,这是因为在此例中,

$$\forall a \in A, \text{Min}\{u_1(a), u_2(a)\} = u_1(a),$$

从而对于任意 $\pi \in \Delta(A_1) \times \Delta(A_2)$,可知:

$$\sum_{a \in A} \pi(a) W(u_1(a), u_2(a)) = \sum_{a \in A} \pi(a) \text{Min}\{u_1(a), u_2(a)\}$$
$$= \sum_{a \in A} \pi(a) u_1(a)$$
$$= \text{Min}\{\sum_{a \in A} \pi(a) u_1(a), \sum_{a \in A} \pi(a) u_2(a)\}$$
$$= W(\sum_{a \in A} \pi(a) u_1(a), \sum_{a \in A} \pi(a) u_2(a))。$$

但是在更一般的情况下,功利主义社会福利函数仍然具有线性性质,而罗尔斯主义社会福利函数与纳什社会福利函数一样,则不具有线性性质。

(二)社会最优契约的不变性

定理 3.1 假设在博弈 $G=(I,A,U)$ 中,混合策略组合 $\alpha^* \in \Delta(A_1) \times \cdots \times \Delta(A_N)$ 是博弈 G 的纳什均衡。如果在博弈 $G'=(I,A,U')$ 中,对于任意 $i \in I, u_i' = f_i(u_i) \in U_i'$,其中 f_i 为任意正线性(或正仿射)变换,那么 α^* 是博弈 G' 的纳什均衡当且仅当 α^* 是博弈 G 的纳什均衡(证明略)。

由定理3.1可知,在博弈 $G=(I,A,U)$ 中,纯策略纳什均衡具有序数不可比性,混合策略纳什均衡具有基数不可比性。但是,阿罗不可能定理使得这一性质在公共参与人博弈 $G^\#$ 中对于社会最优契约不再成立。也就是说,社会最优契约一般不满足序数不可比性。此外,即使允许某种程度上的人际比较,我们依然面临一个本质上的难题,即人际比较需要极为丰富的效用信息。为了解决这一难题,我们不再针对个人效用函数的任意正单调变换,而是集中于考虑线性变换对于社会福利函数的影响。研究结果已经表明,不同的社会福利函数对于不同类型的线性变换具有不同的不变性特征(Sen,1970,1974;d'Aspremont 和 Gevers,1977;Roberts,1980)。

定理 3.2 假设在公共参与人博弈 $G^\# = (I^\#, A^\#, U^\#)$ 中,$\pi \in \mathcal{N}$ 是一个纳什最优契约。如果在公共参与人博弈 $G^{\#\prime} = (I^\#, A^\#, U^{\#\prime})$ 中,对于任意 $i \in I, u_i' = a_i u_i + b_i \in U_i'$,其中 a_i、b_i 为任意实数且 $a_i > 0$,那么 π 是博弈 $G^{\#\prime}$ 的纳什最优契约当且仅当 π 是博弈 $G^\#$ 的纳什最优契约。

证明略。由定理3.2可知,纳什最优契约满足基数不可比性。

定理 3.3 假设在公共参与人博弈 $G^\# = (I^\#, A^\#, U^\#)$ 中,$\pi \in \mathcal{U}$ 是一个功利主义最优契约。如果在公共参与人博弈 $G^{\#\prime} = (I^\#, A^\#, U^{\#\prime})$ 中,对于任意 $i \in I, u_i' = a u_i + b_i \in U_i'$,其中 a、b_i 为任意实数且 $a > 0$,那么 π 是博弈 $G^{\#\prime}$ 的功利主义最优契约当且仅当 π 是博弈 $G^\#$ 的功利主义最优契约。

证明略。由定理3.3可知,功利主义最优契约满足基数单位可比性。

定理 3.4 假设在公共参与人博弈 $G^\# = (I^\#, A^\#, U^\#)$ 中,$\pi \in \mathcal{R}$ 是一个罗尔斯主义最优契约。如果在公共参与人博弈 $G^{\#\prime} = (I^\#, A^\#, U^{\#\prime})$ 中,对于任意 $i \in I, u_i' = a u_i + b \in U_i'$,其中 a、b 为任意实数且 $a > 0$,那么 π 是博弈 $G^{\#\prime}$ 的罗尔斯主义最优契约当且仅当 π 是博弈 $G^\#$ 的罗尔斯主义最优契约(证明略)。[1]

由定理3.4可知,罗尔斯主义最优契约满足基数完全可比性。

社会最优契约不变性的政策蕴意是社会总福利不受财富形式和分配方

---

[1] 对本节中定理证明感兴趣者,可参见欧阳葵、王国成著:《公共参与人博弈与社会最优契约》,中国社会科学出版社,2013年。

式的影响,即独立于所选择的价值尺度,与度量工具无关。如果我们更加关注社会福利函数的线性性质,功利主义社会福利函数无疑是最佳选择。但如果我们希望强调社会福利函数的不变性,那么纳什社会福利函数则是最佳选择。因此,社会福利函数的线性与不变性特征不可兼得,这无疑给公共参与人博弈的求解过程带来了无法避免的困难,这也是实践中公平分配原则难以确立和实施的理论原由。

(三)社会最优契约的协调性

由于纳什均衡的概念可以推广到相关均衡,那么社会最优契约的概念也可自然地推广到相关均衡。事实上,相关均衡的概念为参与人之间的相互协调提供了更多的可能性。我们借助交通博弈和相关均衡的概念来说明社会最优契约应具备的协调性。

关于相关均衡的一个经典例子是"交通博弈":在一个十字路口,参与人1和参与人2驾车相遇;双方可选择让路或者不让路,若双方都选择不让路则将发生交通事故。该类博弈的支付结构如表3-8所示。

表3-8 交通博弈

1 \ 2	让路	不让路
让路	0,0	0,1
不让路	1,0	−10,−10

该博弈有三个纳什均衡,即(让路,不让路),(不让路,让路),以及双方都以10/11的概率让路、以1/11的概率不让路,其各自所对应的行动分布分别如表3-9所示:

表3-9 交通博弈的纳什均衡

0	1
0	0

(1)

0	0
1	0

(2)

100/121	10/121
10/121	1/121

(3)

如果双方可以进行事先协调,那么协调的结果必定是这三个纳什均衡中的其中一个,而使得没有人会单方面主动偏离协调的结果。但是,在此例中,我们还可更进一步考虑在十字路口设置一个红绿灯装置的情况,使得双方总是以一定的概率看到其他方向道路上行使车辆的信号,并且共同遵守"红灯停、绿灯行"的交通规则。此时,"红灯停、绿灯行"便构成了一个所谓的相关均衡,从而避免了(让路,让路)与(不让路,不让路)等具有纳什均衡意义的行动组合。一般情况下,设(让路,不让路)和(不让路,让路)发生的概率均各为1/2,则行动分布如表3-10所示:

表 3-10 "红绿灯"相关均衡

0	1/2
1/2	0

在这个相关均衡中,没有人敢单方面主动偏离"红灯停、绿灯行"的约定,而这与纳什均衡的思想极为一致。① 只不过,相关均衡的概念事实上将参与人策略的随机化过程一般化了。因此,任何一个混合策略都赋予行动空间一个概率分布,即一个能在相应的群体间进行协调的行动分布,可称行动空间上与任意一个概率分布相应的协调行动分布为相关策略组合,对应的博弈均衡即为相关均衡,反映出经过协调使群体收益提高,从而有可能增加每一参与人的收益或效用。

由此可见,混合策略即为相关策略要求各参与人的策略分布是相互独立的特殊情形。根据各自的期望支付,相关策略均衡(亦即相关均衡)使得各参与人都没有单方面偏离均衡策略的动机。而交通灯的设置实质上是行使了公共参与人的职能,协调所有参与人的行动达成相关均衡。经过简单的计算比较,可得知交通博弈中相关均衡的社会福利评价,并由此可以看出,与相关均衡对应的社会福利评价要优于某些纳什均衡对应的社会福利,如在罗尔斯主义和纳什社会福利函数中,"红绿灯"相关均衡都要优于所有的纳什均衡。②

在相关均衡意义上表述社会最优契约的整体协调性,是指集体行动中有与相关均衡相应的实现帕累托改进意义上的社会福利最大化的可能性,如前面表 3-5 中的(7),公共参与人的引入,有助于社会福利最大化的实现。本节中分析阐述的社会最优契约所具有的性质,表明改革实践中的收入再分配必须要有明确的价值取向和相应的政策措施,为此寻求有力的理论解释和可行的解决途径,也对基于公共利益调节收入分配差距和促进和谐社会建设等有积极的启发意义。

第五节 计算实验与复杂情景决策

什么是经济金融和人类社会活动的复杂性,如何进行复杂情景下的决

---

① 该示意性案例中的支付结构和概率假设是对真实交通状况的一种近似替代,当然,实际中红绿灯的时长控制是要根据交错通过路口的车流量比例而定。

② 本节中严格的数理分析证明和示意性算例可参见学术著作:《公共参与人博弈与社会最优契约》,中国社会科学出版社,2013 年;有兴趣的读者也可直接与作者联系。

策,也是一个难以严格定义和说清楚的基本问题。但多种多样的现实表现中共同的核心和根源是行为复杂性,它们共同的基本点是:多主体、多目标、多因素、多情景、多阶段、多路径、多变性……从本书的观点来看,所谓复杂性,就是用基于单一行为假设的传统理论方法难以解释的现实异常和非常态现象中蕴涵的特性,而用 HS + CA 的计算实验方法最有望破解这类复杂情景下的决策之谜。

一、集体行动的可计算性:HS+CA 实验的技术实现路径

由于异质性个体行为的适应性及其相互之间的交互性、社会网络的多连通性以及自组织结构的自相似性、过程演化途径和方式的多样性等,群体行动的产出结果的推断和求解上是极其困难的。正是有微观个体行为到宏观群体行动、有个量生成总量的复杂性,定量求解成为最大的障碍,也是为宏观寻求微观基础及相互联系的最大难题。而博弈结合 agent 的计算,基于主体的宏观经济学模型,理性个体独立决策的优化行为和均衡求解,是数学规划中典型的最优解问题,[①]而集体行动可通过数值模拟或计算实验等技术手段实现理论上相对最优的渐近解,并与现实问题平行地交互验证,无疑是有力的工具。集体行动的建模与模拟技术的发展,有力地促进了经济理论的发展,展现特定情境和时期下的经济活动方式、人类认知能力和科技发展水平的交互作用,得出相应的结论;同时也催生了社会计算这类新的分支学科和相应技术的诞生。与传统模型技术和分析方法徘徊迷茫的境况完全相反的是,反映现实复杂性的新一代模型的可解性与求解技术的实现及应用,不再固执于以解析函数为工具、基于均衡的最优解,而是主要研究主体行为的异质性、交互性和适应性等有限理性特征,现如今基于 Agent 的宏观经济模型技术以及行为宏观经济学(行为金融理论)正在蓬勃发展和大步扩展应用,而这正好能为宏观复杂现象找出微观成因,同时也为宏观经济学理论寻求微观基础及相互影响关系提供更加合理的理论阐释。

无论是一般均衡基础上的 DSGE、CGE 类,基于凯恩斯宏观经济学的计量与结构方程和拉姆齐的交叠世代,还是理性预期、时间序列等宏观建模技术等,都可以归结为 HRRA(Homo-Rational-Representative-Agent)范式和框架下的模型方法,它们共同具有的显著理论特征是:自利理性、总量均

[①] 相关均衡的求解通常是求解不等式组,在公共参与人博弈中就成了典型的数学规划问题,因此相关均衡通常比纳什均衡具有更好的可计算性质。但我认为,纳什均衡一般来说不具有良好的可计算性质。

衡、演绎逻辑等,相应地假定微观个体的共同点的、外生禀赋的稳定偏好,效用最大化目标、同质的、相对独立决策(不考虑交互的)、机械式、原子化的(王国成,2009;Kirman,2012);建模和推演的技术路线基本上都是Top-down路径的,基于经验数据的,隐含着运行实践中历史路径上的结构一致性;而从ASPEN到EURACE,①开辟了Bottom-up的途径,迈出了实质性的一大步,但应该说还只是技术性的突破与跃升,仍未达到彻底的变革和根本性提升,缺乏相应的理论基础和更具有针对性的数据支持,而且还明显带有相同行为基础假设的痕迹。

分布式模拟毫无疑问是进了一步,但未能从根本上摆脱,可以说只是技术性的推进,而非思想和理论上的实质性突破。(1)行为宏观经济建模,如何合理刻画各类微观主体在真实背景下的响应模式、类别属性和内生机理等关键行为特征;(2)规模因素效应,最少需要多少个微观主体代表性和稳定性;(3)经验验证,与实际数据的吻合和检验。而用HS与CA结合的实验方法来分析解决人文社会科学和复杂情景决策等问题,是必要的且具有显著优势:一方面用HS体现人本,能更加深刻地揭示个性化本质、更具针对性,所获取的数据真实、鲜活、综合,符合人们自然的认知行规律,适当修正Bias,但也难免会有样本量上的局限性等;而与CA方法结合,能够成分利用高性能计算的大规模、大数据、可重复可控制、高效便利等优势,有助于发现和找出复杂事件和现象多种影响因素之间的关联效应、动态演变过程中的结构效应,但毕竟还是机械思维;两类方法能相互激发灵感,互补共进。

现代高性能计算和大数据分析处理等技术,使得对从个体(优化)行为到群体(合意)行动的聚变和传导机理,以及结构演变过程的数值计算由不可能变为可能。从异质性个体及相互之间的行为关系入手,着重探讨人文复杂性,利用(人文)复杂性建模和数值模拟技术方法,拓展传统的计量实证,将经验数据与用实验方法获取的数据相结合,拓宽数据来源、丰富数据内容、提升数据质量,将对经典理论的验证和新规律的发现提炼结合、共同促进;以及方法(论)上的演绎与归纳、还原论与整体论、解析最优解与模拟近似解技术、描述性与构造性求解的融合;由个体基本简单的属性入手,经过对组织结构和传导机理的过程分析,发现整体规律性特征及其如何影响个体决策行为;虽然总体呈非单一的多样态表现/涌现,其具体形态会随个体行为属性赋值的不同发生相应的变化,与个体行为属性参数或许存在着

---

① 分别为美国(1996年前后)和欧洲(2005年前后)开发的大型社会经济仿真系统。

内在对应关系(函数);因而,借助分布式计算技术来实现,是从个体层面(单一行为属性假设)上升到集体层面(多种形态的涌现或典型化事实)的固有本征和必然需求。

当现实形态与传统理论中单一行为属性的经典假设和黑箱式处理方法相去甚远并出现了难以用技术性手段弥补或消除的显著性偏离时,必要与必须的可行做法是:相比而言应更加强调和着重对真实行为的属性和表现的分析,以及与宏观环境条件的相互作用关系;作为(多情景下多重)博弈均衡的集体行动的计算、组织结构相应的权重分布、动态演变过程、内生化的个体行为参数,一方面是需要在这些基础环节上展开集体行动计算,另一方面在各个环节上所表现出的问题也可内化于主体行为中在集体行动计算中一并解决。集体行动计算可重点验证几个方面:(1)个体行为属性及演变,尤其是合作行为;(2)组织形态和响应行为模式;(3)扩散机理和传导路径;(4)个体行为与宏观涌现的联动关系。具体到前述的功利主义、罗尔斯主义和纳什谈判解之类的社会选择问题,集体行动内生参数化的分布式计算模拟以其独特优势为之提供可行有效的技术实现途径。

基于单一行为属性假设考察因果关系的传统计量实证方法,容易在处理利用经验数据/数字掩盖或忽略许多真实而有价值的信息;而群体行动的计算模拟/实验方法,相对地能更准确地找到问题的要害与关键点,深入到机理分析层面和结构演变、全方位全过程的可视化再现,大大减轻了对一般性结论的偏倚和对特殊现象的舍弃;经验数据对典型化事实的支持乏力,但运用实验方法中的样本选择性、大规模模型的协调性和计算量巨大及由此引起的可信性与有效性等问题,仍将是集体行动计算乃至 ACE(Agent-based Computational Economics)发展在未来相当长一段时期内致力攻克的主要难关(王国成,2013)。

二、初步应用

由于计算技术的发展和数据的积累(尤其是大数据概念的提出及相应行动),为在微观层面上多方位、系统深入地分析主体行为,认知复杂多变的宏观形态奠定了良好基础。综合系统(动力学)仿真、微观模拟、数值逼近和基于(多)主体建模(ABMs)的优势,并且引入能更好地满足人文社会科学研究需要和更具有针对性的计算实验方法,开辟了新的更广阔的学术视阈。人类集体行为的建模和模拟,对于认知个体行为是如何导致群体层面上的组织形式变换和结果涌现,无疑是大大提高了经验性学科的定量化和科学解释力。近年来,侧重描述众多个体之间、与环境之间交互的 ABMs 技术方法，提供了过程导向、非程式化的、有条件性选择的并且是直观描述性与逻辑构造性相结合的数学模型，其在解释群体行为方面的成功发展及应用是令人注目的(Goldstone 和 Janssen,2005)，尤其是在规模、结构和过程以及群体响应模式、不同主体/子群体之间的传染扩散和传导机理、合作行为发生的诱因与持续条件等方面取得了突破性进展，不仅能解释、预测，而且还能实时地定位操控；不仅在很大程度上缓解传统理论中基本行为假设的局限性，而且也将个体作为认知的基本单元扩展到群体水平上，无论是自觉或不自觉、可观察或不可观察，群体组织中的个体相互之间、与组织及其外界条件之间，都在影响和被影响着；如此的计算建模和分布式数值模拟，为探讨个体行为选择与社会行动意愿之间的复杂关系提供更有说服力的注解，开辟了符合逻辑、切实可行、相对有效、直观可信的科学检验方式和实现途径。近年来我们初步尝试性地几个应用实例如下。

(1)股票市场。我们侧重研究了真实投资行为与股市波动之间的联动关系，通过行为宏观金融模型将市场总量形态或异象与微观投资主体真实行为的关键特征联系起来；基准模型研究中的核心观点是：主体行为多样化是制度存在的前提，制度的主要功能是协调个体与群体的行为关系；通过放松基本行为假设，多视角、多层面和多手段地对微观层面上个体行为的异质性、交互性、主观性和可变性等多属性的深化分析，构建相应的博弈模型，并辅助性地运用包括中国改革历程的经验、公共品供给案例、制度与绩效关系的计量和基于行为一体化建模的模拟等组合实证方法，探究差异性个体行为、不同的社会组织结构和形式、制度类型与增长(集体行动的结果)的共生演化关系，既能更深入、更广泛地研究制度与增长的内在关系，又表明如此的方法选择是必要的、适宜的和有效的。进而比较不同的制度设计和实施措施的现实效果，在不同程度上实现了制度这类半(弱)结构化变量相对规范的分析及数值模拟的方法与流程，试图为制度的科学定量分析开辟可行有效的新途径(实践中最需要而传统方法又难以提供的)。①

(2)收入差距演变的模拟实证。近年来，中国收入分布中的差距过大和拉大速度过快及相关问题备受关注，影响因素及相互关系错综复杂、谜团笼罩，不仅要探讨资源配置与财富分配，更有必要考察人的行为属性、主观感知等人本层面的因素；不仅是经济现象研究，还大量地触及社会、政治、文化和心理等非经济领域深层问题……。如何破解此谜局是理论和实践的重大

---

① 详见：中国社会科学院重大科研项目(YZDA2009)的最终结项成果《行为—制度—增长：基于博弈模型的分析框架及应用》，中国社会科学出版社,2012。

课题,即使在动态结构框架下,基于单一的同质行为假设运用传统计量方法,也难以刻画和揭示收入差距的内在动因与演变轨迹。因而,不仅关注总体的不平等程度,更重要的是探究收入分布基本形态演变的关键点、动力学机理、方向、方式与路径,以及可能产生的社会经济影响和应对措施。从与人们利益关系最密切的、最容易受关注的人和事出发,以货币化意义上刻画和度量收入分配为基础,还要考虑主观情感和心理认知等人文因素,不仅是一般的理论与实践、定性与定量以及国际比较,而是探索微观与宏观、客观与主观、计量实证与模拟实验、行为分析与要素分析、自然的与人文的、总体指标与关键特征的一体化建模方法,着重分析揭示收入差距的成因交织和复杂机理;方法论上是将个体视角的主观满意度、公平感与整体视角的引入公共参与人、基于社会福利函数研究收入差距演变相结合,运用经典计量和计算实验模拟的组合实证,探讨微观个体和社会整体对收入差距及演变的心理阈值与结构承受限度,由此得出更具有针对性和更富有启发意义的结论及建议。①

另外,我们运用本书中的思想方法,还探讨了行为—制度—增长的内在关系:差异化的个体行为是经济活动的源动力和分析基元,制度是个体与集体行为关系的枢纽,经济增长(总产出)是集体行动的结果;制度(广义的也包括契约和文化等)实质上是在起着引导和协调个体行为的公共参与人的职能,能够促进和调控经济增长;基于异质性农户行为评估了惠农政策效应,开展了全球气候保护以及公共品提供的实验研究等。② 如此能跳出原有分析框架的窠臼,与传统理论方法相辅相成、相互促进,厘清经济分析中归纳与演绎推理的逻辑关联,摆脱实验样本代表性和规模效应等方面的局限,更有针对性地深入地解决现实复杂问题,具有诱人的发展前景:理论上是可进可退、进退有余,既可退守基于经典行为假设、运用传统理论和计量实证方法研究常态规律性,又可进取基于微观主体多元行为属性及相互关系、探索宏观复杂(非常态)的典型化事实;在实践中能有效协调个体与集体的行为关系、不同社会阶层和利益群体之间的摩擦矛盾甚至是冲突等,在政策方向和着力点上都会有新的思路和做法。需要指明的是,此类方法具有一事一议的特点等,不具备普适性理论的概括性和重大贡献,仍会在相当长一段时期内处于学术外围的状态,虽然对原有模型方法难以回答的问

---

① 详见:国家自然科学基金项目(70971138)的最终结项成果《收入差距演变的动因与机理——行为分析与微观模拟视角》,经济科学出版社,2013。
② 国家重大科学研究计划 973 项目(课题编号:2012CB955802)的阶段性成果。

题,只是得到一定程度上的推进,而且不可能一劳永逸地得到通用性应用软件,但同时也确实是在为复杂经济分析的进一步发展指明努力方向和开辟可行途径。

第六节 本章小结

传统经济学对公共品的研究中,根据萨缪尔森给出的公共品定义,其具备非排他性、效用的非可分割性、非消费的非竞争性等特性,虽然萨缪尔森提出了公共品有效提供规则,即萨缪尔森规则:当公共品与每一种人人品的边际转换率等于所有家庭边际替代率之和时,就实现了公共品的帕累托最优供给,但在没有政府干预下,公共品供给通过私人捐献来实现时,私人供给的基本模型是以纳什均衡这一假设为基础建立起来的,参与者的最优策略是不捐献。但是在公共品博弈实验研究中发现个体既不是全部自利的,也不是全部利他的,而是大多数属于条件合作者(80%),尽管如此,大多数实验结果显示被试之间合作水平持续下降,对此研究者设计惩罚机制等以解决公共品自愿合作的行为脆弱性,而实验研究也表明惩罚机制、领导机制等是解决其脆弱性的较为有效的机制。

群体活动中和复杂情景下的决策行为,是基于微观个体单一行为假设的传统理论研究的软肋或盲点,但现实中却普遍存在而且越来越频繁地发生、愈演愈烈。本章的第三、四、五节相对集中地以公共品提供和基本公共服务均等化等类社会群体活动中的合作行为及相关决策为典型应用领域,将原有的基于同质行为的经典模型推广到更广泛和更真实的异质行为群体中,更深入地探讨微观主体对环境条件变化的差别化响应、传导机理和演变轨迹,以及关键点的临界效应等,比较好地解释合作以及群体决策形成的内在决定因素和影响方式。我们的初步研究表明,基于异质个体行为的群体行动研究无疑是更加困难的,但也的确是可行的,尤其是在用HS实验方法测定合作行为倾向等关键行为特征参数后,以构建微观宏观一体化模型作为实验平台,再利用大规模的CA进行多情景、多因素的模拟推演,完全有可能揭开人类社会相当多的异常现象的内在成因和复杂决策之谜;并且所做的若干尝试性应用案例能在一定程度上支持我们关于合作行为等研究的论断。

第四章 合作行为的博弈实验研究

策略互动,合作共赢,实验是能够定位展现其内在机理的可行途径和手段;合作行为是共同行动中策略行为的基本表现形式之一,是研究行为与机制关系最有利于实现的方式,也是博弈实验研究最活跃、最有成效的应用领域。本章聚焦探讨和简要论述如何用博弈实验方法研究合作行为及其相应的理论意义。

第一节 基于博弈框架的合作行为研究

在非合作博弈中合作理论是基于对追求自身利益的个体的研究,而且这些个体中并没有什么中心权威逼迫他们相互合作。个体追求自身利益,彼此之间的合作便不是完全基于对他人的关心或对群体利益的考虑。当个体是追求自身利益时,我们会发现大量个体对自身利益的追求将损害整体利益的案例,最著名就是囚徒困境博弈,如图4-1所示。

	合作	背叛
合作	1,1	-1,2
背叛	2,-1	0,0

图4-1 囚徒困境

我们从博弈只进行一次的情形开始,这时,合作局势绝对的劣策略,唯一的均衡就是两个参与人都选择出卖对方,也就是背叛。如果博弈只重复有限次,那么子博弈完美就要求两个参与人在最后一期博弈时都选择背叛,根据逆向归纳法,则唯一的完美子博弈均衡就是连个参与人在每一个阶段都选择背叛。

如果博弈进行无限多次,那么每一个阶段二人都选择背叛仍然是一个完美子博弈均衡,而且这是一个参与人每期行动都与上期行动相同的均衡。

然而,如果期限是无限的,同时贴现因子足够大,那么下面的策略组合也是完美子博弈均衡:"开始时选择合作,只要没有参与人背叛就一直合作,但是只要有一个参与人背叛,在以后的博弈中就一直背叛。"这样的策略就会面临两类子博弈:A类是没有参与人背叛,B类是背叛从i开始就已经发生。如果一个参与人在A类的每个子博弈都执行这个策略,那么他的平均贴现收益是1,但是如果他在时间t偏离了这个策略,并在此后都执行这个策略,那么它的收益是:

$$(1-\delta)(1+\delta+\cdots+\delta^{t-1}+2\delta^t+0+\cdots)=1-\delta^t(2\delta-1)$$

其中δ为贴现因子,当$\delta>1/2$时,显然其收益小于1,对于B类子博弈中的任何历史h^t,从t往后一直奉行这一策略的收益是0,偏离一次后再奉行该策略,在t期收益为-1,再以后仍然是0这样,在任何子博弈中,没有参与人可以从偏离一次后再奉行这一特定策略而获得好处,根据单阶段偏离条件,这一策略组合也就形成一个完美子博弈均衡。随着贴现因子大小的变化,可能会有其他的完美均衡。事实上重复博弈中的无名氏定理认为参与人有足够的耐心,那么任何可行的个人理性收益都能在均衡中得以实施。这样,如果参与人极度有耐心的话,重复选择是指上述任何收益都可能成为均衡的博弈结果。首先我们定义参与人i的保留效用或者最小最大值为:

$$\underline{v}_{-i}=\min_{\alpha_{-i}}[\max_{\alpha_i} g_i(\alpha_i,\alpha_{-i})]$$

这是参与人i的对手选择任何α_{-i}时,只要参与人i能正确预见到α_{-i},并对他做出最佳反应就能得到收益的下限。事实上我们可以观察到无论贴现因子有多大,参与人i在任何静态均衡和任何重复博弈的纳什均衡中都至少得到收益$\underline{v}_{-i}$,从而可以先验的知道了重复博弈中没有均衡能给任何参与人带来低于最小最大值的收益。这样我们可以表述一下在重复博弈中的无名氏定理:对于每一个满足条件$v_i>\underline{v}_{-i}$对所有参与人i成立的收益向量v,存在$\underline{\delta}<1$使得所有$\delta\in(\underline{\delta},1)$存在纳什均衡$G(\delta)$,有收益v。

这个定理直观上就是当参与人有耐心时,由于背离所引起的未来每一期的效用损失要超过背离时任何有限的一起的收益增量,即使那个损失很小,从中可以看出这里策略是冷酷的:一个选择背叛的参与人将在之后各期得到最小最大收益。事实上只一次背离就激发了冷酷惩罚。如果惩罚者实施这种惩罚的代价很大,也就是说最小最大惩罚可能代价很高,问题就出现了:参与人i是否对对手将采取冷酷惩罚有所畏惧,不进行原本有利可图的一次性背离。事实上弗里德曼(1971)证明了上述结论是适用的,弗里德曼

得出如果令 α^* 为一个收益为 e 的静态均衡(一个阶段博弈的均衡)。那么对于任何 $v \in V$,其中 $v_i > e_i$ 对所有参与人 i 成立,存在一个 δ 使得对于所有 $\delta > \underline{\delta}$ 存在一个完美子博弈均衡 $G(\delta)$ 得到收益 v。弗里德曼的结果说明了有耐心的古诺双寡头可能隐性共谋,各自生产垄断产出的一半,一旦出现任何背离就转换到以后采用古诺均衡直至永远,每个厂商都因为害怕触发古诺竞争而不敢破坏协议。

事实上上述定理在实践也得到了验证。Axelrod 设置了一个囚徒困境博弈:

	合作	背叛
合作	R=3,R=3	S=0,T=5
背叛	T=5,S=0	P=1,P=1

在这个博弈情景下,他建立了一个计算机竞赛,在这个计算机竞赛中,每一个参与者写一个体现在每一步中选择合作或者不合作的规则的程序,同时这个程序在做选择时可以利用对局的历史,然后在两百次的博弈实验中计算总成绩,这个竞赛是循环进行的,即每一个参赛程序都与其他程序相遇。按照事先公布的竞赛规则,每一个参赛程序都与自己以及一个随机程序相遇。这个随机程序以相等的概率随机选择合作或背叛。对双方合作奖励每人 3 分,对双方背叛只给 1 分。如果一个人背叛而另一个人合作,背叛者得 5 分,合作者得零分。最后的胜利者就是我们上述的关于针锋相对策略,这个策略首先在第一步选择合作,然后就模仿对方上一步的选择。

合作博弈在研究合作时与非合作博弈最大的区别在于,当人们的行为相互作用时,参与人之间能否达成一个具有约束力的合作协议。与非合作博弈不同的是,合作博弈分析的单位是联盟,考虑的是参与人之间如何组建不同的联盟以实现协议的目标。以合作博弈中重要的核的概念来说,核只是为稳定性提供了一个检验标准,而没有描述联盟的具体形成过程。这恰恰是非合作博弈研究的问题。因此,Nash(1951)年就提出合作博弈应该被还原为非合作博弈来研究,他认为所谓合作博弈是存在无限的博弈前信息交流的,而且在博弈开始之前就存在有约束力的合约。而合作博弈前的这种交流和承诺没有严格的模型,但是也应该被看做是博弈的一部分,这就是所谓的纳什规划。即把合作理论中的非规范部分明确化从而将合作博弈简化为非合作博弈的过程。事实上存在有约束力的合作协议的博弈就是合作博弈,在这里合作本身是存在于博弈之前的,类似设定一个合作机制,在这个机制下进行博弈分析。同时我们可知一点就是,合作博弈一个暗含的重要假设是,所有的参与人总是能够组成联盟,但是当参与人之间组成联盟的行为会对其他参与人的得益产生外部性时,大联盟不一定能够形成。

第二节 公共品自愿捐赠行为的互惠偏好

一、纳入公平偏好的标准公共品博弈均衡解

在上述公共品博弈模型基础上,假设参与者存在公平偏好,根据费尔和施密特(1999)模型,参与者 i 的效用函数变为:

$$U_i(x) = y - g_i + a\sum_{j=1}^{n} g_j - \frac{\alpha_i}{n-1}\sum_{j\neq i} \max(x_j - (y - g_i + a\sum_{j=1}^{n} g_j), 0) - \frac{\beta_i}{n-1}\sum_{j\neq i} \max(y - g_i + a\sum_{j=1}^{n} g_j - x_j, 0)$$

进一步可简化为:

$$U_i(x) = y - g_i + a\sum_{j=1}^{n} g_j - \frac{\alpha_i}{n-1}\sum_{g_i > g_j} (g_i - g_j) - \frac{\beta_i}{n-1}\sum_{g_i < g_j} (g_j - g_i)$$

根据该带有公平偏好的效用函数,在不带惩罚的公共品博弈中有如下均衡解定理。

定理4—1:若 $n \leqslant 3$ 或 $n > 3$,且对所有 i 满足 $\beta_i \leqslant \frac{n-1}{n-3}$,则不存在非对称性均衡零捐献向量$(0,\cdots,0)$构成一个纳什均衡,且有若对于 $i \in \{1,\cdots,n\}$满足 $\beta_i < 1-a$,则不存在其他对称性均衡若对于 $i \in \{1,\cdots,n\}$满足 $\beta_i > 1-a$,则任何一个对称性捐献向量$(g,\cdots,g)$构成一个纳什均衡,其中 $g \in [0,y]$。

证明1:(反证法)假设存在一个非对称性均衡捐献向量 g,设其中 k_i^+ 个参与者捐献量最大为 g_i,k_i^- 为剩余捐献较小者,由于是非对称性捐献向量,则有 $k_i^- \geqslant 1$,现在考虑 $n \leqslant 3$ 的情况,在此条件下必有 $0 \leqslant k_i^+ \leqslant n-2$。现在设参与者 i 的为捐献量 g_i,我们证明该参与者必定为偏离该均衡值。设其偏离值为 ε,则只需证明偏离后的效用大于 g_i 时即可。根据差异厌恶模型,该参与者捐献为 g_i 时的效用函数为:

$$U_i(x) = y - g_i + a\sum_{j=1}^{n} g_j - \frac{\alpha_i}{n-1}\sum_{i=j} (g_i - g_j) \quad (4\text{-}1)$$

当捐献偏离 ε 时,一方面他仍然与捐献较小者存在劣势厌恶导致效用损失 $\frac{\alpha_i}{n-1}\sum_{i=j}(g_i - \varepsilon - g_j)$,另外一方面与其他 k_i^+ 个捐献量最大的参与者存

在优势厌恶导致的损失 $\frac{\beta_i}{n-1}\sum_{i\neq j}(g_i-(g_j-\varepsilon))$,所以其偏离后的效用为:

$$U_i(x)=y-g_i+a(\sum_{j=1}^n g_j-\varepsilon)-\frac{\alpha_i}{n-1}\sum_{i\neq j}(g_i-\varepsilon-g_j)-\frac{\beta_i}{n-1}\varepsilon k_i^+ \quad (4\text{-}2)$$

(4-2)式减去(4-1)式可得差额为:

$$(1-a+\frac{\alpha_i}{n-1}k_i^- -\frac{\beta_i}{n-1}k_i^+)\varepsilon \quad (4\text{-}3)$$

其中 $\varepsilon(1-a)$ 为参与者偏离 ε 的收益。即少捐献 ε 后获得的多余回报收益,$\varepsilon\frac{\alpha_i}{n-1}k_i^-$ 为参与者偏离 ε 后与 k_i^- 个捐献较少者比较相应减少的劣势厌恶导致的损失,$-\frac{\beta_i}{n-1}k_i^+\varepsilon$ 为参与者偏离 ε 后与 k_i^+ 个捐献最大者比较相应增加的优势厌恶导致的损失。根据理性人假设,若(4-3)式大于零,则参与者必定会偏离原均衡点,即打破充分条件 $1-a+\frac{\alpha_i}{n-1}k_i^- -\frac{\beta_i}{n-1}k_i^+>0$,由于 $k_i^-\geq 1, k_i^+\leq n-2$ 且差异厌恶模型假设 $\beta_i\leq\alpha_i$,故有:

$$\beta_i k_i^+ -\alpha_i k_i^-\leq\beta_i(n-2)-\alpha_i\leq\beta_i(n-3) \quad (4\text{-}4)$$

则要使得(4-4)成立,只需满足 $(1-a)(n-1)\leq\beta_i(n-3)$,该条件就是定理中给出的条件。$n>3$ 时同理可证。

证明 2:(反证法)零捐献向量 $(0,\cdots,0)$ 构成一纳什均衡,$g\in[0,y]$,此时每个参与者的效用为 $U_i(x)=y$。若有 i 偏离该均衡,选择一个偏离捐献量 $\varepsilon>0$,则其效用为:

$$U_i(x)=y-\varepsilon+a\varepsilon-\frac{\alpha_i}{n-1}\sum_{i\neq j}(\varepsilon-0)=y-\varepsilon<y$$

故该参与者不会偏离原有均衡。

证明 2(1):(反证法)假设此时存在一个对称性均衡向量 $(g,\cdots,g)$,则此时每个参与者的效用为 $U_i(x)=y-g+ang$,则某一参与者 i 偏离该捐献值 ε 的充分条件是偏离后的效用大于 $U_i(x)=y-g+ang$。参与者 i 偏离该捐献值 ε 后的效用函数:

$$U'_i(x)=y-(g-\varepsilon)+a(g-\varepsilon+(n-1)g)-\frac{\beta_i}{n-1}\sum_{i\neq j}(g-(g-\varepsilon))$$

$$=y-g+ang+(\varepsilon-a\varepsilon-\beta_i\varepsilon)=U_i(x)+(\varepsilon-a\varepsilon-\beta_i\varepsilon)$$

可见偏离后的效用函数大于均衡值的条件是 $\varepsilon-a\varepsilon-\beta_i\varepsilon>0$,即 $\beta_i<1-a$,该条件就是定理中给出条件,有此 $\beta_i<1-a$,参与者 i 偏离原均衡可获得更大效用水平,原对称均衡不存在

证明 2(2)：如上所述(见 4-4 式)，当对所有 $i \in \{1,\cdots,n\}$ 满足 $\beta_i > 1-a$，则有 $\varepsilon - a\varepsilon - \beta_i \varepsilon < 0$，即 $U'_i(x) < U_i(x)$，参与者 i 不会偏离原有均衡。即任何一个对称性捐献向量 $(g,\cdots,g)$ 构成一个纳什均衡。

二、纳入公平偏好的带惩罚公共品博弈均衡解

加入惩罚机制后的公共品博弈中，参与者 i 在第二步对 j 进行的惩罚 p_{ij}，设其惩罚成本系数即每单位的惩罚量所需付出的成本为 c，同时设参与者 j 在第二步对 i 进行的惩罚为 p_{ji}，其他假设与不带惩罚的公共品博弈相同，此时在自利模型条件下的参与者 i 的效用水平为：

$$U_i(x) = y - g_i + a\sum_{j=1}^{n} g_j - \sum_{j=1}^{n} p_{ji} - c\sum_{i=1}^{n} p_{ij}$$

根据效用最大化原则，此时(完全卸责，不惩罚)构成这一序贯博弈的纳什均衡。假设参与者存在公平偏好，根据费尔和施密特(1999)模型，在带惩罚的公共品博弈中有下列均衡解定理。

定理 4—2：假设在 n 人公共品博弈中有 n′ 个人是条件合作者 $(1 \leqslant n' \leqslant n)$，其偏好满足 $a + \beta_i > 1$，$c < \dfrac{\alpha_i}{(n-1)(1+\alpha_i) - (n'-1)(\beta_i + a_i)}$，其中 $i \in \{1,\cdots,n'\}$，而其他参与者均没有公平偏好，即对 $i \in \{n'+1,\cdots,n\}$ 有 $\beta_i = \alpha_i = 0$，此时以下策略构成参与者的子博弈完美纳什均衡：

(1)第一步中每一个参与者均捐献 $g_i = g \in [0, y]$

(2)若参与者按上述第一步进行游戏，则在第二步带惩罚策略时大家均不会选择惩罚，但若有一个参与者 $i \in \{n'+1,\cdots,n\}$ 偏离了该捐献值记为 $g_i < g$，则当其他参与者均不选择惩罚时每一个条件合作者 $j \in \{1,\cdots,n'\}$ 会选择一个惩罚量 $p_{ji} = (g - g_i)/(n' - c)$。

证明 1：假设在第二步所有的条件性合作者均会强制对卸责者进行惩罚为 $p_{ji} = (g - g_i)/(n' - c)$。此时参与者 i 不偏离捐献 g 时的效用水平为：$U_i(x) = y - g + ang$，若该参与者 i 偏离对称性均衡值 g，设为 ε，其一方面会受到所有条件性合作强制者的惩罚，另一方面在与有差异厌恶偏好的强制者比较时会产生优势厌恶导致的效用损失，其效用函数为：

$$U'_i(x) = y - g + ang - n'(g - g_i)(n' - c) \quad \text{当 } \beta_i = 0$$

$$U''_i(x) = y - g + ang - n'(g - g_i)(n' - c) - \frac{\beta_i}{n-1}\sum_{i \neq j}(g - (g - \varepsilon))$$

当 $\beta_i \neq 0$

当 $\beta_i = 0$，$U'_i(x) < U_i(x)$，故参与者 i 不会选择偏离，而当 $\beta_i \neq 0$，因为假设 $a + \beta_i > 1$，故存在 $U''_i(x) < U'_i(x) < U_i(x)$，所以在两种情形下参与

者 i 均不选择偏离原有的对称性均衡。

证明 2：现在证明第二步所有的条件性合作强制者均会对卸责者（偏离原有均衡者）进行惩罚 $p_{ji}=(g-g_i)/(n'-c)$。利用反证法，假设条件合作者会偏离惩罚值 $p_{ji}=(g-g_i)/(n'-c)$ 设为 ε，当有参与者偏离原有均衡值时博弈中的构成变为：$n'-1$ 个参与者为条件合作者满足 $\alpha+\beta_i>1$，剩下的 $n-n'-1$ 为偏好无差异者，即 $\beta_i=\alpha_i=0$，他们会捐献 g 但不选择惩罚；1 个参与者选择偏离原有捐献均衡，即卸责的同时不选择惩罚。

在这个框架下，某一条件合作者 j 偏离原有惩罚值设定为 ε 时，其所面临的收益为：减少成本损耗的收益 $c\varepsilon$；相应减少的与 $n-n'-1$ 个偏好无差异者进行比较时产生的劣势厌恶损失 $\frac{\alpha_i}{n-1}\sum_{i=j}(n-n'-1)c\varepsilon$。其所面临的成本为：相应增加的 $n'-1$ 个条件合作者产生的比较的优势厌恶损失 $\frac{\beta_i}{n-1}\sum_{i\neq j}(n-n'-1)c\varepsilon$；以及相应增加的与卸责者比较时产生的劣势厌恶导致的损失 $\frac{\alpha_i}{n-1}(\varepsilon-c\varepsilon)$。

显然，当条件合作者偏离原有惩罚，若其成本高于收益肯定会回到原有均衡，即不会偏离均衡的充分条件为：

$$\frac{\alpha_i}{n-1}(\varepsilon-c\varepsilon)+\frac{\beta_i}{n-1}(n'-1)c\varepsilon>c\varepsilon+\frac{\alpha_i}{n-1}(n-n'-1)c\varepsilon$$

推出 $\alpha_i(1-c)+\beta_i(n'-1)c>c+\alpha_i(n-n'-1)c$

即 $c<\frac{\alpha_i}{(n-1)(\alpha_i+1)-(n'-1)(\alpha_i+\beta_i)}$

该条件即为定理中已经给出的条件，故在此条件下条件性合作者均会对卸责者（偏离原有均衡者）进行惩罚 $p_{ji}=(g-g_i)/(n'-c)$。

三、纳入公平偏好的带领导机制公共品博弈均衡解

定理 4—3：设效用函数 $U_i(x)=x_i-\alpha_i\max\{x_j-x_i,0\}-\beta_i\max\{x_i-x_j,0\}$，$i\neq j$。根据该带有公平偏好的效用函数，在序贯公共品博弈中有如下均衡解定理。

若存在 $\beta_i<1-a$，则存在零捐献向量 $(0,\cdots,0)$ 构成一个纳什均衡；

若存在 $1>\beta_i>1-a$ 则存在一个对称捐献向量 $(g,\cdots,g)$ 构成一个纳什均衡，其中 $g\in[0,y]$；

证明：我们通过逆向归纳法来进行证明，首先通过决定追随者的最优策略，然后逆向推导出领导者的最优策略，对于追随者来说，他如果要最大化

他的效用函数,他只能选择 $x_2=0$ 或者 $x_2=x_1$ 只有这样的选择,才能使得追随者的收益不小于领导者。因此,根据前述公式,仅有优势厌恶与追随者的效用函数相关。可得:$U_{i2}(x)=y-(1-a-\beta_i)x_{i2}$

将其最大化得到:

$$x_{i2}\begin{cases} 0 & if\ \beta_i<1-a \\ x_1 & if\ \beta_i\geq 1-a \end{cases}$$

事实上,只要领导相信追随者的内在偏好 $\beta_i \geq 1-a$ 时,那么领导者的最优行为就不是零捐献,因此领导者关于追随者内在偏好的信念会重新构建追随者的效用函数。然而领导并不知道追随者的内在偏好情况,如果领导者的捐献不为零,对于领导者来说是有风险,因此构建一个期望效用函数:

$$U_{i1}(x)=P(U_{i1}(x)\mid \beta_i<1-a)+(1-P)(U_{i1}(x)\mid \beta_i \geq 1-a)$$

(4-5)

其中 P 是领导者认为 $\beta_i<1-a$ 的概率。最大化(4-5)式得到:

$$P=\frac{x_1-ax_1+\alpha_i x_1-y}{ax_1+\alpha_i x_1}$$

同时 $0<p<1$,可得当 $\alpha_i>a$ 时,存在(g,…,g)构成纳什均衡点。这些定理的最重要的核心条件是 $\beta_i>1-a$,其中 a 为边际回报率,也可表示为优势厌恶系数,如果个体在公共品博弈中捐献了一个单位的禀赋,那么这 1 单位的禀赋即其选择合作所要付出的成本,同时该个体也从公共品合作中首先有 a 单位的边际回报,同时由于 Fehr 和 Schmidt(1999)假设个体具有公平偏好,此时这个个体还可以同时挽回由于其具备优势厌恶所造成的 β_i 单位的损失。也就是说如果在公共品博弈中其他个体选择了合作,而该个体选择了卸责,那么博弈的结果是该个体的收益就要高于其他个体,此时在公平偏好假设下,他会产生一个优势厌恶所导致的效用损失,找个损失的大小可以用 β_i 来衡量。所以当他选择合作时,就可以把 β_i 个单位的效用损失弥补回来。因此,$\beta_i+a>1$ 时,右边可以看成个体选择一单位合作水平时所要付出的成本,而式子的左边可以看成是个体选择 1 单位合作水平时所获得的回报,这个回报由 a 和 β_i 两个部分组成。显然当 $\beta_i+a>1$ 成立时,个体是有激励或者动机选择合作时,而一旦 $\beta_i<1-a$,此时对个体来说选择卸责仍然是最优选择。

同时需要强调的是,$\beta_i+a>1$ 只是个体选择合作的必要条件,而非充分条件,也就是只有 $\beta_i+a>1$ 成立,个体并不一定会选择合作,因此,满足条件 $\beta_i+a>1$ 的个体也被称为条件合作者。此时要让个体选择合作作为占优策略,在标准公共品博弈中还需要满足一个条件,即这种类型的条件合作者个数要多到一定程度,也就是说那些因为满足 $\beta_i<1-a$ 条件而肯定要卸责的个体数量要小到一定程度,假设用 k 来表示满足 $\beta_i<1-a$ 条件的个体数量,那么费尔和施密特(1999)的公平偏好模型认为当式子 $k/(n-1)<(a+\beta_j-1)/(a_j+\beta_j)$ 满足时,那些条件合作者才会选择合作,即公共品博弈中才会形成合作的纳什均衡。而一旦卸责者的数量满足 $k/(n-1)>a/2$ 时,则每个个体仍然是卸责占优,整个群体无法形成合作。

而在带惩罚的公共品博弈模型中,除了要满足标准公共品博弈中两个条件之外,如果要形成合作,仍然需要满足一个条件,即惩罚的成本要小到一定程度即 $c<\dfrac{\alpha_i}{(n-1)(1+\alpha_i)-(n'-1)(\alpha_i+\beta_i)}$,显然,当惩罚成本较大时,那些条件合作时仍然是没有激励去选择惩罚的,也就是说此时即使上述两个条件均满足,每个个体的占优策略仍然是选择不合作,而三个条件一旦均满足,其占优策略肯定是合作。这样我们事实上在理论中证明了在公共品博弈中是存在条件合作行为的。

第三节 合作行为的演化

一、互惠

如何解释我们在实验室内外看到的诸多合作行为?当前流行的解释促使产生了和更深入地研究互惠的利他主义机制。这种解释主要是由 Axelrod(1984)明确地提出的。这种观点是建立在人们倾向于一报还一报的观察上:以德报德、以怨报怨,一方合作则另一方也合作,一方背叛则另一方也以牙还牙。"互惠的利他主义"假设认为:考虑到其他的对弈者可能先考虑自己可供采取的策略后再决定采取合作或者背叛行为,选择搭便车或许并不能为自身带来更好的利益。一个合作的行为本身(或者是某人具有的合作趋向的声誉)很可能会带来互惠的合作,从而为合作者带来最终获益的局面。建立在"互惠的利他主义"基础上的最为系统化的策略最早是所谓"针锋相对"(tit-for-tat)策略。在这个策略中,一个参与人以合作的行为开始,并选择在先前博弈中将对方采用的策略作为自己的策略。这个解释较为有力,因为它较好地预测了以下的实验结果:无论是通过理论分析,还是通过电脑(程序)模拟参与者重复进行"社会两难选择",任何个人或者小团体采取互惠利他主义的策略,从长远的角度来看,在概率上可能比其他不采用这一策略的人得到更多的好处。事实上，在亚力克斯罗德设计的两个电脑模拟程序博弈过程中，按博弈论专家提出的各种不同的策略进行重复博弈，并进行配对比较，最终"针锋相对"策略被证明是最优策略。因为考虑到了长期演进过程，我们可以推断出，采取"针锋相对"策略的人们具有更高的"内在适应性"(inclusive fitness)。从某种程度上说，这种趋势具有一定的遗传学根据，它应该是作为一种对社会变化的适应而不断演进的。

拉宾(1993)的关于公平均衡的观点是基于这样的事实，即每个人都会对那些对自己友善的人友善，而敌视那些伤害过自己的人。如果想要建立一个模型来解释这种类型的事实，那么这个模型必然能体现出参与者对别人善恶的判断。拉宾利用心理学博弈框架，在其中参与者的效用直接依赖于参与者的信念。假定有两个参与者，定义为 1 和 2，以 a_i 来定义策略，i 参与者对对方所采取的策略的信念用 b_{3-i} 来表示，而对信念产生的信念用 c_i 来表示，拉宾的核心思想就是每个参与者对他人的善意，事实上该模型中参与者不仅关心他们的货币收益，同样关心他们是否受到善待，以及他们期望得到的善待和自己对别人的善待的乘积，通过把参与者对别人善待和她所期望得到的善待相乘，这个社会性偏好函数于是就可以体现人们之间的互惠行为，参与者善待那些对他也善待的人，而敌视那些对他也敌视的人。

互惠利他主义的启示之一是，当处于匿名或是一次性交易活动的情况下，因为将来不能再从对方那里得到利益，他们将会在这"社会两难选择"博弈中选择不合作。但是，我们观察实验却发现即使在单次博弈的实验中也有 50% 的合作率，所以互惠的利他主义不能直接用来解释所有同类实验结果。当然，同样地，当有两个以上的参与者多次进行这种重复的两难困境博弈时，我们在游戏中也很难采用"针锋相对"策略，或者其他基于互惠的利他主义原则的策略。如果在七次博弈中，群体中的一些参与者选择合作而另外一些选择不合作，一个执行"针锋相对"策略的参与者在接下来的博弈中应该如何应对呢？在克雷普斯等(Kreps et al.，1982)的文献中，提出了一个与重复博弈实验中所观察到的不断下降的公共品贡献率相一致的相关假说。他们利用有限次数的实验研究了重复进行的囚徒困境博弈的最佳策略。如果双方都是理性的，那么在每次博弈中都招供对双方而言均是最优策略。"针锋相对"策略被证明在无限次重复的囚徒困境博弈中是有效的（或者，在任意给定的某次实验之后，博弈结果变动的概率很小）；然而在已知次数的博弈中，情况将有所不同。在任何有限次数的博弈中，双方都知道他们应该在最后二次博弈中背叛对方，这样在倒数第二次的博弈中合作就没有什么意义了。由此倒推，合作根本不是基于最佳利益的选择策略。他们的实验告诉我们：如果是跟你认为可能是非理性的人（也就是，即使在有限次数的博弈中也使用"针锋相对"策略）进行博弈，那么在初期选择合作可能是种理性的策略（因为这可以诱导你的对手也选择合作）。既然公共产品博弈与上述的实验博弈的结构类似，因此可以说，参与人的行为是克雷普斯等人所讲的理性行为。然而，经验数据又一次排除了这个解释。即使是在单次博弈和重复博弈的最后阶段，当合作不再是自利人的最佳理性选择时，合作的概率也不会降到零。另一个反驳互惠假说的证据来自安德里尼（1988）设计的实验。实验对象35人被分成两组，第一组15人分成5人一个小组进行重复博弈。另一组20人分成5人一个小组进行同样的博弈，但是其组员的构成在每次博弈中不断变化，而且，在任一次特定博弈中，任一个参与者都不知道其余的19人中哪4人将他在一组。在这样的条件下，合作不可能产生策略性的优势，因为下一轮的参与者可能都是陌生人。如果在实验的前几轮中出现合作，互惠假说就被排除在外了。事实上，安德里尼发现，在陌生人的环境中，合作情况比同等条件下的其他小组环境还要好一些。尽管是微小的比例，但是这一结果在统计上是显著的。

在上述实验中我们得出这样一个结论：人们总是倾向于选择合作，除非实验表明，他们与之共事的人占他们的便宜，采取了不合作的行为。这个合作的准则与互惠利他主义在无限次博弈中具有一定的共同点；但也像我们已经看到的，互惠利他主义可能也不适用，在许多案例中，合作行为也会出现。罗伯特·弗兰克（1987）对此类案例给出了他的解释。弗兰克认为，采用合作原则的人可以通过诱导别人合作，吸引其他合作者的互惠行为来获得好处。这个理论的关键是：一个人不可能多次地假装合作来诱导他人合作正如不可能总让别人相信他的谎言一样。进一步而言，正是假设人们能够辨识真伪，因此参与者们能够排除背叛者而进行选择性的合作。

二、不平等厌恶

假设参与者存在不平等厌恶，根据费尔和施密特（1999）模型，参与者 i 的效用函数变为：

$$U_i(x) = y - g_i + \lambda \sum_{j=1}^{n} g_j - \frac{\alpha_i}{n-1} \sum_{j \neq i} \max(x_j - (y - g_i + \lambda \sum_{j=1}^{n} g_j), 0) - \frac{\beta_i}{n-1} \sum_{j \neq i} \max(y - g_i + \lambda \sum_{j=1}^{n} g_j - x_j, 0)$$

进一步可简化为：

$$U_i(x) = y - g_i + \lambda \sum_{j=1}^{n} g_j - \frac{\alpha_i}{n-1} \sum_{g_i > g_j} (g_i - g_j) - \frac{\beta_i}{n-1} \sum_{g_j < g_i} (g_j - g_i)$$

从中可以看出不平等厌恶者情愿降低自己的赢利来促进群体中的公平程度（这就是为何人们广泛支持慈善和社会福祉项目的原因）。但是，当个人处于不平等关系中受损的一方时，他就特别不开心。只要能使相对获益更多的一方赢利下降更多，不平等规避的个体将愿意减少自己的赢利。简而言之，不平等厌恶的个体在其作为受益人时表现出较弱的动机去降低不平等，当其作为受害人时表现出强烈的动机去降低不平等。不平等厌恶与互惠的区别在于，不平等厌恶者只关心最终赢利的分配，而不关心其他参与人在导致这场分配中所起的作用。互惠则相反，他们并不嫉妒他人的赢利，而是对别人如何公平对待自己十分敏感。

第四节　本章小结

基于博弈论分析研究合作行为，基础是理性经济人假设，故而个体追求自身利益最大化；在著名的囚徒困境博弈中，纳什均衡解是参与人均选择背叛策略，即使在有限重复条件下，唯一的完美子博弈均衡就是两个参与人在每一个阶段都选择背叛。而在无限重复条件下可能出现的合作与非合作行为，要受到参与人的不同策略影响，包括惩罚程度等。本章的分析中将公平偏好纳入到标准公共品博弈中，研究在惩罚机制、领导机制等不同条件下的均衡解，研究结果表明，当满足相应条件，参与人的占优策略可以是合作，如此在理论上证明了在公共品博弈中是存在条件合作行为的；最后讨论"互惠的利他主义"和不平等厌恶对合作行为的影响，为了解释实验室内外看到的合作行为，Axelrod(1984)提出互惠的利他主义机制，该机制认为：考虑到其他的对弈者可能先考虑自己可供采取的策略后再决定采取合作或者背叛行为，选择搭便车或许并不能为自身带来更好的利益，其最为系统化的策略最早是所谓"针锋相对"策略，而"针锋相对"策略被证明在无限次重复的囚徒困境博弈中是有效的，类似的如果个体存在不平等厌恶特征时，个体可能情愿降低自己的所得来改善群体中的公平程度，促进合作行为发生。

第五章 实验设计、实施与结果分析

科学精细、环节紧扣,实验设计是实验研究方法的核心环节,合作行为研究中如何进行实验设计,实验实施和结果分析中需注意什么问题,本章针对公共品活动中的合作行为,通过对具体的、几组不同实验中的各个环节进行对比分析,一是相对完整地叙述实验流程,二是简要介绍如何用实验方法突出理论要点。

第一节 实验方法评析

一、实验研究方法

自然科学研究中,实验方法具备可重复性和可控制性两大优点,同样的,经济学研究中应用实验方法也具备这两大优点。可复制性是指任何其他研究人员可以重复操作相同的实验,对其他相同实验的结论进行甄别和证伪,但是,实地数据往往是在特定时空背景下取得的,有大量不可测因素裹挟其中,对于经济学来说,这个问题尤为严重。这是因为采集和独立检验经济数据是十分昂贵的;进一步说,经济数据一般不具备职业可信度,因为数据并不是为了经济学家的研究而搜集的,因此检验这类数据的精确性十分困难,而实验方法的可复制性使得实验经济学更接近于自然科学中证伪的途径,同时我们应该看到实验经济学并不是要试图去虚构一个假的场景来验证理论,而是将理论的复杂性进行简化。如果一个理论在实验室里都不能成立,那么放到更为复杂的现实环境中,这个理论的普适度就会受到怀疑。可控性是指操纵实验室环境,设定和控制某些条件,以观察决策者的行为,分析实验结果,来检验、环节比较和完善经济理论并提供经济决策的依据。在缺乏控制的自然市场数据中甚至不足以解释最基础的新古典价格理论,同时实验方法的可控性还表现在能创造出一种"其他条件完全相同"的实验条件。

要保证可复制性和可控制性，必须满足一定的实验设计原则，经济学实验往往要模拟现实决策环境，那么在实验室里模拟特定市场的原则之一就是以货币作为激励，根据史密斯(1982)的总结，一个被实验者有效控制的实验必须满足下述五点：

(1)报酬的单调性

报酬的单调性是指实验参与者的效用函数应当是预期实验报酬的严格单调递增函数。单调性的满足是采用物质报酬作为实验激励手段的必要前提。如果实验参加者不满足单调性，其直接后果就是涉及物质报酬的研究问题都不能得到回答。

(2)报酬的显著性

报酬的显著性是指实验参与者的市场决策，即参加者对市场语言的选择，必须与实验报酬有关。更直白地说，实验参与者收到的报酬有他理解的制度规则中所定义的他的行动(以及其他参与者的行动)来决定。也就是说，行动和报酬之间的关系实现了我们想要的规则，而且实验参与者理解这种关系。

(3)报酬的占优性

报酬的占优性是指实验报酬的规模必须超过实验参与者在实验市场中的主观交易成本。实验参与者的效用函数是包括报酬在内的多变量函数，报酬所带来的主观效用增加，必须超过其他相应变量(如：为获取报酬所付出的认识推断努力)所引发的主观效用降低。例如，某实验支付给实验参与者的固定费用，同时要求参与者解决一个极其复杂的优化问题，如果参与者得到正确答案，还将额外得到奖励。假设研究人员最终观察到的结果是实验参与者没有解决该优化问题，并不表明实验参与者不具备解决该优化问题的能力，可能是解决该问题得到的收益比较低，而解决该问题所花费的时间和努力所造成的成本可能对该参与者而言超过奖励，选择不去解决该优化问题恰恰是该参与者主观效用最大化的理性决策。

(4)实验的隐私性

隐私性是指实验参与者在实验过程中不受其他参与者以及与自己决策无关的信息的干扰，因为实验参与者的行为带有社会偏好的特征，如果实验本身不是要考察社会偏好特征，那么参与者在实验过程中被施加了其他影响，会导致实验结果出现偏误，研究人员无法剔除掉这个不可测因素对于结果的影响，使得整个实验失败。

(5)实验的并行性

实验的并行性即实验的可重复性。在某一实验环境下所验证的性质，必须在其他具有相似经济环境的实验或者现实中得以重现。并行性是所有的科学实验必须具备的性质。

一个完整的实验室实验研究需要阅读大量文献并归纳出要研究的主要问题,设计实验设置,其中对实验条件的设计包括:实验中应该设置什么样的实验条件,其中什么参数发生变动,这种变动是由于什么因素造成的,这种因素本身是可观察的还是不可观察,每个实验条件的变动对于实验结果会造成什么样的影响?然后据此撰写实验程序。目前全球最流行的实验经济学软件是苏黎世大学开发的 z-Tree,它是 Zurich Toolbox for Ready-made Economic Experiments 的简称,z-Tree 程序是由苏黎世大学实证经济研究所(Institute of Empirical Research in Economics)开发的。它是为进行没有太多经验的经济学实验特别设计的。它包括两部分,一个是 z-Tree"实验编程工具箱",另一个是 z-Leaf"受试者使用的程序"。在 z-Tree 中,研究者可以定义和进行实验。运用 z-Tree 设计的实验较为广泛,包括公共品博弈、结构化讨价还价、竞价市场或双重拍卖。z-Tree 编程需要一定的经验。此后,进行实验所需的努力最小:一个有经验的实验者可以在不到一小时内设计一个公共品博弈,可以在不到一天内设计一个双重拍卖。在计算机化的实验中这种沟通是通过计算机的。实验者操作的计算机称为实验者计算机(experimenter PC)。受试者操作的计算机称为受试者计算机(subject PCs)。实验者使用的程序是"z-Tree",它是服务器程序或服务器。受试者使用的程序是"z-Leaf",它是客户端程序或客户端。

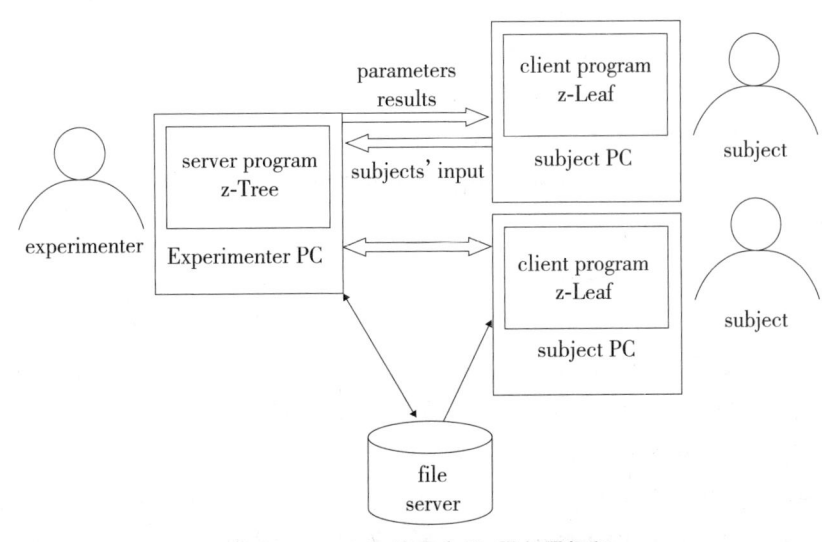

图 5-1　z-Tree 的客户端、服务器框架

z-Tree 只要客户端和服务器建立连接，服务器和客户端之间就直接进行通信，而不用通过文件服务器。但是，文件服务器方便启动。所有文件服务器上存储的信息都是可读的。例如，这就能让客户端找到是哪台计算机启动的服务器，能让所使用的不同的计算机作为实验专用计算机变得更容易。同时 z-Tree 的数据保存功能很强大，如果实验过程中发生程序崩溃，基本上 z-Tree 都可以实现数据留存而不丢失，这使得 z-Tree 成为目前大多数实验经济学家使用的实验设计和编程软件。本节实验设计中的所有程序正是基于 z-Tree 软件编写的。

除此以外，还包括实验说明的撰写和实验被试的招募。实验说明是在实验开始之前向被试者陈述实验目的，界定被试者的资源，信息和初始禀赋，解释被试者要进行的选择和行动以及介绍奖励支付规则。实验说明一般还包括简单的实验案例，帮助被试者理解实验环境。在实验设计和程序撰写完以后就需要根据实验条件撰写实验说明。

具体在实验说明或指导语中，首先要将实验目的明确告知被试者，对实验目的的阐述有助于被试者理解为什么有人愿意支付货币让他们参与这个实验；还要在实验说明中举示意性例子，有助于被试者理解实验环境；实验说明中通常还包括一些私人的信息和数据，以及实验软件操作的基本流程和方法等。

被试的招募也是很重要的一环，一般的招募方式都是通过传单招募，BBS 招募等，不过在国内外的实验室中比较流行运用 ORSEE 系统，即实验经济学在线招募系统 (Online Recruitment System for Economic Experiments)。该招募系统可在 Linux 系统下可以快捷地建立一个被试数据库从而方便研究者管理被试招募。招募时需要区分被试者是否有经验，以免造成实验结果系统性偏差。然后就是实施实验，通过阅读实验说明让所有人明白实验规则。当然即使最小心的实验说明和演示，也可能会有被试者的疑问，所以实验过程中要公开回答这些疑问，同时要提示被试者在提问过程中不要透露自己的私人信息，在回答疑问时也不能暗示被试者实验中什么样的行为是正确的或者是被期望的。最后就是记录实验数据，并支付实验报酬。被试者都希望实验结束后可以得到实验者支付的现金，给每一个被试者的报酬是一种私人信息，除非我们希望这种报酬的公开作为一种精神激励。最后的步骤就是实验数据的分析，这是关键环节之一，它构成了实验经济学研究论文的基础。大部分实验数据分析都可以分为两个阶段：第一个阶段是对实验结果进行统计描述，以希图掌握基本实验概括。第二个阶段是通过对研究的问题进行细分，这些问题包括我们所要研究的因素对实验结果产生了何种影响,或者判断实验数据在多大程度上与理论预测的结果存在一致性,然后有针对性的进行计量分析。不过由于操纵实验室环境,设定和控制某些条件,使得所获得数据中变量之间不存在交叉影响而且在分析过程中往往有控制组的对照。这使得实验分析方法并不需要高深的对数据的偏误进行处理,也使得实验分析中的计量方法相对不那么复杂。同时囿于实验数据样本量的问题,检验统计量的时候采取非参数检验是一个更恰当的方法。

二、学生作为被试的样本代表性

在经济学研究中,我们经常提到的经济人、理性人等概念都是被传统经济学理论标准化并放入模型中的人。经济学理论往往有简单的假设,却忽略了经济主体如何观察学习记忆形成预期习惯以及选择战略进行决策的有关问题,把这些问题留给了社会科学其他学科。然而回答这些关于人类行为的问题在许多经济学的研究领域是非常关键的。实验经济学借鉴了实验心理学的相关研究方法,将真实的人类行为引入研究视野,也将研究的目光投向了一些传统经济学尚未涉及的经济学领域。实验经济学在设计的,合适的实验环境中,通过直接观察人类行为,得出数据,用以评估一些相互竞争的理论模型是否解释这些数据,而且他提供的数据有助于理论家对理论做进一步的完善。选择真实人类作为被试是实验经济学与经济学其他研究方法显著差异的地方,但同时也带来了一系列独特的问题。实验实施过程中最大的困难来源于观察和对付真人被试,这是因为经济学模型抽象假设的同质化经济人被真实的有血有肉的人所替代,而且每个人在情绪偏好习惯智力等方面都存在很大差异。实施要求我们对不同被试者之间的差异进行判断,哪些差异对实验目的是有影响,哪些是没有影响的。

事实上,在实验过程中,我们常常要求被试者在设定好的实验环境中完成一些选择或者交易任务,被试者必须能够理解这个实验环境,明白自己应当如何行事。相当多的市场实验为了获取更多,更为可信的实验数据,还会要求被试者重复多个交易周期。在回答什么样的人是合适的被试者时,弗里德曼和桑德尔(Friedman and Sandel,1994)提出两个建议:一是被试者要有足够的经验和智商理解实验所设置的环境;二是他们要有重复相同实验的耐心。

回归实验经济学浩如烟海的文献,我们可以发现学生是最常用的实验被试者,主要还是由于大部分实验研究都是由大学里的研究者进行的,所以通常选择本科生或者MBA研究生作为被试者。同时学生容易招募,学生被试者的机会成本比较低,学生有相对比较强的学习能力,学生也相对不容易受到实验室外部信息的影响。从降低成本和便利性的角度出发,学生被试者在实验经济学研究中占据了很大的比例,然而,选择学生作为被试者也成为实验经济学方法被批判的主要原因之一。批评者认为,选择学生作为被试者会降低实验研究的外部有效性,他们指出大部分学生没有参加过真实市场的经济活动,他们在实验市场中的行为不能体现真实市场参与主体的行为特征;此外,学生只是全部人口中非常少的一部分。在这个批评中,亨里奇(Henrich,2010)的论文最具有代表性,亨里奇以全球最古怪的人(The Weirdest People in the World)提出了学生被试的实验样本代表性问题,他认为目前在欧美发表的实验经济学论文所用的学生被试都符合一个特征,"WEIRD",它是"Western,Educated,Industrialized,Rich,and Democratic"即"西方的、受过高等教育的、工业化的、富有的、民主的",他认为这种学生被试群体与其他背景下的群体在公平,合作,信任以及个体决策行为上存在显著差异,即便在学生群体中不同文化背景之间,都存在很大差异。实验经济学家对解决学生样本实验结果所带来的最有效途径是通过使用社会职业人群的样本复制相同的实验从而查看实验结果是否会出现偏离,但是这类研究的实验结果却不一而同。德乔尼等(Dejony et al.,1988)比较在密封叫价的市场中商人和学生作为实验对象在行为上的差别,最后发现两个市场的平均价格,利润和效率都差不多,但是安德森和森德(Anderson and Sunder,1989)比较资本市场的表现以求发现学生和专业人士在处理概率性信息时表现出来的代表性偏差之间的区别,他们发现在做相同实验时,专业人士比学生不易产生偏差。

史密斯(1994)提出实验经济学实验研究的目的大约有七种:(1)检测一个理论或者比较不同的理论。通过把这个理论的结论暗示和实验观察所得到的结果进行对比,我们就可以对他进行检验。(2)探寻理论失败的原因。如果一项实验的观测结果无法与理论预测相一致,并确定预测的失败是否由于理论本身的问题所导致的。严密设计的理论满足经济学实验的环境和交易规则,因此实验人员就设法创造出符合这个理论的条件。在检验的过程中,如果实验设计看上去合理,但是结果屡次失败,就需要重新设计实验。(3)把经验型的规律作为新理论的基础之一。科学领域中的大部分理论都是建立在长期大量的观测上的,经济学也不例外,如果实验能得出规律性的结论,就可以找找原因。(4)比较实验环境。通过在不同环境中运行相同的机制有助于我们了解这一机制的完善程度。(5)比较实验机制。因为各种机制的不同在于市场交换规则的不同,所以在完全相同的环境下,通过控制改变交换规则,我们就可以比较不同实验机制了。(6)评价政策建议。(7)把实验室作为测试相关机制方面设计的场所。实验室现在越来越是检测新的交易形式表现的场所。在检测一个理论或者比较不同的理论中,使用学生作为被试是很完美的,因为理论本身的成立并不依赖于被试者异质性,理论作为一般规律的总结只有适用于大部分人才能称之为理论。以学生作为被试群体是很合理的,当然把实验室作为测试相关机制方面设计的场所时,严重依赖机制所使用人群的背景,这时候用学生作为被试确实不合适。综上所述,由于本节的核心目的就是运用实验经济学的方法对公共品自愿供给实验中的合作行为进行检验,如果合作行为存在,那么就应该不依赖于被试样本的异质性,也就是说以学生样本来检验这个理论也是完全合理的,一旦运用学生样本被试的实验结果否定了这个理论,那么这个理论就不能作为一种总结人类行为一般规律的科学理论。因为如前所述,只有适用于大多数人群而且适用于大多数情形下的经济学理论才可以成立为某种科学的理论。

第二节 实验方案设计与说明

一、实验背景

(一)适应性与减排

1.适应性

根据 IPCC 第三次气候评估报告,适应性是指在生态、社会或者经济系统针对实际的或者预期的气候刺激或者其所带来的影响而做出的调整。这一用语涉及程序、时长或者结构的改变,以减轻或者抵消潜在的损害或利用气候变化下的有利机会。在气候变化议题中适应性是很重要的,主要体现在两个方面:一方面它关系到气候变化影响与脆弱性评价,另一方面则关系到应对措施的采用与评估。IPCC 在其给出的适应气候变化定义下,还具体划分了各种主要适应类型。

综合 IPCC 第三次评估报告(2001 年)与第四次评估报告(2007 年)的相关内容,适应气候变化可以划分成以下主要类型:(1)按照适应性行为是否是自发的,可分为自发性适应(Spontaneous Adaptation)和规划性适应(Planned Adaptation)。自发性适应是在气候变化下生态、社会或者经济系统发生变化的刺激下所产生适应性行为。相比较,规划性适应则是基于对气候未来变化的认识,规划的产物。(2)按照时机选定的不同,可分为预期性适应(Anticipatory Adaptation)和反应性适应(Reactive Adaptation)。预期性适应是发生气候变化影响显现之前,也可称为先发适应(Proactive Adaptation)。而反应性适应则发生在气候变化影响显现之后。(3)按照行动主体不同,可分为公共适应(Public Adaptation)与个体适应(Private Adaptation)。公共适应,是由国家或者区域政府进行的适应性行为。个体适应通常是个体对于气候变化产生的适应性行为。

2.减排

气候变化背景下的减排是以减少温室气体排放进行的人为干预行为。全球大气具有一体性,气候系统是全球公共物品,相应的控制大气温室气体浓度的减排与碳汇是全球性公共物品,旨在改变全球变暖趋势的减排也是一种全球性公共物品。与减排有所不同,适应性行为兼具公共属性和私人属性结合体,适应性行为本身是由某种区域性的变动而产生的应激性反应,所以这种行为带有明显的区域性特征,虽然说全球气候变迁是全球性行为,但是气候变迁本身对于各地影响程度不同,所以所激起的适应性行为本身也是有差异的,总体说来,适应所体现的公共性的范围要小于全球公共品的范围,如果狭义的理解,可以将适应视为一种应对气候变化的私人行为。

3.减排与适应性之间的权衡

这时一个很现实的问题出现,在适应性行为投资和减排投资之间是否存在权衡(tradeoff)。事实上从上面的分析看,减排行为更多符合公共品博弈中公共投资的行为特征,而适应性行为更多符合私人投资的行为特征。托尔(Tol,2005)通过大量的案例分析对比减排投资和适应性投资之间特征和范围,发现两者存在权衡问题。而德布鲁因等(De Bruin et al,2009)则发现减排和适应性行为之间某种程度上是一种多层次的应对气候变化的正反馈行为和负反馈行为,两者之间存在显著的权衡关系。

既然上面的分析认为两者存在权衡关系,那么就可以构建一个公共品博弈模型,但是在这里同普通的公共品博弈模型有两个基本差别。一是不确定性。气候变化是高度不确定的,所以即便有的国家积极减排,但仍然会受到气候变化所带来的气候损害。二是风险内生性。Downing(1999)认为风险是危险(hazard)与脆弱性(vulnerability)的产物。危险是指某种具有潜在损害性的现象的发生可能性,或表现为某种威胁性事件。脆弱性用于表示源于特定危险的损失程度。而脆弱性本身更多取决于系统自身的特性,同时还取决于系统应对外来冲击的能力,这就意味着脆弱性本身同减排和适应之间存在某种内生关联。

二、模型构建

我们的模型构建借鉴了 Walker 和 Gardner(1992)的关于环境损害的随机模型。在这个模型中,任何的资源消耗都会增加损害的概率。在具体模型构建中,我们结合上述模型采用了一个标准线性公共品博弈模型,其中有一个固定的初始禀赋和外生的给定预算。

$$E(\pi_i) = p(e - Ve(1 - d\frac{B - x_i}{B})) + (1-p)e$$

其中,p 是指灾难发生的概率,并且 $p = 1 - m(\frac{\sum_{i=1}^{n} x_i}{nB})$,e 指初始禀赋,B 代表用于应对气候变化的预算,并且 $B = a_i + x_i$,n 是组内规模,a_i 为适应性行为投资,x_i 表示减排投资,m 为减排的回报率,d 是适应性行为的回报率,V 为脆弱性指数。

在这个模型中,减排投资对于所有参与者来说能够降低灾难发生的概率,而适应性行为投资对于投资人本人来说能够降低灾难发生后的损失。而总的减排投资是由组内成员所贡献的,所以越多人投资在减排上,灾难发生的概率越低。同时灾难的损失受到脆弱指数的影响,也就说,对于所有参与者,脆弱指数越高,灾难发生时的损害越大,当然对于组内所有参与人来说,脆弱指数是同一的,不过在不同实验局之间,脆弱指数有可能是不同的。灾难的发生是不确定的,但是也依赖于两个因素:总的减排投资与外生性随机。因此,灾难发生的概率部分是内生的,部分是外生的。随机因素反映了气候变化本身的复杂性。因此即便来自减排的收益率很高所有的参与者都将预算投入减排中,仍然会有发生灾难的风险。另一方面如果没人进行减排投资,那么灾难的发生就是一个确定性事件。如果没有灾难发生,所有参与者保留期初始禀赋,如果有灾难发生,那么支付函数就是我们所构建的那个模型。当然在这里,减排的收益率被设定小于 1,所以即便组内所有参与者都选择合作行为即减排,仍然还是会有灾难发生的可能性。同时为了满足公共品博弈,也满足如下约束条件:

$$MPCR_m < MPCR_a < n^* MPCR_m$$

三、方案说明

(一)实验 1、2、3 的方案说明

实验被设计为在不同的脆弱指数和不同的禀赋条件下,在适应性行为

投资和减排投资之间的权衡行为研究。整个实验分为三个实验局(treatment),一个为基本实验局(Btreatment),一个为不同禀赋下的实验局(E-treatment),另一个实验局为不同脆弱指数下的实验局(V-treatment)。每一个实验局都有60个实验参与人,共分为12组,每个实验局包含10轮。其中参与人都是完全随机的被分到组内,每轮结束后将会重新再被随机配对分组。

表5-1 实验1、2、3的方案说明

实验局	组数	组内规模	禀赋	自然条件
B-treatment	12	5	100	1
E-treatment	12	5	240,110,70,50,30	1
V-treatment	12	5	100	2.4,1.1,0.7,0.5,0.3

(二)实验4、5的方案说明

实验4、5的核心内容是以Fehr et al(2000)的实验环境为基础。我们假定一个五人公共品博弈模型,即公共品博弈中的n为5,而且设定边际回报率MPCR=0.7,在这种情况下,本实验共包括2个实验局,分别是:基准实验局(M-treatment)、外部惩罚实验局(P-treatment)。其中每个实验局均包括60位受试,被平均分入12组。每个实验局均重复进行10期,被试者被随机分组。被试者在实验中有唯一ID,同时该实验是同时博弈,所以所有被试都同时行动。实验中收益用代币来表示,最后由代币按照一定比例兑换成人民币。各个实验局的参数选择和差异比较参见表5-2:

表5-2 实验4、5的方案说明

实验局	禀赋	MPCR	惩罚规则
M-treatment	每组5位分别是 48,22,14,10,6	0.7	无
SP-treatment	每组5位分别是 48,22,14,10,6	0.7	基于个体

具体而言,在M-treatment中是多期的禀赋不平等的公共品自愿供给实验。在SP-treatment中存在外生性的个体惩罚,惩罚是当期发生;惩罚只发生在组内,组内成员的惩罚是组内其他成员对其惩罚的总和,并且每惩罚一个点,该被试就减少10%的收益,该惩罚成本见表5-3。

表5-3 惩罚成本表

处罚点数	0	1	2	3	4	5	6	7	8	9	10
对应成本	0	1	2	4	6	9	12	16	20	25	30

(三)实验 6、7 的方案说明

实验 6、7 以 Potters,Sefton & Vesterlund(2007)为基础,我们假定一个两人公共品博弈模型,即公共品博弈中的 n 为 2,而且设定边际回报率 MPCR=0.7,在这种情况下,本实验共包括 2 个实验局,分别是:同时博弈实验局(Sim-treatment)、序贯博弈实验局(Seq-treatment)。每个实验局均包括 60 位受试,被平均分入 30 组。每个实验局重复进行 10 期,被试者被随机分组。每个被试有唯一的 ID。在实验中,所有收益都用代币数额表示,最后再兑换成人民币。

表 5-4 实验 6、7 的方案说明

实验局	禀赋	MPCR	博弈规则
M-treatment	每组 2 位分别是 20,10	0.7	同时博弈
SP-treatment	每组 2 位分别是 20,10	0.7	序贯博弈

具体而言,在 M-treatment 中是一般公共品博弈实验,受试者同时进行决策,不分先后。而在 SP-treatment 中,由禀赋多的一方先给出捐献水平,然后禀赋少的一方会看到禀赋多的一方所给出的捐献水平,根据这个捐献水平,禀赋少的一方再进行决策。

(四)实验步骤

当受试进入实验室时首先需要抽取一份实验说明,被试者会被要求仔细阅读实验说明,并完成相应的控制题目。等一切就绪,实验人员会详细解读实验说明,并介绍实验过程,同时接受被试者的提问。等到所有被试对实验过程无疑义后,实验正式开始。实验过程中严禁私下沟通交流,同时严禁观察其他被试者的行为,当实验完成后,根据屏幕上显示的收益数目来实验人员处领取报酬。

我们的实验具体是正式的七个实验任务。具体实验任务如下:

实验 1:在实验 1 中某一被试和另外四个同学随机地分在一组,一开始被试们将获得 100 个筹码,受试者们共同同时对全球气候减排进行投资,回报额度为 0.7*(双方投资筹码总额)。受试可以选择投资 0 到 10 个筹码投资,如果受试者选择投资 X_i 个筹码,则受试者的收益将根据 $E(\pi_i)=p(e-Ve(1-d\frac{B-x_i}{B}))+(1-p)e$,其中 $p=1-m(\frac{\sum_{i=1}^{n}x_i}{nB})$。该实验总共重复 10 轮,每轮实验开始受试和对方都会分别获得 100 个筹码,受试可以选择投资 0 到 10 个筹码投资。该实验 1 中受试的收益决定规则如下:随机选择该实验 10 轮次中的某一轮,被试将会根据在该轮次中被试的决策和对方的决策获得被试相应的那份收益。根据该规则,被试在实验中的任何一次决策都有同等的可能被随机抽取决定被试和对方的收益。

实验2:实验2等同于实验1,只不过一开始受试们将分别获得240、110、70、50、30个筹码,受试可以选择投资0到所获得禀赋的10%个筹码投资。实验2中受试的收益决定规则等同实验1中的收益决定规则。

实验3:实验3等同于实验1,只不过一开始受试的V分别为2.4、1.1、0.7、0.5、0.3受试可以选择投资0到所获得禀赋的10个筹码投资。实验3中受试的收益决定规则等同实验1中的收益决定规则。

实验4:在实验4中受试和另外四个同学随机地分在一组,一开始受试们将随机分别获得48、22、14、10、6个筹码,受试者们在公共品投资和私人投资之间进行权衡。组内受试者从公共品投资上得到收益取决于组内公共品投资总额,回报额度为0.7*(组内成员公共品投资筹码总额)。受试可以选择投资0到禀赋10%个筹码投资,如果受试者选择投资X_i个筹码,则受试者的收益为 $Endowment_i - X_i + 0.7\sum_{i}^{5} X_i$。该实验总共重复10轮,每轮实验开始受试和对方都会分别获得48、22、14、10、6个筹码。

实验4中受试的收益决定规则如下:随机选择该实验10轮次中的某一轮,被试将会根据在该轮次中被试的决策和对方的决策获得被试相应的那份收益。根据该规则,被试在实验中的任何一次决策都有同等的可能被随机抽取决定被试和对方的收益。

实验5:实验5包含两个阶段,即第一阶段和第二阶段。其中第一阶段的实验与实验3完全相同,在第二阶段中,受试可以选择是否给对方施加惩罚,如果选择惩罚则相应的计算机界面会显示需要受试输入一个惩罚的筹码数(输入一个完整的负数)。比如受试给对方惩罚一个单位的筹码,受试相应输入1之后,那么对方的收益将相应减少10%的筹码,同时受试的惩罚是需要付出成本的,具体见惩罚成本表5-3。

该实验总共重复10轮,每轮实验开始受试和对方都会获48、22、14、10、6个筹码。

实验5中受试的收益决定规则如下:随机选择该实验10轮次中的某一轮,被试将会根据在该轮次中被试的决策和对方的决策获得被试相应的那份收益。根据该规则,被试在实验中的任何一次决策都有同等的可能被随机抽取决定被试和对方的收益。

实验6:在实验6中受试和另外一个同学随机地分在一组,一开始受试们将随机分别获得20、10个筹码,受试们在私人投资和公共品投资之间进行权衡。组内成员对公共品进行投资后,其公共品投资的回报取决于组内成员公共品投资总额,回报额度为 0.7*(组内成员公共品投资筹码总额)。受试可以选择投资 0 到禀赋个筹码投资,如果受试者选择投资 X_i 个筹码,则受试者的收益为 $Endowment_i - X_i + 0.7\sum_{i}^{2} X_i$。该实验总共重复 10 轮。

实验 6 中受试的收益决定规则如下:随机选择该实验 10 轮次中的某一轮,被试将会根据在该轮次中被试的决策和对方的决策获得被试相应的那份收益。根据该规则,被试在实验中的任何一次决策都有同等的可能被随机抽取决定被试和对方的收益。

实验 7:实验 7 包含两个阶段,即第一阶段和第二阶段。由禀赋多的一方先给出捐献水平,然后禀赋少的一方会看到禀赋多的一方所给出的捐献水平,根据这个捐献水平,禀赋少的一方再进行决策该实验,总共重复 10 轮,每轮实验开始受试和对方都会随机分别获得 20、10 个筹码。

实验 7 中受试的收益决定规则如下:随机选择该实验 10 轮次中的某一轮,被试将会根据在该轮次中被试的决策和对方的决策获得被试相应的那份收益。根据该规则,被试在实验中的任何一次决策都有同等的可能被随机抽取决定被试和对方的收益。

第三节　参数设置与实验实施

在实验 1、2、3 中,参与者会受到一个初始禀赋,其中有 10% 是用来应对气候变化的,关于减排的收益率和适应性行为的收益率,我们在现有的文献中并没有找到确切的关于此的数量结果,为了实验方便,我们设定 m=0.7,同时 d=0.475,这个选择是满足我们在模型设定中的约束条件的。

同时为了便于实验数据进行分析和比较,我们在实验 4 和实验 5 的公共品博弈实验中设置的初始禀赋均分别为 48、22、14、10、6 个筹码,每一实验局均为 10 轮次;另外,我们还把实验 6 和实验 7 按照博弈是否同时分成了两种情况,即同时博弈的实验局和序贯博弈信息的实验局,这种受试间的实验设计可以用来考察领导者机制对于合作水平的影响;再次,在前面的三个实验任务中,我们给予每个筹码 0.01 元的比例进行兑换,在后面的四个实验中,我们给予每个筹码 0.01 元的比例进行兑换。

第四节 实验结果分析

一、气候保护背景下的公共品博弈实验结果

这个模型采用连续性收益函数其中收益函数中含有随机部分,这会给参与人在计算收益时带来认知上的麻烦,可能使得在对于这两类投资的权衡不复存在,但是我们认为这正好契合了现实的复杂性同时这点复杂性不会给参与人带来多大的认知上的负担,所以我们直接采用了连续收益的模型。同时我们这里采用的是重复博弈形式作为实验的基本背景,主要是类似这种气候保护的议题在时间维度上都是长期的而且在现实中也是多轮进行的,这样利益相关方就能及时审视观察和学习自己和对方的决策行为,这一点是和现实高度一致的。

另外在实验本身进行过程中并没有发生意外,同时根据我们在实验后的调查发现,被试者对于现金激励还是很在意,这说明实验中受试者的行为是符合史密斯(1982)所提出的凸显性偏好的。

本章的关于气候变化公共品博弈的实验,共持续了一个半小时,其中每个实验局大约半个小时,以下是对实验结果的详细分析。

(一)总体供给概况

事实上从表5-5和图5-2来看,气候保护背景下的公共品供给趋势与现有标准VCM试验的数据差别比较大,在标准VCM实验中,可以得到这样的基本结果,就是在有限次重复实验中,一般第一期平均贡献率比较高,随后逐渐递减,在最后一期平均供给量虽然显著大于0,但是比例大幅下滑。而我们所研究气候保护背景下的这个公共品实验与之差别很大,不过由于我们设置的收益函数相对复杂,可能使得受试者对于收益需要较长时间的了解,所以存在学习滞后效应,不过由于没有进一步的更长期数的实验研究,并不能从现有的数据中得出该结论。进一步看,发现3个实验局的公共品走势差别不大,基本上各期之间趋势比较平稳,没有发现显著的期数效应。

表5-5 3个实验局公共品供给占总体投资的比例

实验局	第一期	前五期	后五期	最后一期	全部十期
B-treatment	0.086	0.481	0.519	0.106	0.606
E-treatment	0.103	0.4991	0.509	0.094	0.642
V-treatment	0.102	0.519	0.481	0.10	0.587

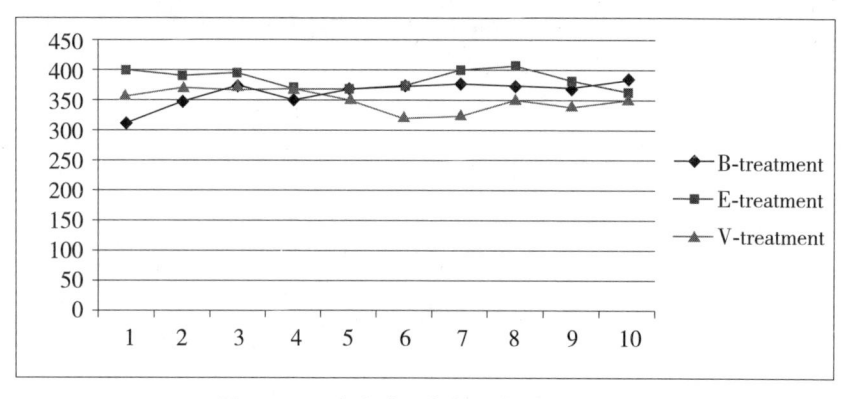

图 5-2　3 个实验局各期公共品供给总额

同时我们还发现 E-treatment、B-treatment 与 V-treatment 之间有显著差异,而 V-treatment 与 B-treatment 之间则没有显著差异;在实验总体设计上,这几个实验局之间只是具体参数设置不同,在具体实验全局的条件设置上都是相同的,所以它们之间的相互比较也是有意义的。通过对两两实验局进行 Wilcoxon 符号秩检验,结果参见表 5-6。由表 5-6 可知 E-treatment 同 B-treatment 和 V-treatment 之间有显著差异,而 V-treatment 与 B-treatment 之间则没有显著差异。

表 5-6　Wilcoxon 符号秩和检验结果

	E-treatment-B-treatment	E-treatment-V-treatment	V-treatment-B-treatment
Z	-2.207a	-2.197a	-.338b
P	0.027	0.028	0.735

其中,a. 基于负秩,b. 基于正秩。

事实上,在对比对照组实验,可以发现在气候保护背景下的公共品博弈中,自然条件的差异并不能显著提高对减排的投资,但是资源禀赋的差异却能够显著提高公共品供给水平,增加对减排的投资。

(二)个体供给概况

结论 6—1　禀赋差异在气候保护背景下的公共品供给中对其绝对值影响显著。

通过实验设计可知,对照基准实验局 B-treatment,禀赋不平等实验局 E-treatment 只是在禀赋上同基准实验局不同,由于禀赋的改变也改变了组内成员选择的空间,所以单纯从绝对值上关注不同禀赋个体的贡献水平是不恰当的,同时也需要关注受试者个体公共品供给与其初始禀赋的相对比例。

表 5-7 不同禀赋条件下受试者贡献水平的绝对值

禀赋	1	2	3	4	5	6	7	8	9	10
30	1.9	1.91	2.1	2	1.91	1.83	1.83	1.67	2.1	1.92
50	3.25	3	3.25	3	2.75	2.41	3.08	2.92	3.5	2.75
70	4.91	5.25	5	4.83	4.58	4.17	4	4.25	2.1	4.58
110	6.83	7	7.1	6.83	7.17	6.83	7.33	6.92	6.58	7.17
240	13	14	13.4	14.25	13.1	11.58	13.1	12.75	13.25	13.1

注：该数值为组内公共品供给的平均值。

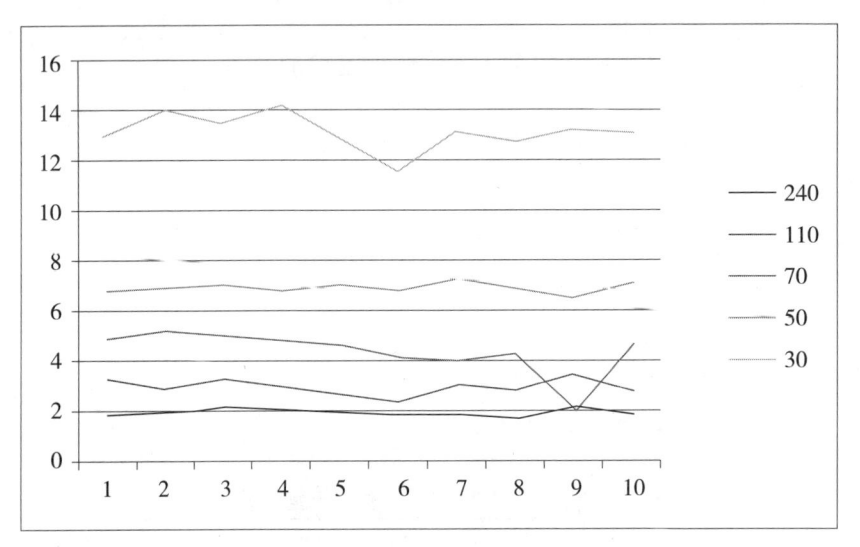

图 5-3 不同禀赋下公共品供给水平

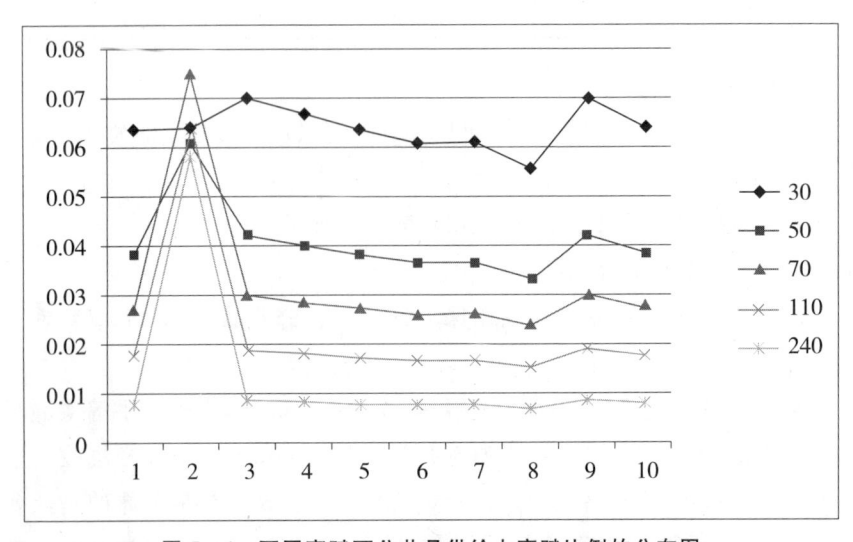

图 5-4 不同禀赋下公共品供给占禀赋比例的分布图

表5-8　不同禀赋下公共品供给占禀赋比例

禀赋	1	2	3	4	5	6	7	8	9	10
30	0.063333	0.063667	0.07	0.066667	0.063667	0.061	0.061	0.055667	0.07	0.064
50	0.038	0.06	0.042	0.04	0.0382	0.0366	0.0366	0.0334	0.042	0.0384
70	0.027143	0.075	0.03	0.028571	0.027286	0.026143	0.026143	0.023857	0.03	0.027429
110	0.017273	0.063636	0.019091	0.018182	0.017364	0.016636	0.016636	0.015182	0.019091	0.017455
240	0.007917	0.058333	0.00875	0.008333	0.007958	0.007625	0.007625	0.006958	0.00875	0.008

我们在表5-7和表5-8中列出个体投资在减排上的绝对值和相对比例,同时为了更清楚的表达出结果,我们分别对不同禀赋的受试者的这两类数值进行了Wilcoxon符号秩检验,结果如表5-9与表5-10。

表5-9　不同禀赋下公共品供给水平的Wilcoxon符号秩和检验结果

禀赋x, 禀赋y	(50,30)	(70,30)	(110,30)	(240,30)	(70,50)	(110,50)	(240,50)	(110,70)	(240,70)	(240,110)
Z值	−2.805a	−2.666a	−2.803a	−2.803a	−2.504a	−2.812a	−2.807a	−2.805a	−2.805a	−2.805a
P值	0.005	0.008	0.005	0.005	0.012	0.005	0.005	0.005	0.005	0.005

a.基于负秩 b.基于正秩,图表中括号的第一个数据对应x的值,第二个数据对应y的值,例如第一行第二列中为(50,30)代表的含义为禀赋50—禀赋30。

表5-10　不同禀赋下公共品供给占禀赋比例的Wilcoxon符号秩和检验结果

禀赋x, 禀赋y	(50,30)	(70,30)	(110,30)	(240,30)	(70,50)	(110,50)	(240,50)	(110,70)	(240,70)	(240,110)
Z值	−2.807a	−2.705a	−2.807a	−2.807a	−1.786a	−2.705a	−2.807a	−2.807a	−2.807a	−2.807a
P值	0.005	0.007	0.005	0.005	0.074	0.007	0.005	0.005	0.005	0.005

a.基于负秩,b.基于正秩,图表中括号的第一个数据对应x的值,第二个数据对应y的值,例如第一行第二列中为(50,30)代表的含义为禀赋50—禀赋30。

很明显的看出,就受试者在减排上投资的绝对值而言,禀赋越高其在减排上的投入的绝对值也显著的高。拥有240个禀赋的受试者在减排上的投资明显高于其他禀赋的受试者在减排上的投资,同时禀赋越高,其在减排上的投入也相对显著的高很多,仅从这个实验我们可以看出,受试者的个体禀赋越高,其最终的公共品供给绝对值也越高。同时,就其在减排上的投资相对于其初始禀赋的比例来看,情况却与上面的发生了反转,禀赋越高,其在减排上的投入占初始禀赋的相对比例越低,这其实证实了相关研究结论,都发现高禀赋的个体公共品供给相对来说比例要更低。

结论6—2　拥有更高环境脆弱性的受试者在减排上的供给并不更高。

由实验设计可知,与禀赋不平等实验局B-treatment相比,环境脆弱性实验局V-treatment中环境脆弱性指数不同。事实上在博弈分析中均衡结果不会出现什么变化,但是这个参数的变动对于被试者来说可能会造成决策模式的改变,潜在的也会对其最终的投资行为产生影响。表5-11列出了拥有不同 V 的受试者各期个体公共品供给绝对值(这里不涉及相对值的改变)。为了进行比较,以下对拥有不同 V 被试的各期数据进行 Wilcoxon 符号秩检验。

表 5-11　不同自然条件下公共品供给水平

V	1	2	3	4	5	6	7	8	9	10
0.3	6.68	7.1	6.2	7.5	6.35	6.4	6	6.9	6.5	6.1
0.5	7.1	6.7	7.53	6	4.6	6.5	6.27	5.6	6.7	4.8
0.7	6.2	5.2	5.86	6.46	6	5.9	5.94	6.3	6.7	6.05
1.1	6.53	7.1	7.5	5.4	7.2	5.6	7.25	7	6.5	6.1
2.4	6.4	6.8	5.86	5.1	6.13	7.8	7.2	6.9	5.85	7.2

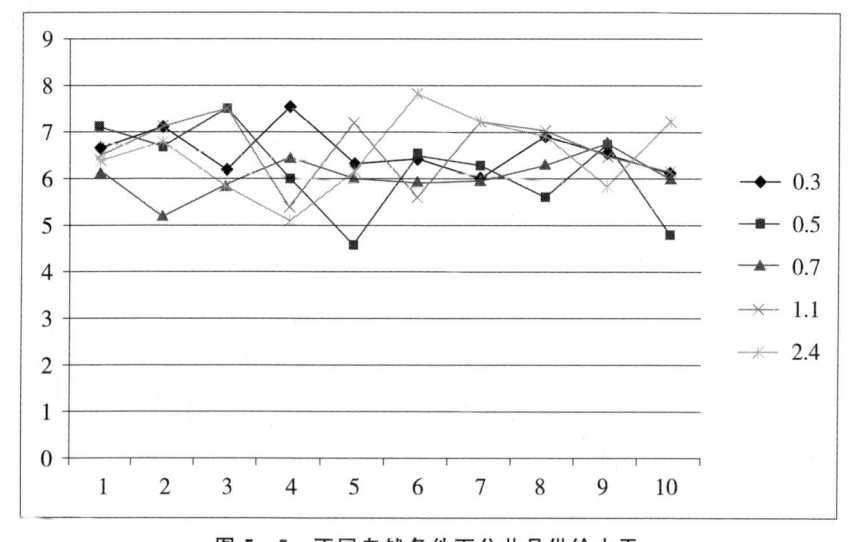

图 5-5　不同自然条件下公共品供给水平

表 5-12　不同自然条件下公共品供给的 Wilcoxon 符号秩和检验结果

禀赋 x, 禀赋 y	(50,30)	(70,30)	(110,30)	(240,30)	(70,50)	(110,50)	(240,50)	(110,70)	(240,70)	(240,110)
Z 值	−0.867a	−2.497a	−0.338b	−0.178a	−0.415a	−0.968b	−0.969b	−1.682b	−1.362b	−0.969a
P 值	0.386	0.013	0.735	0.859	0.678	0.333	0.333	0.093	0.173	0.333

a.基于负秩,b.基于正秩。

从图 5-5 中可知,有不同自然条件的个体在减排投资的波动性很强,但是根据 Wilcoxon 符号秩检验的结果看,不同自然条件的个体之间在减排上的投资差异不显著,除了 V=1.1 和 V=0.7 的在减排上投资有显著差异外,其余相比起来,在减排上的投资并没有显著差异,而这跟大多数文献中关于 MPCR 差异下 VCM 的实验结果倒是一致的。

结论 6—3　公共品博弈中的合作行为受到差异厌恶偏好的影响显著。

我们借助陈叶烽(2010)的模型：

$$C_{it} = \alpha + \lambda_1 \max[C_{it-1} - \overline{C}_{it-1}, 0] + \lambda_2 \min[C_{it-1} - \overline{C}_{it-1}, 0] + \sum_{j=1}^{2} \rho_j C_{i,t-j} + treatment_{it} + \varepsilon_{it}$$

其中 C_{it} 表示第 i 位在第 t—1 期的公共品投资数额，$\overline{C}_{it-1}$ 表示第 i 位被试所在组在第 t—1 期的公共品投资均值，因此，$C_{it-1} - \overline{C}_{it-1}$ 用来衡量在前一期该实验对象投资的组偏离值，$\rho_j C_{i,t-j}$ 为当期投资额的滞后一期和滞后两期变量，$treatment_{it}$ 是用来控制实验顺序，为了解决内生性问题，我们采用了两阶段系统 GMM 估计方法。

根据 Andreoni(1989)，人们的合作行为可能基于利他主义行为和光热行为，光热行为可以解释为人们试图通过自身的表率行为带动其他人的合作。对于纯粹的利他主义行为来说，人们只关心总合作水平，对于其他人的行为并不关心，所以有 $\lambda_1 = \lambda_2 > 0$，而对于纯粹的光热行为来说，人们只关心自己的合作水平，并不关心其他人的合作水平，所以有 $\lambda_1 = \lambda_2 = 0$。而 Sobel(2005)指出互惠行为使得人们会对其他人友善或者不友善的行为作出反应。在我们这里，友善或者不友善就取决于组内各成员的供给水平，正互惠意味着当其他人捐献水平很高的时候，人们会捐献更多，而负互惠意味着如果其他人的捐献水平很低的时候，人们会减少捐助。Croson(2005)统称这些行为为条件合作行为。这里就意味着存在 $\lambda_1 = \lambda_2 < 0$，其中人们会根据其他人的平均贡献水平来做出反应。

Fehr 和 Schmidt(1999)认为人们可能会对不平等现象产生厌恶行为，也就是说人们可能更关注不平等行为，不过人们对于劣势条件下反应更大，似乎也印证了行为经济学中人们损失厌恶的特征，与互惠理论相比，人们对于劣势不平等的厌恶要大于优势条件。具体到这个方程中，就是 $\lambda_1 < \lambda_2$。

表 5-13

解释变量	被解释变量　当期投资额
$C_{i,t-1}$	0.939＊＊＊ (0.164)
$C_{i,t-2}$	0.428＊＊＊ (0.074)
$\max[C_{it-1} - \overline{C}_{it-1}, 0]$	－0.607＊ (0.189)
$\min[C_{it-1} - \overline{C}_{it-1}, 0]$	－0.045 (0.178)

续表

解释变量	被解释变量　当期投资额
$treatment_{it}$	−0.570***
	(0.072)
_cons	−0.570***
	(0.072)
Prob>F($\lambda_1=\lambda_2$)	0.001
F统计量	39.8

*，**，***分别代表在10%，5%和1%的统计水平下显著。

根据计量结果，可以看出$\lambda_1<\lambda_2$，且两者存在显著差异，人们对公共品博弈中某轮当中投资较多而产生收益的劣势厌恶时在下一轮会相应减少自己的公共品投资额，而对公共品博弈中某轮中投资较少而产生收益的优势厌恶时会进而相应地增加公共品投资，这基本印证了不平等厌恶理论，而纯粹利他和光热行为则完全不具备解释力。

二、惩罚机制下公共品博弈实验结果

（一）供给总体情况

结论6—4　外生惩罚机制能够显著提高公共品供给水平。

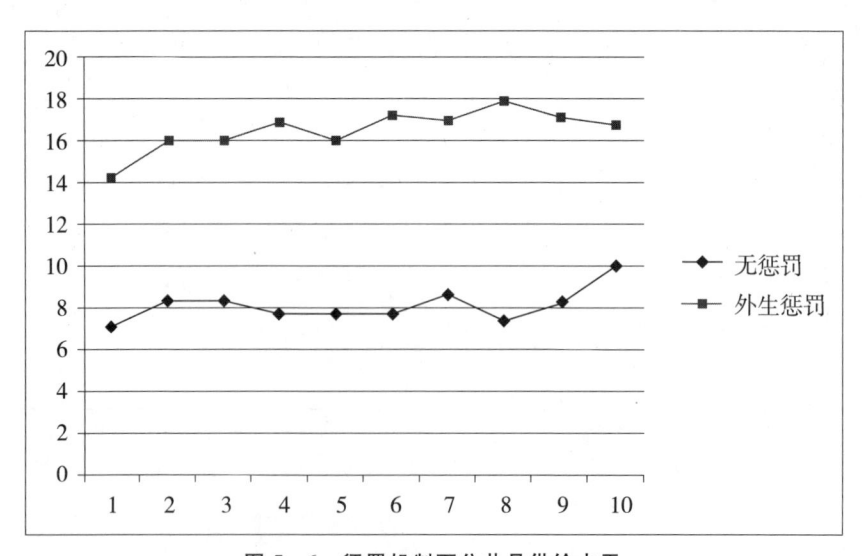

图5-6　惩罚机制下公共品供给水平

表5-14　惩罚机制下公共品供给水平

	1	2	3	4	5	6	7	8	9	10
无惩罚	7.17	8.3	8.35	7.78	7.73	7.7	8.65	7.41	8.28	9.95
有外生惩罚	14.3	16	16	16.8	16.1	17.2	17.1	17.9	17.15	16.8

由图 5-6 可知带惩罚机制的 treatment 同基准 treatment 有很大差异,但是都没有表现出明显的期数效应;同时对不同实验局的各期公共品平均供给进行非参检验发现带惩罚的 treatment 同不带惩罚的 treatment 之间存在显著差异,其中 $Z=2.803$,$P=0.005$,这说明惩罚机制有明显效果。

(二)公共品供给个体情况

结论 6—5 在某个实验局中,禀赋越高的个体其公共品供给点数越高,对于不同实验局来说,在同样的禀赋条件下,带有惩罚的实验局的公共品供给要显著高于不带惩罚的实验局中的公共品供给。

表 5-15 不带惩罚机制公共品供给水平

禀赋	1	2	3	4	5	6	7	8	9	10
6	6.2	7.13	5.86	5.44	7.26	5.4	5.8	8.4	6.4	6.78
10	5.2	8.3	9.33	7.5	6	5.4	4.6	3	4.67	6.2
14	6.47	10.5	7.86	9.5	7.93	8.65	8.5	3.2	4.2	4.2
22	7.05	7.5	10.6	9.6	7.2	6.2	10.35	6.55	6.45	12.9
48	14.6	11.4	6	11.3	9.33	11.1	12.3	10.46	15	14.6

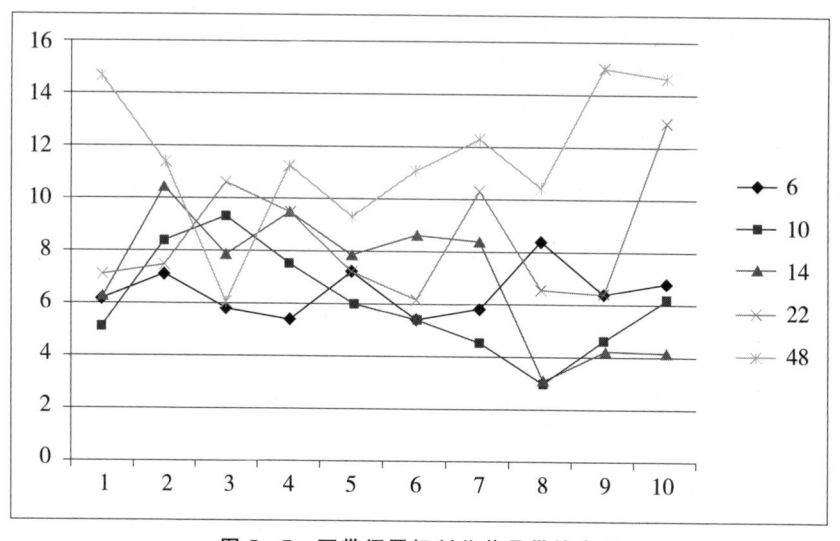

图 5-7 不带惩罚机制公共品供给水平

表 5-16 带外生惩罚机制公共品供给水平

禀赋	1	2	3	4	5	6	7	8	9	10
6	4.9	4.59	5	4.67	4.91	5.67	5.08	5.33	5.33	5.5
10	7.58	8	8	8.58	8.83	9.03	9.16	9	9.25	9.5
14	9.5	10.25	10.67	11.42	11.16	12.5	11.75	12.33	12.58	12
22	15.67	18.42	17.25	18.75	17.33	17.5	19.67	20.08	20.58	18.5
48	33.75	38.92	39.01	40.41	38.41	41.33	40.17	42.75	39.8	38.91

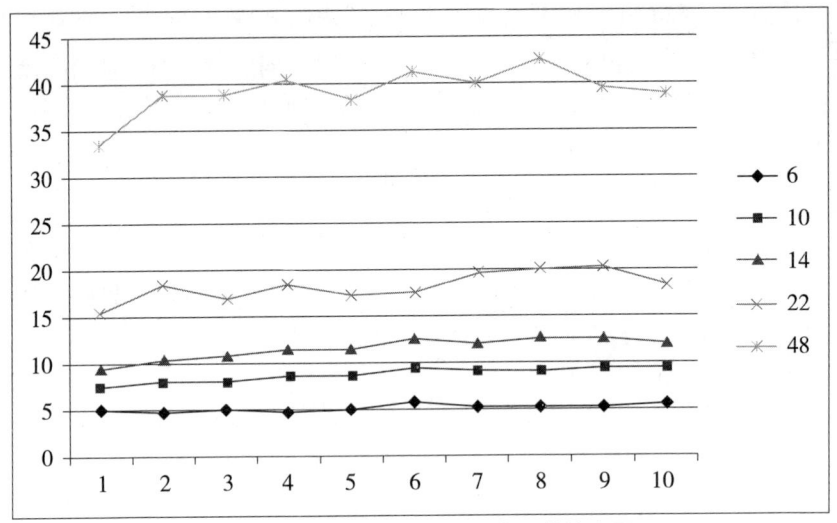

图 5-8 带外生惩罚机制公共品供给水平

表 5-17 不带惩罚机制下 Wilcoxon 符号秩检验

禀赋 x, 禀赋 y	(10,6)	(14,10)	(22,14)	(48,22)	(6,48)	(22,10)	(48,14)	(10,48)	(10,22)	(6,14)
Z 值	−0.867a	−2.497a	−0.338b	−0.178a	−2.803a	−2.652b	−2.395b	−2.550b	−2.652b	−0.866a
P 值	0.386	0.013	0.735	0.859	0.005	0.008	0.017	0.011	0.008	0.386

a.基于负秩,b.基于正秩。图表中括号的第一个数据对应 x 的值,第二个数据对应 y 的值,例如第一行第二列中为(10,6)代表的含义为:禀赋 10—禀赋 6。

由 Wilcoxon 符号秩检验的非参数检验结果可知:在基准_treatment 中,在不同禀赋之间对比中,其中有 6 次高禀赋的被试的个体公共品供给水平显著较高,其余 4 次没有显著差异,其中禀赋差异越大,其个体公共品供给水平的差异越显著。

表 5-18 带惩罚机制下 Wilcoxon 符号秩检验

禀赋 x, 禀赋 y	(10,6)	(14,10)	(22,14)	(48,22)	(6,48)	(22,10)	(48,14)	(14,6)	(48,22)	(22,6)
Z 值	−2.807a	−2.805a	−2.805b	−2.803a	−2.803a	−2.803a	−2.803a	−2.803a	−2.805b	−2.803a
P 值	0.005	0.005	0.005	0.005	0.005	0.005	0.005	0.005	0.005	0.005

a.基于负秩,b.基于正秩,图表中括号的第一个数据对应 x 的值,第二个数据对应 y 的值,例如第一行第二列中为(10,6)代表的含义为:禀赋 10—禀赋 6。

而在带有外生惩罚的 treatment 中,不同禀赋之间个体供给水平差异明显,同时从表 5-15 与表 5-16 的对比中可以看出在同样的禀赋条件下,带有惩罚的实验局的个体供给水平要明显高于不带惩罚的实验局中的个体供给水平。这样通过对比可以看出,惩罚机制可以形成有效威慑使得高禀赋的个体必须贡献出更多公共品。

表 5-19　带外生惩罚机制公共品供给相对水平

禀赋	1	2	3	4	5	6	7	8	9	10
6	0.816666667	0.765	0.833333	0.778333	0.818333	0.945	0.846667	0.888333	0.888333	0.916667
10	0.758	0.8	0.8	0.858	0.883	0.908	0.916	0.9	0.925	0.95
14	0.678571429	0.732143	0.762143	0.815714	0.797143	0.892857	0.839286	0.880714	0.898571	0.857143
22	0.712272727	0.837273	0.784091	0.852273	0.787727	0.795455	0.894091	0.912727	0.935455	0.840909
48	0.703125	0.810833	0.812708	0.841875	0.800208	0.861042	0.836875	0.890625	0.829167	0.810625

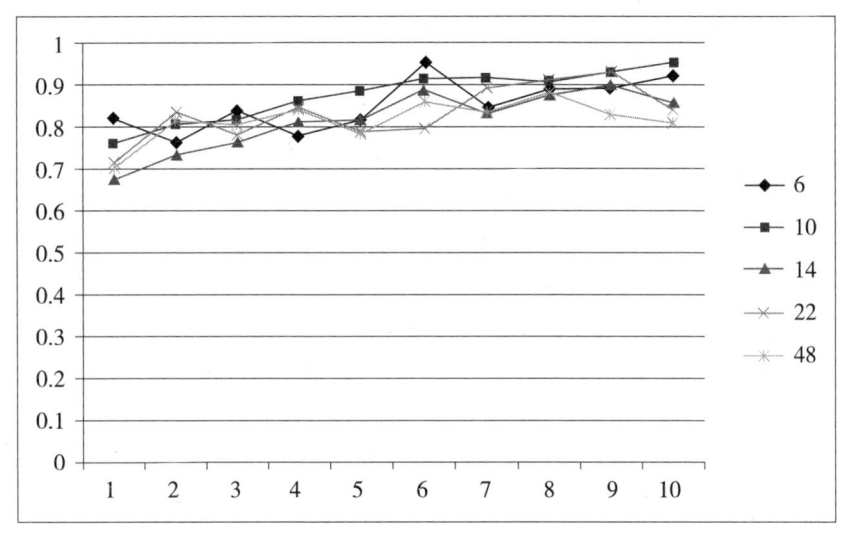

图 5-9　带外生惩罚机制公共品供给相对水平

表 5-20　外生惩罚机制下公共品供给相对水平 Wilcoxon 符号秩检验

禀赋 x, 禀赋 y	(10,6)	(14,10)	(22,14)	(48,22)	(6,48)	(22,10)	(48,14)	(14,6)	(22,6)	(48,10)
Z 值	−1.224a	−2.803a	−1.580a	−0.968b	−1.478a	−1.682a	−0.459a	−1.886b	−0.663b	−2.293a
P 值	0.221	0.005	0.114	0.333	0.139	0.093	0.646	0.059	0.508	0.022

a. 基于负秩，b. 基于正秩。

在带有惩罚的实验局中，不同禀赋的个体公共品供给的相对水平来说，则不如在不同禀赋的个体公共品供给的绝对水平上差异这么显著，其中只有三次差异显著，同时可以看出禀赋越高，其贡献的相对水平反而越低，其中在禀赋为 48 时其相对贡献水平就显著弱于禀赋为 10 时的相对贡献水平，这与前文关于这个议题的论证结论大抵一致。

（三）惩罚的表现

结论 6—6　惩罚是显著存在的，同时惩罚也是有效的。

表 5-21

	1	2	3	4	5	6	7	8	9	10
未被惩罚的比例	89.67%	89%	87%	87.32%	86.67%	85.34%	90.4%	89%	86%	89.67%

续表

	1	2	3	4	5	6	7	8	9	10
被惩罚的决策比例	10.33%	11%	13%	12.68%	13.33%	14.66	9.6%	11%	14%	10.33%

(四)什么的行为触发了惩罚以及惩罚力度

事实上要不要惩罚以及惩罚多少是一个硬币的两面,是不可分割的,在这里我们把这个行为拆借为两阶段,即什么行为触发了惩罚,以及决定惩罚后,惩罚的力度问题。

结论 6—7 在外部惩罚实验局中,受试者做出惩罚的决定主要依赖于自身的禀赋水平,对方的禀赋水平,组内成员在公共品供给上的行为,以及这种行为与自身行为的差异。

为了分析什么的行为触发了惩罚,我们根据周业安和宋紫峰(2011)的讨论,设定如下计量框架:

$$punish^*_{ijt} = \alpha_0 + \alpha_1 e_{it} + \alpha_2 e_{jt} + \alpha_3 p_{\min} + \alpha_4 p_{\max} + \alpha_5 punished^*_{it-1} + \alpha_6 punished_{it-1} + \alpha_7 punish\_num_{it-1} + \alpha_8 punish\_num_t + \alpha_9 \overline{con}_{it-1} + \alpha_{10} \max\{0, con_{jt} - con_{it}\} + \alpha_{11} \max\{0, con_{it} - con_{jt}\} + \alpha_{12} \max\{0, con_{jt} - \overline{con}_{jt}\} + \alpha_{13} \max\{0, \overline{con}_{jt} - con_{jt}\} + \alpha_{14} period + \mu_{ijt}$$

$$punish_{ijt} = 1$$

$$if$$

$$punish^*_{ijt} > 0$$

上述方程中所含变量的含义

表 5-22

变量	含义
e_{it}	受试者 i 的禀赋
e_{jt}	受试者 j 的禀赋
$p_{\min}$	受试者 j 在 t 期是否为该组内公共品贡献水平最低的个体,如果是取 1,不是取 0
$p_{\max}$	受试者 j 在第 t 期是否是改组内公共品贡献水平最高的个体,如果是,取值 1,如果不是取值 0
$punished_{it-1}$	受试者 i 在第 t-1 期被惩罚的总点数
$punish\_num_{it-1}$	受试者 i 第 t-1 期被同组几位受试者惩罚
$punish\_mum_t$	受试者 i 第 t-1 期被同组几位受试者惩罚
$\overline{con}_{it-1}$	受试者 i 在 t-1 期时所在组内的平均贡献水平
$\max\{0, con_{jt} - con_{it}\}$	在第 t 期中受试者 j 与受试者 i 的个体公共品供给点数的差异和零二者相比的较大值
$\max\{0, con_{it} - con_{jt}\}$	在第 t 期中受试者 i 与受试者 j 的个体公共品供给点数的差异和零二者相比的较大值
$\max\{0, con_{jt} - \overline{con}_{jt}\}$	在第 t 期中受试者 j 的个体公共品供给点数与所在组公共品贡献平均值的差异和零二者相比的较大值

$\max\{0, \overline{con}_{jt} - con_{jt}\}$		在第 t 期中所在组公共品贡献平均值与受试者 j 的个体公共品供给点数的差异和零二者相比的较大值
结果		是否惩罚决策分析（被解释变量：$punish_{ijt}$）

表 5-23

	Probit(经过边际处理)		Random effect probit	
		Std		Std
e_{it}	−0.0619646	0.0320953	−0.0617465	0.0320918
e_{jt}				
$p_{\min}$	−0.1183645	0.292864	−0.1193528	0.2935793
$p_{\max}$	0.006554	0.2328245	0.0072615	0.2334795
$punished_{it-1}$	−0.0845273		0.2270912	0.2267109
$punish\_num_{it-1}$				
$punish\_num_{t}$				
$\overline{con}_{it-1}$	0.0704892	0.0568614	0.0699031	0.0569425
$\max\{0, con_{jt} - con_{it}\}$	−0.0560453	0.0317576	−0.0549949	0.031798
$\max\{0, con_{it} - con_{jt}\}$	0.0060063	0.1307481	0.0063085	0.1305039
$\max\{0, con_{jt} - \overline{con}_{jt}\}$	−0.0786698	0.0397582	−0.0786661	0.0397644
$\max\{0, \overline{con}_{jt} - con_{jt}\}$	−0.0211233	0.0553458	−0.0218843	0.055507
period	−0.0066589	0.0242083	−0.0068511	0.0254331
_cons	−0.7043229	0.5278801	−0.6989761	0.53116
LR chi2(11) =	56.83			
Prob>chi2 =	0.0000			
Log likelihood =	−243.52305			
Pseudo R2 =	0.1045			
Wald chi2(11) =	20.17			
Log likelihood =	−243.49478		Prob>chi2 =	0.0431

由表 5-23 可知，对于这个实验局来说，probit 模型与随机效应 probit 模型相比没有太大差别，我们直接用经过边际效应处理的结果进行分析。进一步可知，自己的禀赋提高一个单位那么被惩罚的可能性会降低6.19%，不过由于其他系数并不显著，所以其系数的解释力也比较差。

总体来看，受试者做出惩罚的决定主要依赖于自身的禀赋水平，对方的禀赋水平，组内成员在公共品供给上的行为，以及这种行为与自身行为的差异。但是不同因素对于触发受试者做出惩罚的决定来说是不同的。

受试者选择惩罚力度的依据是自己供给水平与组内其他成员供给水平的善意，我们采用 Tan(2008)的模型来分析。

$$punish_{ijt} = \alpha_0 + \alpha_1 e_{it} + \alpha_2 e_{jt} + \alpha_3 p_{\min} + \alpha_4 p_{\max} + \alpha_5 punished^*_{it-1} +$$
$$\alpha_6 punished_{it-1} + \alpha_7 punish\_num_{it-1} + \alpha_8 punish\_num_t + \alpha_9 \overline{con}_{it-1} +$$
$$\alpha_{10} \max\{0, con_{jt} - con_{it}\} + \alpha_{11} \max\{0, con_{it} - con_{jt}\} + \alpha_{12} \max\{0, con_{jt} -$$

$\overline{con}_{jt}\} + \alpha_{13}\max\{0, \overline{con}_{jt} - con_{jt}\} + \alpha_{14} period + \mu_{ijt}$

这里由于被惩罚的点数是受限变量,所以采用 tobit 模型和随机效应 tobit 模型进行分析,不过由于 tobit 模型的估计过于不准确,这里只展示随机效应 tobit 模型的结果

表 5-24 Random effect tobi

		Std
e_{it}	−0.0041902	0.0052697
e_{jt}		
$p_{\min}$	0.0348277	0.0932353
$p_{\max}$	−0.1417668**	0.0743416
$punished_{it-1}$	1.453332	0.0429715
$punish\_num_{it-1}$		
$punish\_num_t$		
$\overline{con}_{it-1}$	−0.000404	0.0147267
$\max\{0, con_{jt} - con_{it}\}$	0.0071269	0.0162189
$\max\{0, con_{it} - con_{jt}\}$	0.0058949	0.0080365
$\max\{0, con_{jt} - \overline{con}_{jt}\}$	−0.000488	0.0090168
$\max\{0, \overline{con}_{jt} - con_{jt}\}$	0.0012219	0.0096991
period		
_cons	0.0481174	0.1760089
Wald chi2(9) =	1162.05	
Log likelihood =	−453.32954	Prob>chi2 = 0.0000

从结果中可以看出,组内其他成员的贡献水平越来越高的时候,受试者倾向于减少对贡献水平最高的成员的惩罚。总体而言,整个的结果比较符合不平等厌恶的结果,其中被试者的行为距离组内成员所定义的公平行为越远,受到的惩罚越大。

三、领导机制下公共品博弈实验结果

(一)公共品供给总体情况

结论 6—8 总体而言在同时博弈的情境下存在明显的期数效应,并且两个实验局的公共品供给总体情况展现出不同特征。同时也可以发现在序贯博弈的领导机制下,总体的贡献水平比在同时博弈的情况下要显著的变好。

表 5-25 领导者机制下公共品供给情况

	1	2	3	4	5	6	7	8	9	10
同时博弈	9.95	9.58	7.56	6.3	6.77	6.05	4.51	4.18	3.38	3.61
序贯博弈	14.33	8.27	9.9	11.14	9.66	8.36	9.1	7.57	9.29	8.12

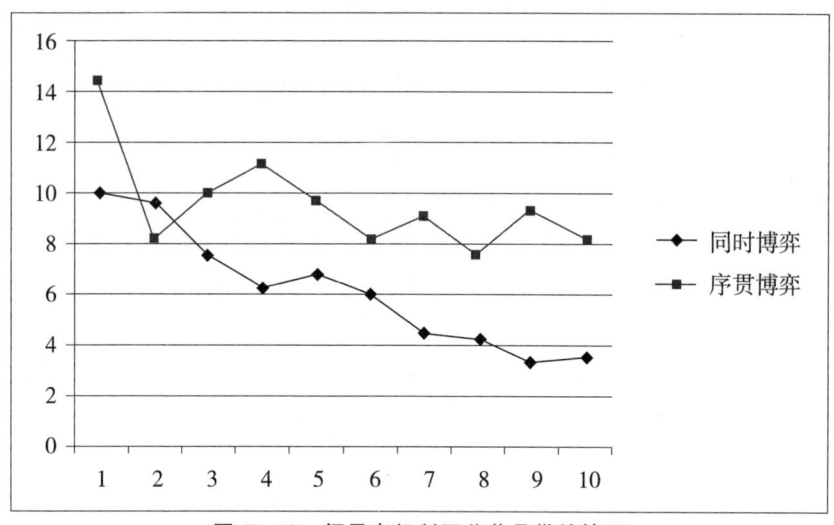

图 5-10 领导者机制下公共品供给情况

我们所进行的这两个实验局,只是在实验设置中略有参数不同,一个实验局是要求组内两个成员同时进行决策,而另一个实验局是要求组内两个成员先后进行决策。所以我们可以对这两个实验局的实验结果进行对比。我们对这两个贡献水平进 Wilcoxon 非参检验,我们可以发现 $Z=2.701,P=0.007$,可见在序贯博弈的情形下,总体的贡献水平比同时博弈要显著的好。

(二)公共品供给个体情况

结论 6—9　领导机制确实能促进追随者的公共品供给水平。

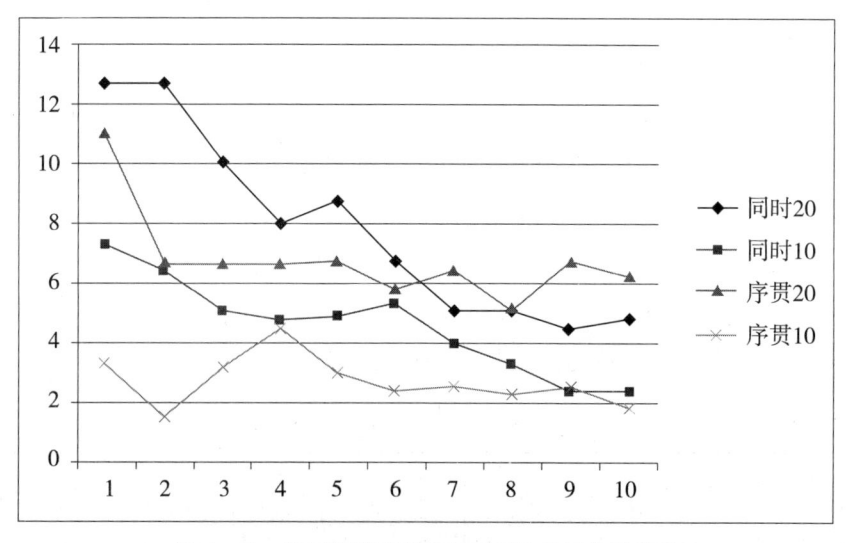

图 5-11　不同禀赋下领导者机制公共品供给情况

表 5-26 不同禀赋下领导者机制公共品供给情况

	1	2	3	4	5	6	7	8	9	10
同时 20	12.6	12.67	10.07	7.93	8.67	6.73	5.03	5.07	4.43	4.87
同时 10	7.3	6.5	5.07	4.67	4.87	5.36	4	3.3	2.33	2.37
序贯 20	11.03	6.7	6.73	6.68	6.76	5.93	6.47	5.2	6.76	6.26
序贯 10	3.3	1.57	3.17	4.46	2.9	2.43	2.63	2.37	2.53	1.86

由于在这两个实验局中都设置了禀赋不平等的条件,同时在序贯实验局中,我们设定了禀赋多的一方为领导者,禀赋少的一方为追随者。

表 5-27 不同禀赋下领导者机制公共品供给的 Wilcoxon 符号秩检验

	同时博弈禀赋为10—同时博弈禀赋为20	同时博弈禀赋为10—序贯博弈禀赋为20	同时博弈禀赋为20—序贯博弈禀赋为20	同时博弈禀赋为10—序贯博弈禀赋为10	序贯博弈禀赋为10—同时博弈禀赋为20	序贯博弈禀赋为20—序贯博弈禀赋为10
Z	−2.803a	−2.803b	−0.968b	−2.701a	−2.803a	−2.803a
P	0.005	0.005	0.333	0.007	0.005	0.005

a.基于负秩,b.基于正秩。

事实上在高禀赋条件下,无论哪种机制都能能使得其贡献水平高于在低禀赋条件下的贡献水平,但是领导机制并不能使高禀赋的受试者的公共品供给水平高于在无领导机制下的高禀赋的受试者的公共品供给水平,不过领导机制可以是低禀赋的受试者的公共品供给水平高于在无领导机制下的高禀赋的受试者的公共品供给水平。

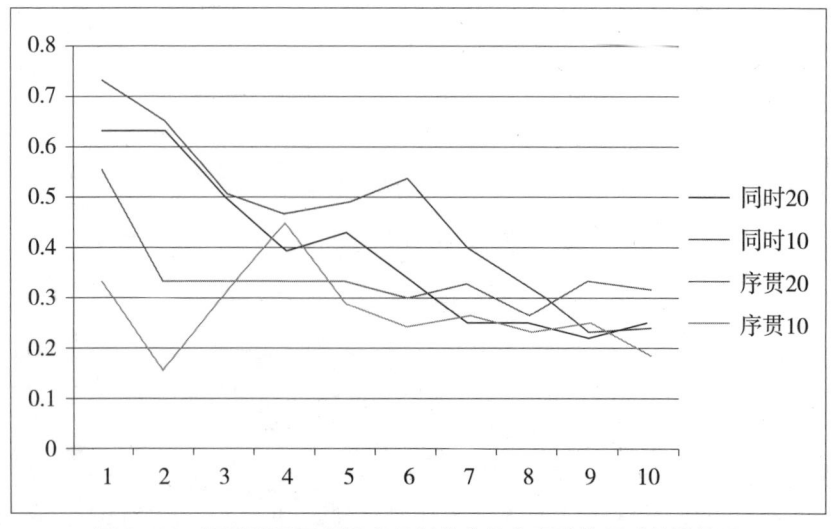

图 5-12 不同禀赋下领导者机制公共品占禀赋的相对供给情况

表 5-28　公共品供给占禀赋的相对水平

同时 20	0.63	0.6335	0.5035	0.3965	0.4335	0.3365	0.2515	0.2535	0.2215	0
同时 10	0.73	0.65	0.507	0.467	0.487	0.536	0.4	0.33	0.233	0
序贯 20	0.5515	0.335	0.3365	0.334	0.338	0.2965	0.3235	0.26	0.338	0
序贯 10	0.33	0.157	0.317	0.446	0.29	0.243	0.263	0.237	0.253	0

表 5-29　不同禀赋下领导者机制公共品供给相对水平的 Wilcoxon 符号秩检验

	同时博弈禀赋为10—同时博弈禀赋为20	同时博弈禀赋为10—序贯博弈禀赋为20	同时博弈禀赋为20—序贯博弈禀赋为20	同时博弈禀赋为10—序贯博弈禀赋为10	序贯博弈禀赋为10—同时博弈禀赋为20	序贯博弈禀赋为20—序贯博弈禀赋为10
Z	-2.599a	-2.191b	-0.968b	-2.701b	-2.701b	-2.090a
P	0.009	0.028	0.333	0.007	0.047	0.037

a. 基于负秩，b. 基于正秩。

同样，我们发现领导机制可以是低禀赋的受试者的公共品供给相对水平高于在无领导机制下的高禀赋的受试者的公共品供给相对水平。

结论 6—10　跟随者会根据领导者的行为调整他们的行为。

从总体上看我们可以看出跟随者并不会根据领导者的供给水平调整他们的行为。领导者与跟随者的供给水平的时间轨迹实验中并不一致，其供给绝对水平的 Pearson 相关系数为 0.321，并不显著，也就是说领导者与跟随者的供给水平并不显著正相关。事实上从实验数据可以看出在整个实验过程中，跟随者并不会根据领导者的行为调整他们的行为，这表明领导机制在整个实验过程中并不完全起作用。不过我们检验了后五期的实验数据，发现其供给绝对水平的 Pearson 相关系数的显著水平为 0.89，这表明在实验后半段，领导机制发挥作用，跟随者会根据领导者的行为调整他们的行为。这可能是由于实验过程中存在学习效应，被试者需要一定的时间来学习适应整个决策过程。

四、实验科学性分析

经济实验的优势在于能够对于经济环境和市场机制进行控制。在两个被比照的实验设置之间，研究人员只需调整实验设置中的要研究的参数变量，在完全受控的实验室环境下就能够摒弃掉其他未知因素的干扰。但是如果受控条件被干扰，有可能使得影响参数变动的因素变得更为复杂，使得整个实验结果变得无用。

所以需求效应是实验设计中需要注意避免的问题。需求效应是指实验参与者对实验研究人员的意图进行主动迎合，而对实验过程和结果造成的干扰。实验参与者在参与实验时会对实验目的和实验研究人员的希望有各种猜测,由于这种主动迎合的行为使得实验研究人员无法厘清被试者决策的依据,使得整个实验结果可能失效,我们可以通过设置更多选项,使得被试者的需求效应显露出来,从而被剔除掉,比如在共有价值拍卖的问题上很多实验参与者由于出价高于拍卖品的真实价值而产生亏损,在亏损的情况下这些实验参与者仍然参与竞价而不是选择退出市场,这一现象随着实验参与者的经验增加有所缓解,但并没有消失,Cox,Dinkin 和 Smith(2001)试图回答这种过度参与的现象能被需求效应所揭示;实验参与者主观认为实验人员希望他们参与市场活动,为了配合实验人员,尽管亏损实验参与者仍然参与竞价。在他们的实验设计中,实验参与者可以在两个市场中进行选择:他们可以既选择共有价值拍卖市场,也可以加入安全市场,在安全市场中,实验参与者将被保证得到正收入,而具体收入高低则服从某种特定分布。由于安全市场的存在,实验参与者处于配合实验人员的考虑而对市场活动的参与完全可以体现在安全市场上。实验结果表明,在存在安全市场的情况下,配合的实验参与者继续参与共有价值拍卖市场竞价的信息大幅度减少,这说明需求效应至少能部分解释以往的共有价值拍卖实验中实验参加者的过度参与现象。

框架效应,这种与研究问题无关的实验参与者的个人偏好对实验结果的影响也是实验设计者需要避免的。卡尼曼和特沃斯基(1972)发现人们对一个备择方案或者风险方案的二择一决策会受到语言表述方式的影响,他们把这种由于描述方式的改变而导致选择偏好发生改变的现象称之为框架效应。克服这种不利影响的主要办法就是在实验说明中采用中性的词语。在我们的实验说明中,我们没有设置一个特定的公共品博弈情景,而是采用了非常中性和客观的语言进行描述,同时避免用到"合作"、"非合作"、"卸责"等主观色彩较浓的表达方式,而是用"投资水平"等客观语言进行代替,尽量避免"框架效应"的形成。

同时还应该避免财富效应。财富效应的产生主要是由于禀赋效应的作用,禀赋效应是指所有权对实验参与者的估价过程产生影响。一般人们不愿意放弃现状下的资产,而偏好坚持他们已有的东西不愿意与别人进行交易。这就意味着在实际报酬支付过程采取何种支付方式是很重要的,特别是在多期的经济实验研究中通常有两类方式,一种是可以通过累积各期的收益总和然后给予报酬,另一种则是通过在实验结束之后,随机地选择其中的一期作为受试的报酬。对于第一种支付方式就有可能对实验参与者的决策行为产生影响使得参与者的各期之间的决策是存在关联的,这是违背实验设计初衷的,而随机选择使得各期之间的决策行为相互独立,这才符合实验设计中各期决策设计的目的。

顺序效应。有时候实验常常包含不同阶段,如果总是按照相同顺序做,可能这些阶段之间的任何区别是由于实验顺序所决定的,为了解决这个问题,可以通过随机顺序进行实验或者在分析中加入一个顺序虚拟变量进行控制。同时为了保证对实验进程的控制,在经济学实验中不能欺骗实验参与者。经济学实验不同于心理学实验,这其中最大的差别在于经济学实验要符合价值诱导原则,必须使得被试者的决策行为与最后的价值挂钩。如果研究人员在实验过程中欺骗实验参与者,一旦发现,将会失去实验参与者的信任,一旦对实验说明,实验过程失去信心,那么实验参与者对实验参与者的决策和物质回报也失去信任,这就使得实验中实验参与者的决策与物质回报失去关联,实验就失去了控制。欺骗本身总会露馅,实验参与者也往往在这时候跟其他人交流时发现真相,这会影响其他人参与实验时的行为。

第五节 本章小结

经济学实验室实验的可复制性和可控制性特性决定其在对比不同机制之间的差异有着天然的优势,本章的实验背景是全球气候变化与减排,将气候保护视为公共品,设计三个实验局(treatment):一个为基本实验局,一个为不同禀赋下的实验局,另一个实验局为不同脆弱指数下的实验局,包含七组实验。实验结果表明外生惩罚机制能够显著提高公共品供给水平,同时领导机制发挥作用,跟随者会根据领导者的行为调整他们的行为,主要结论也基本符合大多数实验经济学研究领域文献的结论。

实验的组织实施和结果数据处理是细致而又烦琐的工作,因而,专用而有效的实验系统是必不可少的,如 z-tree 等;也可以根据研究问题的需要直接分类地对实验结果数据进行统计分析和提炼,这就能够采用一些通用的统计和计量实证软件进行。然而,还需要注意实验的科学性问题,如实验经济学的内部有效性与外部有效性之间的一致性问题也是学科争论的焦点之一,两者是否可皆得,这需要实验设计与实施过程中对可能存在各种影响实验结果的因素进行关联分析,基于以前学者在实验经济学方面的努力实践,在本章介绍的我们的实验中也在积极地避免相应的不一致等"负效应"的产生。

第六章 应用案例

源于实践,用于实践,提升理论,同时实验方法自身也在经受检验。虽然实验研究方法要比纯理论研究要更接地气、更有实际意义,但最终的、最权威的检验还是实践,将用实验方法研究合作行为的理论发现还原和应用于分析解决实际问题,是对这类方法正确性、有效性的最好检验。本章将运用前述实验经济学与博弈论的相关研究等针对在乡村公路、水资源管理等公共品的应用中加以说明和检验,并在最后一节详细讨论分析一个公共品自愿供给实验,将交流机制引入双重公共品博弈中,研究其对公共品自愿供给的影响。

第一节 乡村公路建设

市场机制失灵于公共品资源的有效配置,与此相关的一系列问题是现代管理学和经济学理论与实践发展中的难题和关注焦点。虽然从公共品供给角度,无论是政府还是私人生产者提供,有限主体情况下实现公共品供求均衡的不可能性定理等(Ledyard,1987;Tian,2000)似乎给出了某种定论,但如何设计一种激励机制,充分调动与公共品利益相关的参与者的积极性,提高资源配置效率,对此类问题的关注和努力从未间断。本节内容由民间组织兴建和营运公路的有效做法中受到启发,从对消费者效用函数的分析构建中进一步认识公共品的特性,揭示公共品市场配置资源和管理低效率的根源在于,供求关系中行为和信息的不对称,用博弈论方法论证和选择均衡策略,探讨为提高公共品效用而设计的激励机制的基本特征,据此解释我国公共品短缺等现实问题的内在原因,提出相应的解决思路并阐发其所蕴涵的政策含义。

一、引例:民间自发兴建和营运乡村公路

有一篇文章谈到了依靠民间组织自发地兴建和营运乡村公路这方面的

一个案例。在我国农村的许多地方,修路一直是个大问题,也是基层政府向上争取项目提供的主要公共产品。时至今日,湖南大部分山区的交通不畅依然是阻碍当地社会经济发展的瓶颈,许多山村,如今仍没有一条像样的路,但平江县三墩乡的西江洞,却是另一番景象。

这个山村出山有一条长达约二十华里的公路,每年都要修缮一次,所以自清朝的乾隆年间起,村里就自发组织了一个路会。村民们凑了一担茶油(一百斤左右)作为修缮基金,全村除了鳏寡孤独之外,每户轮值一年。轮到谁家,谁家就负责组织全村的劳力出来修路(每户出一人),修完之后,当值的人家还要组织村里的长老进行检查。修路是分段包干,谁家修不好,既要曝光又须返工,无疑是极不光彩之事。检查合格之后,大家一起到当值的家里去吃一顿饭(一般都要吃点好的),饭由当值者提供。对于当值者来说,他所得到的好处就是可以免费享用一年那一担作为基金的茶油。在这一年期间,当值者可以自己享用,也可以用它来生利,但最后还是要凑足完整的一担,当值完了,就将茶油挑到下一家,如此周而复始。在这期间,几乎没有发生过有哪户人家拒绝当值的现象,因为如果出现这种情况的话,不光是会受到舆论的谴责,而且还有全村一起上他们家白吃一顿饭的物质惩罚,所以没有人承受得起。就这样年复一年,路会的活动从来没有间断过。无论是清政府、北洋军阀还是国民党政府都不干涉;新中国成立以后,虽然基层政权多有变化,政治运动不断,但路会的事却没有受到太多的干扰。原因很简单,政府出不起钱来修路,而这条山路一年不修,村里的人就出不了山(土路,每年都会因水毁等原因遭到破坏),而且这种路会又不存在什么其他背景,其本身与意识形态也没有什么抵触之处,所以路会就这么维持下来了。①

这一实际案例很小,自然会有它的局限性,但对我们考虑公用事业的兴建、维护和运营等问题却能给予不少的启发,就提高公共品的供给效率和消费效用而言,至少可从中总结出以下几方面的显著特征:

(1)公共受益。山路这一公共品本身确实符合全体村民的意愿,每户对修路都有良好的效用预期,从中受益肯定会大于付出的代价。村民们所凑的一担茶油是除直接参加修路(承担分摊成本)外的组织成本或每户都要适当交纳的担保金,这样既可从公共品中受益,又能从经营担保金中获利。

---

① 本案例详见张鸣,来自传统世界的资源,载于《读书》,2003 年第 1 期,pp146—152。更多的案例可参见:《村民自治下的中国农村公共产品的供给问题研究》,天村网(www.univillage.org/view/a249.htm),2003。

(2)机会公平。公众参与,共同出资,轮流当值,合理均摊。出山公路给每户带来的真实受益是不易衡量和不可能绝对平均的(规定每人一年内必须走几趟路而且只能走几趟路显然是荒唐可笑的),但此事却能符合激励机制设计中的个体理性(IR)与激励相容(IC)原则(Fudenberg 和 Tirole,1991),所以,广泛参与和共同管理是非常重要的基础。

(3)充足激励与有限惩罚。在这样的自发组织中,或许存在受益不均引起的一些摩擦,但一担茶油的经营收益全数归己能产生相当强的激励,以减少相对的不公平、缓解利益矛盾;而惩罚则以名誉损失和全村人的一顿饭为限。

另外,路会这一民间组织在实践中摸索形成的监督机制、发挥公有制作用的机制和信息机制等,也使我们受益匪浅。特别是,该案例能启发我们从消费效用的视角,研究解决公共品资源配置和提高管理效率问题。

二、构建基于公共品需求的消费效用函数

公共品生产的最终目的同样是要满足消费。无论是纯公共品还是准公共品,无论是私人供给还是由政府提供,其均衡实现都要由供求双方决定。因而,从对每个消费者的效用体现来认识公共品的本质属性,是对与公共品相关的资源配置效率问题进行理论分析的基本点。

(一)公共品基本特征

(1)公共受益。对公共品最直观的解释是多一人受益,并不减少他人受益,而纯公共品又同时具有非竞争性和非排他性,意味着每一个人都无权限制他人从中受益。

(2)正外部性。局部较多地承担成本增加了整体收益,并且公共品公众消费的边际效用非递减,其效用价值是规模递增的。

用形式化语言概括出公共品的本质属性,可表示为:

定义 6—1 在一给定的经济中,N 为消费者集合,定义在 N 上的集合函数 u_i 是消费者 i 关于事物 x_0 的效用函数。任给包含 i(i=1,2,…,N)的两个子集 S_1 和 S_2,$S_1 \subseteq N$,$S_2 \subseteq N$,且 $S_1 \neq S_2$。如果 $u_i(x_0, S_1) = u_i(x_0, S_2)$,则 x_0 是公共品。

理论研究揭示出市场机制在公共品提供方面与私人产品相比的低效率,所提出的政府干预、界定产权、订立合同等思路都是从公共品供给角度,这只是一个方面而并非是问题的要害和实质,难以从根本上解决。分析其原因,主要是由于公共品的本质属性决定了其提供者的收益与受益者规模

无关。从实践中看,由于个体理性和集体(社会)理性不一致、免费搭车等外部不经济存在所导致,造成公共品的提供者无法获得与其付出相应的收益,就不可能有足够的激励和动力,必然会使公共品供给不足和市场机制在公共品资源配置方面的低效率;而在理论层面则表现出经济学基本假设——理性人——的局限性,基于自然主义的完全理性更多地是与市场配置私人品的要求相符合,而公共品或许更强调自然属性与社会属性相结合、相互依赖的相关理性(王国成,2001);从生产关系方面来看,建立在私有制产权制度基础上的市场经济是不可能彻底解决此类问题的;而今借助博弈论的思想方法和模型工具分析每一利益主体的策略性行为,有望能更加明确地指出实现基础和途径;实践给我们的启示是:必须要有一定比例的、与公共收益程度对应协调的公共产权,这与对该项目的需求在社会经济活动中的影响和作用成正比。

原有的公共品提供的激励机制设计中所遵循的思路主要是致力于解决事前的逆向选择问题,而事后的道德风险往往会使公共品(甚至是更加)难以发挥预期作用,从而也是导致兴办公共品事项效率低下的一个重要原因。而且逆向选择和道德风险从个体利益来看,他们是密切联系的。每一主体不愿通报真实信息的原因既是出于免费搭车的动机,同时也是由于对公共品提供后的预期收益不高。因为物品的公共性,每一从中受益的个体不可能像对私有产品那样关注和保护、让其尽可能发挥应有作用。从路会案例中得到的启示,公共品提供(公共基础设施的兴建)、维护和运营等方面的损失和费用,可通过发挥公有部分(一担茶油)的作用等途径来弥补和增效,从而使公共品提供的总体效率不降低。这里面蕴涵着一个重要的思想和衡量标准,就是看公共品提供者是利用公有的一部分创造财富,还是借此侵占他人应得的利益,而公有制实践中的低效率则主要是源于后者。

(二)公共品消费的效用函数

克拉克—格鲁夫机制(Clark,1971;Groves,1973)在一定意义上解决了公众行为中的免费搭车(free rider)问题,我们对此作适当改进,构造出公共品的消费效用函数如下:

设存在某一经济包含 N 个消费者和 m+1 种消费品,并将市场上第 i 个消费者的消费组合记为 (x_0, x^i),相应的效用函数为 $U_i(x_0, x^i)$, i=1, 2, …, N。其中 x_0 代表公共品,$x_0=1$ 表示市场上提供公共品,$x_0=0$ 为不提供;$x^i=(x_1^i, x_2^i, \cdots, x_m^i)$ 为一般商品,相应的价格向量为 $p=(p_1, p_2, \cdots, p_m)$,并且市场上的一般商品(数量和价格)与是否存在公共品相互独立。

于是,由前述公共品的定义可知,对所有消费者 i,i=1,2,…,N,在预算约束 $M_i = p(x^i)^T$ 条件①下的效用函数都可表示为如下类型:

$$u_i(x_0, p, M_i) = U_i(x_0, d^i(x_0, p, M_i))$$

式中,d^i 为消费者 i 的需求函数,M_i 为总的可支配收入。如果不提供公共品,消费者 i 不必为此纳税或分摊成本,则将会把 M_i 全部用于购买一般商品。此时

$$u_i(0, p, M_i) = u_i(1, p, M_i - \phi_i(p, M_i)) \quad (6\text{-}1)$$

其中,$\phi_i(p, M_i)$ 表示公共品能给消费者 i 带来的真实享受(可货币化的),即不提供公共品时的总效用水平与提供时的总效用水平相符,这是在给定预算约束下的效用无差异关系。可将其表示成如下的基本形式:

$$u_i(x_0, p, M_i) = a_i x_0 + M_i \Theta_i(p) \quad (6\text{-}2)$$

其中,a_i 表示消费者 i 从公共品中的受益系数,$\Theta_i(p)$ 反映出 i 关于一般商品的消费倾向的私有信息,其相应于一定的价格水平。分别令 $x_0 = 0$,1,则得到:

$$u_i(0, p, M_i) = M_i \Theta_i(p); u_i(1, p, M_i - \phi_i(p, M_i)) = a_i + [M_i - \phi_i(p, M_i)] \Theta_i(p)$$

由(6-1)式所表示的等效用关系可知:

$$M_i \Theta_i(p) = a_i + [M_i - \phi_i(p, M_i)] \Theta_i(p)$$

由此可定义,私人真实价值 $V_i \triangleq \phi_i(p, M_i) = a_i / \Theta_i(p)$,并且与 M_i 无关。用 $\Theta_i(p)$ 去除(6-2)式右端,可得到另一形式的效用函数:

$$\tilde{u}_i(x_0, p, M_i) = V_i x_0 + M_i$$

当 $x_0 = 0$ 时,不存在公共品,为纯私人品经济;当 $x_0 = 1$ 时,每一消费者的效用取决于自我感觉中的对公共品的真实受益(私人信息),他人可能会部分地观察到但不易验证的信息。该效用函数将消费者对公共品的真实效用价值、市场上一般商品的价格、收入预算和偏好等有机联系起来,可作为博弈分析时局中人 i(消费者或行为主体)的收益函数,从而在效用体现意义上将消费者行为与公共品资源配置效率问题更直接地联系起来。于是,从根本上解决公共品效率及相关问题,关键在于每一受益主体在共同参与中能否如实通报私人信息。

---

① A^T 表示 A 的转置矩阵。

三、博弈机理分析和均衡策略选择

如何获得公共品效用的真实信息,是公用事业兴建和管理中普遍面临的基本问题。我们以上面构造的效用函数为基础,可展开对此类问题的博弈均衡分析。用 ω_i 表示消费者 i 关于公共品效用的信息显示,$t_i = t_i(\omega_i)$ 表示提供公共品的机构向 i 征集筹措的资金或税收,i=1,2,…,N。资金筹集方案应满足预算平衡,即 $\sum_{i \in N} t_i = TC$(TC 为提供公共品的总成本)或略大于之,具体操作时根据消费者的信息显示策略选择而定,征收原则和办法等是公共信息;而 $\omega_i = V_i - t_i$ 为每一局中人通报自己从公共品中所能享受到的好处(可货币化的净收益),具有私人信息的性质。

(一)通报真情均衡策略

为便于说明问题,假定 V_i 独立同分布[①](i=1,2,…,N)是公共知识,则每一局中人的策略集 $S_i = \{\omega_i^l, \omega_i^*, \omega_i^h\}$,$\omega_i^l$ 为低报净受益;ω_i^* 为通报真情;ω_i^h 为高报净受益。于是,在局中人选择相应策略后的效用函数为:

$$\tilde{u}_i(x_0, p, M_i) = \begin{cases} M_i & \sum_{j \in N} \omega_j < 0 \\ M_i + (V_i - t_i) + \sum_{j \neq i} \omega_j & \sum_{j \in N} \omega_j \geq 0 \end{cases}$$

即所通报的净受益之和为负时($\omega_i = \omega_i^l$),市场上不会有公共品提供,其效用值仅为 M_i;而当净受益之和非负($\omega_i = \omega_i^*$ 或 ω_i^h)时,局中人能多得的益处为:私人真实价值 V_i 减去以税收或其他方式分摊的成本,再加上其他局中人选择策略后所带来的受益之和(公共品具有正外部性)。此时,一个有趣的结论是:对每一局中人 i 来说,通报真情 $\omega_i^* = V_i - t_i$ 都是博弈均衡策略,i=1,2,…,N。这是因为,如果 $\sum_{i \in N} \omega_i \geq 0$,由等效用关系可知,局中人 i 的效用函数与 $\omega_j (j \neq i)$ 的如何选择无关,则市场上就会有公共品提供,从中受益者的效用函数满足:

$M_i + (V_i - t_i) + \sum_{j \neq i} \omega_j > M_i$,此即 $(V_i - t_i) + \sum_{j \neq i} \omega_j > 0$ 或 $(V_i - t_i) > -\sum_{j \neq i} \omega_j$。

然而若选择 $\omega_i = \omega_i^h > V_i - t_i$,虽然能享受到公共品提供的益处,但不是

---

① 可先讨论 V_i 服从 $[\underline{v}_i, \overline{v}_i]$ 上的均匀分布的情况,然后在探讨一般意义上 V_i 独立不同分布的情况。

明智之举。所以,只有 $\omega_i^* = V_i - t_i$ 才是最现实合理的[①],在其他人不改变策略的前提下,每一消费者都不存在单独改变策略选择的激励。

在上述村民自发组织修路的事例中,每户村民由出山公路获得的效用为:$V_i - t_i$ 为每户参与修路的直接净受益,$\sum_{j \neq i} \omega_j$ 表示分享因为修路使本村人的生活富裕安康、邻里和谐共处等正外部效应的作用。如果不当值或不认真修路,会受到相应的损失和惩罚,显然会更不合算;如果过多地投入,既没必要也不自愿;所以,无论是当值或完成分配的一段修路任务,每一户的均衡策略都是:"认真完成轮派任务"。

(二)公共产权与道德风险

低效率的主要原因在于公共品供求关系中的信息不对称,这不仅表现在事前行为中的逆向选择,而公共品提供后的维护、经营和消费中的道德风险,也存在严重的信息不对称,或许这还是造成低效率的最重要的原因之一。为防止道德风险所造成的效率损失,可利用占适当比例的公共产权部分创造价值(路会案例中具有公有制性质的一担茶油的经营收入),以调节、弥补和监督每个消费者的利益损失:经营收入归己所有,既能补偿组织协调成本,又能调节劳动分工不均;一旦验证有人未能通报真情或发现其通过道德风险造成了公共品提供的效率损失,就限制甚至取消其公共产权的受益部分。于是,在这种情况下,只要公共产权能给自己带来的益处大于实施道德风险将集体利益转化为个人利益的那部分,就可将道德风险控制在最低限度,这是每一行为主体的具有博弈均衡性质的理性选择,如此才能切实提高公共品提供和消费的效率。

四、基于需求的共同参与式管理机制的基本特征

为从公共品提供角度解决激励与信息效率等市场失灵问题而进行的机制设计,虽然纳什均衡意义上的可执行与如实通报真情的帕累托有效不会同时实现等一系列有关的不可能性定理似乎使理论研究一度处于尴尬局面(Tian,2000),然而,公共品对社会经济的影响是必然的和复杂的,是多方位和多层面的,直接从消费角度考察公共品利用中激励问题的思路或许会给人以柳暗花明之感。在上述研究论述中,更多地体现出当今社会经济活动

[①] 当然实际操作时难以如此恰到好处:一是在相当一般的情况下,对公共品所带来的好处不可能精确量化;二是可能会由于心理等非经济因素的作用,在通报真情最优策略的附近存在一定的弹性范围,导致在某(些)人钻空子低报净受益的情况下仍有公共品提供。

中基于需求的共同参与式的现代管理特征,因而,有必要从增加消费效用的角度,探讨提高公共品资源配置和管理效率的消费者理论并进行相应的激励机制设计。

(一)信号发送与机制设计

有关公共品消费者的受益状况不仅受自身是否通报真情的影响,同时也依赖其他人信息通报的真实程度,依赖于市场上信息披露的情况。发送信号是私有信息传递的主要方式之一,但信号本身并不是事实和证据,其能被观测到而难以确知。信号发送者选择发送方式和内容能够增进(甚至会损害)自身利益,信号接收者要付出一定代价才能获取和识别信号。通过设计激励机制,使信号尽可能反映真实,发送者通报真情能获得最大收益(注意信号发送成本),接收者能以最小的成本区分识别信号,实现博弈均衡。在公共品供求活动中,如何获得消费者关于公共品的真实效用,是设计激励机制以提高公共品资源配置效率的关键。

在机制设计和优化过程中,同样要遵循边际交易成本=边际收益的边际决定原则,在考虑组织成本时表现为,边际组织成本=通报真情时所增加的收益。由于事前的逆向选择和事后的道德风险降低了合约(机制)效率,所以在应用机制设计的思想和原则时要注意,克服逆向选择需要加大激励,防止道德风险要辅以适当的惩罚。实际中不可能设置无限次重复谈判(讨价还价)来实现博弈均衡的动态优化和均衡范围的扩大,因而需要经验性的关于对手底线的判定,这就是管理活动的艺术性的一面。如教育中的考试机制,分数是信号,学校设计机制保证分数尽可能地反映学习成绩和能力,在长期的办学实践中树立良好的社会形象;用人单位设计招聘机制根据学生学习成绩、文凭和学校声誉等信号甄别人才,在这样的机制激励下,学生会努力学习取得优异成绩以实现自身最优价值,学生、用人单位和学校通过合理发送信号和设计机制,达到动态博弈均衡。

(二)激励机制基本特征

从消费效用的角度看公共品的一个本质属性是:对每一个消费者而言,都只承担或分摊部分费用,而能同时享受到作为一个整体的公共品所提供的全部好处。由于公共品的整体不可分割性,不可能或不易分离出每一消费者的真实受益情况。因而,信息的私有性是公共品消费中的固有属性,激励机制的效率就取决于诱使消费者如实通报受益情况的程度。相应地要求公共品提供时所遵循的基本原则是:确保能使公众受益,而且尽可能公平受益。消费者理性行为的隐含前提是:每一利益主体的价值函数是单调递增,稳定有序的,而且其效用所服从的分布形态、变化范围是公共知识,要使公共品成为净收益增加的项目,具有帕累托改进的性质。

通过上面的讨论,我们把提高公共品消费效用的一系列做法概括为通报真情的激励机制,其主要特征有:公众参与、联合决策;自愿通报、信息披露;加大激励、适度惩罚;共有产权、轮流重复。广泛地调动与公共品关联的所有利益主体的积极性,使其自主、自愿地申报所得益处是有效激励最重要的基础;激励惩罚强度在具体量上的掌握是上不封顶,下要保底[①];通过轮回当值和周而复始的实施(重复博弈或再谈判),能使上一阶段博弈策略选择(签订合约)后的道德风险可转化为下一阶段博弈的逆向选择,而在事先得以有效控制。

还需要注意到,惩罚—监督—激励(随着理性程度的提高,作用和行为性质是与参与者或利益相关者的文明理性程度相应、并随之发生转变的,不存在通行和万能的模式);在公共设施建设中,实施中总税收(认捐总额)应稍大于所需建设成本(其程度取决于参与者的经济实力、承受能力、价值和道德观念与经济总体发展水平),多出来的部分可作为公共基金(前述案例中的一担茶油),既可应付突发事件,又可用来经营(兴建公益事业的一个解释性的例子见王国成、黄韬,1996)。在我国现实经济活动中尤其应注意淡化政治激励、变约束惩罚为激励推动,扩大激励效果与惩罚约束之间的相对距离空间。这属于增量调整的思想,是注重发展的政策取向。因为,激励效果主要是与奖励和惩罚的相对差距成正比,而不单是一方面的强度,对一般的理性行为主体而言,多采用奖励措施都会收到更加明显的激励效果。

虽然机制设计和实施的成本会随公众受益的规模的扩大而增加,但就每一个体而言,判断标准和行为准则却可相对稳定,仍然可取得总量上的良好预期,因而基于消费者效用的机制会具有更高的效率和稳定性。

五、现实问题分析

任何管理活动的效率都是相对于特定的条件而言的。在我国的社会经济环境中,历史依赖地形成了以公有制为主体、多种所有制经济共同发展的基本制度,这是必须要面对的客观事实。在此基础上本应具备更有利的条件和更有效的方法去克服在公共品事项方面表现出来的市场失灵等,然而,

---

① 因为加大激励能给予明确和积极的导向,而惩罚过度容易造成"伸头一刀,缩头也是一刀"的无可选择等抵触心理的负面影响,会降低实现均衡策略选择的可能性。

我国的公共品短缺和资源配置低效率等现象似乎更加严重,下面我们试图用上述理论观点来解释社会经济管理活动中存在的此类问题。

(一)信誉机制

诚信乃是为人之本,更是经商之道。市场经济是信誉经济,然而,信誉就是通报真情,是一种无形的公共品。我国历史上素以礼仪之邦、诚信为先著称,但现实经济中确实不乏一些缺德贪利之徒不讲信誉,骗取他人信任,谋取个人私利,造成整个社会信誉度降低,市场秩序混乱和资源配置效率损失,而且在信息不对称(不安全)的市场经济环境中,这种现象还会长期存在下去。究其原因,人们相互之间的信任感和对未来的预期信念已大大降低(一个社会健全的预期机制也是一种公共品)。近来人们越来越清醒地认识到重视良好信誉机制的建立对发展市场经济的重要性,但仅靠迫切的愿望和强烈的呼唤只能是收效甚微。在建立法人(条件许可情况下逐步扩展到自然人)信誉记录的基础上依法规范地披露有关信息,让人人都认识到诚实守信确能得到更多实惠,自觉维护信誉,并且敢于揭露和针砭不守信者(实际上形成良好的社会风气本身就是一种无形的激励机制)。确立积极向上、健康的主流价值观念,重塑信誉机制,弘扬正气、推崇善举、严惩劣行,给市场行为以正确导向,真正使诚实守信者有更广阔的发展途径和更多的发展机会,使坑蒙拐骗者的路越来越窄。

(二)发行银联卡

我国各商业银行联合发行通用的智能卡(简称银联卡),具有显著的公共品属性。各商业银行之间能够利用信息化手段,在办理金融业务时实现"一卡多用",无疑对持卡人和银行业的资源配置都大有裨益。现有技术条件、体制框架和管理水平等因素的影响固然很大,但"一卡通"后跨行结算造成的利益分配与先期投入和预期收益不对应之间的矛盾,成为实现银行智能卡通用过程中最大的阻碍之一。若从公共受益角度分析,各商业银行都是大的消费者,让其如实通报持卡客户数和电子货币业务规模等是发行银联卡、建设电子银行的关键,可尝试通过设计激励机制来实现。绝对公平根本不会存在,但通过使收益渠道和实现方式多元化,设立平等协商机构、轮流主持并赋予主持者适当的自主权,调动所有参与行的积极性,相应地先期投入较多的银行凭借信息优势更有可能获得较多的回报,可在一定程度上消除逆向选择和降低道德风险,缓解现实存在的不平衡和利益矛盾,足以产生激励推动银联卡的有效发行和实施。

六、结语

市场机制实现私人品的供求均衡和资源的有效配置,最根本的动力源于供给方和需求方在各自利益驱动下的共同努力。本节所探讨的公共品的效率问题,实际上有与此异曲同工之处:大家的事需要大家共同来解决,在调动所有参与者(利益相关者)的积极性的基础上进行合理组织,是从根本上解决公共品问题的有效途径。分析中所体现的基于需求的共同参与式管理理念和研究方法以及对实践经验的总结,这实际上是一种现代合作意识和思想观念,是经济活动中民主思想的实现机制。用这样的观点和方法深刻认识构建和谐社会、建设节约型社会的重大意义,在分析解决文化教育、科技发展、环境保护、维护市场秩序、基础设施和公用事业的兴建以及反腐败、保护知识产权等事情中,我们的目标和思路就会更清晰一些,所采取的政策措施就会收到更好的效果[1]。

第二节 天津市的水资源管理案例分析

一、天津市水资源管理历史

天津市位于海河流域的入海口,1949年水量十分丰沛。在新中国成立初期,天津市进行了行洪河道的大规模治理工作。通过对河道进行初步整修、改造以及对堤防的加固,使得天津城市区域抵御洪涝灾害的能力有所增强,初步缓解了天津市的洪水威胁和沥涝问题。在1965年至1973年的海河整治过程中,通过对骨干河道的整治,形成了海河流域泄洪的大框架,改变了干流集中泄洪的不利局面,较为完整的防洪体系得以初步建成。天津各区、县也在这一时期兴建了大量水利工程,疏通许多同骨干河道相关联的二级河道和排水渠系,加大对闸涵、泵站的建造,同时提高了农田的排沥能力。

进入20世纪80年代,天津市水利局开始开展综合经营管理。天津市

---

[1] 本节中案例和论证的副产品是,进一步表明了市场经济中公有制存在的必然性,更重要的是认识到发挥公有制优势的基本原则和运作方式:共同参与、公众获益、公平受益。还隐含着对政府或中介机构的定位和行为特征等方面的要求,如理智守信、公平公正、信息公开、廉洁高效等。

水利局所属的水库、闸所等工管单位开始进行综合经营,如利用水土资源经营种植业和养殖业,使用闲置厂房、设备进行小型修理和机械加工,为建立"加强经营管理,讲究经济效益"的工作方针奠定基础,推动综合经营发展。1981年1月1日,天津市水利局向海河下游管理局移交水利工程,有利于进一步理顺水利管理的有关事权。另外,20世纪80年代天津市水资源管理的另一大重要历史事件便是"引滦入津"工程。伴随经济快速发展和人口剧增,天津市的水资源短缺问题显得更为严重,加上海河上游的水坝修建和农田灌溉导致流入天津的水量显著减少,天津遭遇到极其严重的水荒,寻找稳定的新水源成为天津市的当务之急。"引滦入津"工程于1982年5月11日开工,途经河北省和天津市,从河北省迁西县的潘家口水库和大黑汀水库坝下引滦河水,全长234公里。1983年9月11日,"引滦入津"工程建成通水,使得天津人不再只能喝咸水,为天津城市用水提供了较为稳固的水源。29年来,"引滦入津"工程已累计为天津市安全输水205.34亿立方米,大大缓解天津市的水资源短缺问题。

二、"引滦入津"工程中的利益相关者分析

(一)"引滦入津"工程介绍

"引滦入津"工程引水的水源地为滦河水系的潘家口水库。滦河发源于河北省张家口地区的巴彦吐骨尔,流经内蒙古自治区的多伦地区,在乐亭县附近流入渤海,全长约885公里,全流域面积约44500平方公里。滦县站多年平均径流量为46.3亿立方米,潘家口多年平均径流量为24.5亿立方米,水量十分充足。引滦枢纽工程位于河北省迁西县境内的滦河干流,包括潘家口水利枢纽、大黑汀水利枢纽和引滦枢纽闸三个部分。潘家口水库下泄水经大黑汀水库反调节抬高水位后,送入引滦总干渠,经分水枢纽闸分别向唐山、天津供水。工程从河北省迁西县的潘家口水库和大黑汀水库坝下引滦河水,经河北省遵化和天津市蓟县、宝坻区、武清区、北郊区,南至天津市宜兴埠水源厂,全长234公里,主要包括输水隧洞12.39公里、黎河天然河道57.6公里、暗渠59.74公里、明渠64.2公里,以及2座水库和3大泵站(共10座泵站)。

在工程的经济和社会效益上,"引滦入津"工程为天津市提供了较为稳定的用水来源,是天津市得以维系和发展的重要物质保障。首先,工程的建成通水大大缓解了天津市的水资源短缺情况。在工程建设以前,天津市用水紧张局面十分严重,不仅造成部分工业企业的停产或减产,影响到农业生

产的正常进行,甚至还威胁到居民的日常生活用水保障。其次,"引滦入津"工程是天津市经济持续快速增长的重要物质保障。借助稳定可靠的水资源供给,各产业用水得到充足保证,有助于产品生产能力和产品质量水平的全面提高。与此同时,滨海新区和各工业园区的迅猛发展是天津市经济高速发展的重要动力,如果没有稳定的供水保障,是不可能吸引大量外来投资的。

(二)利益相关者

1.相关利益主体的识别

水资源综合管理中的利益相关者分析在理论上不断完善,实际中逐步形成有广泛应用价值的工作规程(包括主要工作内容、步骤和流程,相应的文档图标格式等),对各方面的利益相关主体的辨识归类是重要的基础性工作。在天津市水资源管理问题中,涉及的利益相关者(stakeholders)众多。为了方便后续问题的讨论,先对天津市水资源管理中的利益相关者进行简单识别。天津市水资源管理包括政府、居民、产业部门、其他有关利益主体等多类型、多层级群体,同样面临着城市和乡村的水资源开发、供应、保护、治理等多方面问题。此外,天津市还需要解决一些部分城市没有遇到的问题,如大河流域管理、大型调水项目和严重缺水问题等。因此,对天津市的分析不仅具有普遍适用性,还能够囊括一些水资源管理中存在的特殊问题,以适应不同城市分析的需要,这就使得对天津案例的分析可以较为稳妥地运用到多数中国城市中,为日后相关研究提供较好的借鉴作用与参考价值。表6-1列出天津市水资源管理中涉及的各主要利益相关者。

表6-1 利益相关者分类

一级主体	二级主体
政府	中央政府、海河流域管理委员会、天津市水务局(天津市引滦工程管理局)、天津市环保局、天津市建设管理委员会、涉及的各区县政府、水资源项目法人、供水公司、项目日常管理单位
居民	城镇居民(居民生活用水)、农村居民(农村生活、生产用水)、项目建设产生的移民
产业部门	第一产业、第二产业、第三产业
其他可能的利益主体	贷款银行、气象部门、地质部门、研究机构、非政府组织(NGOs)、媒体、其他部门等

利益相关者的一级主体包括政府、居民、产业部门和其他可能的利益主体。在政府部门,可以在二级主体层面划分为9个利益主体。在居民层面,细分为城镇居民(主要考虑居民生活用水问题)、农村居民(主要考虑农村的生活和生产用水)和项目建设中产生的移民。此外,产业部门按照三次产业

标准可以大致分为第一产业、第二产业和第三产业。对于上述三大类一级主体以外的利益相关者,都可以纳入其他可能的利益主体,其中可能包括贷款银行、气象部门、地质部门、研究机构、非政府组织(NGOs)、媒体、其他部门等。

2."引滦入津"工程中利益相关者

按照前文利益相关者的分类,"引滦入津"工程中将利益相关者主要划分为四大类一级主体,包括政府、居民、产业部门和其他可能的利益主体。对于每一类,还可以进一步细分为不同的二级主体,如表 6-2 所示,其中还列出各利益相关者的主要行为特征或利益变化。

表 6-2 利益相关者分类及特征

一级主体	二级主体	利益主体行为特征或利益变化
政府	中央政府	制定宏观的水资源管理政策、法律法规等。
	海河流域管理委员会	海河流域管理委员会是水利部的派出机构,执行对主要流域的管理,但是无权为水资源管理颁布具有约束力的法律。
	天津市水务局（天津市引滦工程管理局）	天津市水务局整合水利、供水、排水三大行业,统一优化配置全市水资源,实现全市涉水事务统一管理。
	天津市环保局	负责规划、实施、管理和控制环境污染和自然保护的各个方面。
	天津市建设管理委员会	2009 年 5 月 7 日天津市水务局成立后,天津市建设管理委员会城市供水职责整合划入水务局。
	涉及的各区县政府	影响包括经济、社会和环境方面。利益变化包括限制某些产业发展而产生的损失,水污染的治理成本,因水权转移而获得的收益,移民安置成本等。
	水资源项目法人	在建设期间,主体工程的项目法人对主体工程的质量、安全、进度、筹资和资金使用负总责。
	供水公司	承担市内配套工程的建设、运行管理,负责向用户供水。
	项目日常管理单位	承担水资源项目管理、勘测(包括勘察和测绘)设计、监理、施工等建设业务。
居民	城镇居民(居民生活用水)	水价提高使用水成本提高,但城镇居民航运、供水、防洪等状况得到改善。
	农村居民(农村生活、生产用水)	水价提高使用水成本提高,但农村居民生活、生产用水得到改善。
	项目建设产生的移民	水资源项目建设为需要迁移的居民带来物质和精神损失,但是补偿金及迁移带来的其他好处(如更好的就业和公共服务)有可能弥补损失。

续表

一级主体	二级主体	利益主体行为特征或利益变化
产业部门	第一产业	水资源项目可以使企业缓解用水压力,当然水价提高也会使生产成本提高,但最终整体经济效益也应该提高。
	第二产业	
	第三产业	
其他可能的利益主体	贷款银行	为水资源项目管理提供资金支持和约束。
	气象部门	提供相关技术支持。
	地质部门	提供相关技术支持。
	研究机构	提供相关技术支持、社会经济分析、项目评估和政策建议。
	非政府组织（NGOs）	关注环境、社会公平、移民安置等诸多问题,进行较为独立的第三方监督。
	媒体	发挥监督作用,促进各方信守诺言、加强合作。
	其他部门等	其他与水资源管理有关的利益相关者。

(1)政府部门。利益相关者的第一大类是政府。政府部门包括中央政府、流域管理机构、地方政府及相关机构。在政府部门,可以在二级主体层面划分为9个利益主体:中央政府、海河流域管理委员会、天津市水务局(天津市引滦工程管理局)、天津市环保局、天津市建设管理委员会、涉及各区县政府、水资源项目法人、供水公司和项目日常管理单位。

首先,所有政府部门都有各自的权利和义务,通常都要完成规定的职责任务,这一点是政府部门需要考虑的首要内容,对相应目标的完成情况直接影响到它们的效用函数。中央政府负责制定宏观的水资源管理政策、法律法规等,并对其他政府部门起到一定的约束作用。天津市政府在相对更为微观的层面具有比较类似的职能,同时管理市政府的有关部门和区县一级政府,而区县政府处理的问题则更加微观,需要直接处理其管辖区域内的许多具体事务。这些利益主体的效用函数在很多方面具有相近之处,如财政收入和支出、权力范围、居民和企业的满意程度以及社会和谐与社会稳定等。市政府和区县政府同样受到上级政府认可程度的影响,这也是它们效用函数中的重要组成部分。此外,对于下面将要分析的其他政府部门,都不同程度地受到来自上级部门评价与认可的影响,这一点在下面的分析中就不再赘述。在天津市,海河是流经该地区的一条大型河流,对天津市水资源管理具有相当大的影响作用。因此,天津市水资源管理中涉及的流域管理机构为海河流域管理委员会,这一部门是水利部的派出机构,执行对主要流域的管理,但是无权为水资源管理颁布具有约束力的法律。海河流域管理委员会的目标是协调各利益相关者,同时遵照中央政府的指示开展有关工作。

在市政府部门层面,主要涉及以下三个部门:①天津市水务局(天津市引滦工程管理局)是天津市人民政府的组成部门,全面负责水资源管理的各个方面,包括规划、实施、监督和执行,并同时整合水利、供水、排水三大行业,有助于实现全市涉水事务统一管理。同时,天津市水务局负责引滦工程及其他外调水源的输水和管理工作,还负责跨界河流的对外协调工作。②天津市环保局负责规划、实施、管理和控制环境污染与自然保护的各个方面,其职责一般包括管理计划和项目中的环境影响评价制度、固体垃圾管理和污染物排放许可。③天津市建设管理委员会(简称市建委)负责编制城市供水的发展规划,拟定有关法规和实施细则,并监督实施,同时负责城市供水的管理工作,并指导城市排水工作。不过,在2009年5月7日天津市水务局成立后,天津市建设管理委员会的城市供水职责整合划入水务局。鉴于职责范围,天津市水务局和天津市环保局需要更多地关注人与自然之间的和谐关系。

此外,天津市水资源管理中的利益相关者还包括各区县政府。天津市水资源项目对涉及的区县政府的影响是综合性的,对地方政府提出了严峻的考验。这种影响包括经济、社会和环境方面,利益变化包括限制某些产业发展而产生的损失、水污染的治理成本、因水权转移而获得的收益、移民安置成本等。水资源项目法人是工程建设和运营的责任主体。在建设期间,主体工程的项目法人对主体工程的质量、安全、进度、筹资和资金使用负总责,其主要任务是:依据国家相关的法律、法规、政策、措施和决定,负责组织编制单项工程初步设计,负责落实主体工程建设计划和资金,对主体工程质量、安全、进度和资金等进行管理,为工程建成后的运行管理提供条件,协调工程建设的外部关系。另外一个利益相关者是供水公司,它们的私营化水平逐步提高,不过由于许多供水公司仍然由政府部门管理或属于国有企业,且公共事业特征明显,在分析中将其纳入到政府部门中。供水公司承担市内配套工程的建设、运行管理,并负责向用户供水,同时通过向用户收取水费弥补费用支出,还可能得到地方政府的补贴。项目日常管理单位承担水资源项目的管理、勘测(包括勘察和测绘)设计、监理、施工等建设业务,应按照国家相关法律法规,通过招标方式择优选择使用,实行合同管理。在大型水资源项目中,国有企业占据主力,同时为方便归类,项目日常管理单位也可以被简单看作政府部门的一部分。

对于政府部门而言,若考虑比较效应式(2-5)中的$v_i(x,\theta_i)$是效用的主要影响因素,取决于"引滦入津"工程结果和它们各自的偏好类型。例如,中央政府可能赋予人民生活满意度和社会稳定以较高的权重,而地方政府则可能在看重这些问题的同时,还要关注工程对财政收入和财政支出的影响,以及中央政府对自己工作的评价。转移支付可能既包括不同政府部门间的转移支付和政府与居民和产业部门间的转移支付，也包括政府部门从一部分利益相关者手中征收的特定税收和罚金，如对项目设施破坏行为和环境污染行为的处罚等。

（2）居民。居民可以简单地划分为用水户和因水资源项目建设而需要搬迁的居民。其中，用水户又分为城镇居民和农村居民。尽管每一类型居民内部仍然可以进一步细分为很多类型（如根据家庭人均收入、年龄结构等），以更好地反映现实问题，不过为了分析方便，不再进行更深入的划分。

对于用水户而言，调水项目和水质优化项目等造成的水价上涨直接引发居民用水成本的提高，此外，政府还可能为水资源工程建设投入大量资金，一方面政府可能通过增加税收等财政收入加以弥补，另一方面还会减少其他方面的财政支出，影响居民的福利水平。但是，由于用水状况的改善，居民也可能获得收益，其中城镇居民可以从航运、供水、防洪等状况的改善中获益，农村居民则得益于生产、生活用水的稳定供应和用水质量改善。以"引滦入津"项目为例，天津市城市居民的用水质量得到显著提高，人们还可以更好地享受城市水域旁的美好风景和更多的城市绿地与街心花园，从中得到效用的提高；而农村居民在生活用水质量得到改善的同时，还可以更为安心地从事农业种植，稳定、高质的水源是农作物丰收的必要基础。与此同时，可靠的工业用水供应不仅保证了城市不同行业生产的正常运转，还在美好城市环境的共同作用下吸引大量外来投资，进一步促进不同产业和整个天津市经济的快速发展，这使得"引滦入津"工程在促进天津市产业发展的同时，还提高了当地政府的财政收入和居民就业水平，从而有助于居民福利的提高。

在进行居民分析时，需要特别注意比较效应的问题，这种效应对该类利益相关者的影响相对更为明显。对于比较效应的分析，因为需要确定不同利益相关者的比较效应函数，就要求对利益主体进一步细分，比如有的个体对转移支付数额的差异十分敏感，那么比较效应对他们的效用函数变化就会极其明显；而有些个体则不是那么重视公平性的差异，那么对他们进行模型分析时就会采取不同的形式。因此，在实证分析中需要引入更多方法对问题进行处理，例如对利益相关者进行的实验、特定的一套专门用于比较效应研究的调查问卷系统等。这些方法有助于发现不同类型的利益相关者，以及不同类别居民在特定区域中的比例。在所有居民中，迁移居民的比较效应是最为明显的。他们对不公平极其敏感，当不公平现象较为严重时，人们就会更倾向于提出更高的补偿要求。一方面，这不仅降低了这些居民的效用水平（在同等数额的补偿下，他们的满意度出现下降），还会增加整个工程的补偿款支出,这就可能使项目收不抵支,计划最终难以实现。另一方面,如果不公平问题的处理措施不够得当,甚至有可能引发社会问题和利益相关者之间的严重冲突,这完全违背项目建设的初衷。

(3)产业部门。在产业部门方面,可以粗略地划分为第一产业、第二产业和第三产业。由于天津市水资源稀缺,农业一般需要依赖于地下水或自行存储水,水源供应不稳定。随着天津市和河北省地下水的不断大量开采,地下水资源同样十分缺乏,而且还存在地面沉积等潜在危险。因而,一旦遇到降水量较低或出现降水时空分布严重不均的年份,农业生产就会受到严重影响。与此同时,城市生活供水也会处于短缺状态,不可能大量补给农村地区。如果能够建立稳定的供水系统,就可以帮助农业生产渡过难关。另外,农作物生长和土壤的可持续利用同样受到水质的影响,"引滦入津"工程的水质显著优于天津市的原有水源,这样也能够促进天津市农业的长期可持续发展。尽管农业生产成本可能由于较高的水价和一些水利设施的建设而出现提高,但是处于第一产业的利益相关者可以从可靠的水源供应和优良的水质中获得大量收益,其总体收益通常可以得到提高。

由于水资源匮乏,天津市的工业部门也会受到用水限制,尤其是在水荒发生时,一些生产企业不得不进行减产或停产,这种情况将会给企业带来巨大的经济损失。此外,水质也影响着不同行业的生产,如工业用水关系到工业产品质量,服务业的产品和服务质量也会受到不同程度的影响。因此,水资源项目尽管会通过水价上涨提高一定的生产成本,但是它也可以缓解各行业的用水压力,提高用水质量,最终整体经济效益通常能够得到提高。

产业部门的比较效应不像居民那样明显,它们更关注于产品生产流程和实现利润最大化,因而比较效应不会在效用函数中占据很大的份额。只是对于那些需要搬迁的企业,分析时需要考虑补偿的公平性,但是相对于居民而言,企业数量较少且相似程度较低,所引起的比较效应总体不会过于明显。此外,对于同一产业内部的不同行业,应该制定不同的水价标准,以考虑到不同行业的具体特点、用水节约理念和外部性等问题。

(4)其他可能的利益主体。对于其他相关的利益主体,可能包括贷款银行、气象部门、地质部门、研究机构、非政府组织(NGOs)、媒体和其他部门等,其中一些部门还会对水资源管理形成刚性约束。提供贷款的银行为水资源项目管理提供资金支持和约束,这是项目建设的关键,银行通过借贷获取利息收入,但是承担一定的管理成本和资金风险。气象和地质等部门能够提供相关技术支持,但是也会为项目建设形成一定约束,不符合气象、地质要求的工程不应该进行兴建。研究机构为水资源管理工作提供相关技术支持、社会经济分析、项目评估和政策建议,有助于项目的风险防控、成本节省和潜在利益冲突解决,推动水资源综合管理质量的全面提升。非政府组织(NGOs)关注环境、社会公平、移民安置等诸多问题,对水资源管理进行较为独立的第三方监督,有利于维护特定人群,尤其是弱势群体的利益,同时能够从更加独立的角度发现项目实施中的一些问题,往往对社会总福利的提升具有正向作用。媒体部门同样发挥监督作用,可以将不同利益主体的呼声公之于众,促进各方信守诺言、加强合作。

三、调查研究分析

在项目研究中,对天津市进行详细的调研、访谈和调查问卷等工作,由此获得一些关于天津市水资源管理和"引滦入津"工程的第一手资料,将在本节进行介绍。首先,介绍调查研究情况,将调查中收集到的一些重要信息汇总到文章中。此外,本节的重点在于对调查问卷的分析,涉及居民、企业和管理人员,将在这一部分阐述问卷主要结果及其可能带来的启示(调查问卷见附录二)。

(一)调查研究情况

首先,在水源情况上,天津市水源供给主要包括本地降水(地表水)、地下水、"引滦入津"水源、"引黄入津"水源、再生水和海水淡化水。其中,本地降水保障率较低,水质也相对较差,全部用于农业;地下水分布不均匀,只有在北部1000多平方公里的范围内有浅层地下水,主要供农业使用;深层地下水也有一定的开采,主要提供给农村生活用水,也有一部分用于农业和工业;"引滦入津"供水主要用于城市用水,包括外环线以内的334平方公里和滨海新区,基本能够保证城市的基本用水;"引黄入津"水源主要来自山东方向,通常情况下使用不多,只作为干旱情况下的应急水源;再生水和海水淡化水用量很少。2011年,天津市总供水量为23.1亿立方米。其中,地表水源供水量为16.77亿立方米,包含了引滦供水量6.25亿立方米和引黄供水量1.71亿立方米;地下水源供水量为5.82亿立方米,包含了深层地下水2.82亿立方米;其他水源供水量为0.51亿立方米,包括深度处理的再生水回用量0.23亿立方米和海水淡化量0.28亿立方米。其次,在用水方面,2011年天津市总用水量为23.1亿立方米。其中,生产用水18.4亿立方米(其中第一产业用水11.8亿立方米,第二产业用水5.26亿立方米,第三产业用水1.34亿立方米),居民生活用水3.57亿立方米(其中城镇居民生活用水2.57亿立方米,农村居民生活用水1亿立方米),生态环境用水1.13亿立方米(其中引滦向海河补水0.43亿立方米)。

在"引滦入津"工程效果方面,总体而言,1997年以前的效果较好,水量充足且水质不错,但是由于整个华北地区近些年出现干旱,现在的供水量已经有所降低,入库水量从先前的24亿立方米已经下降到最近的7亿多立方米。1997年以前还给蓟县、宝坻等地供应部分农业用水,但是缺水后就不再供应了,需要保证城市用水和电厂用水。在"引滦入津"工程的水质方面,这些年也开始出现问题。河北省承德水源地的污染明显,盘江口等水库中出现大量的养鱼活动,水源污染形势严峻。"引滦入津"工程目前是天津城市的唯一地表水源,是天津市的生命线,跨省市跨流域的水源保护问题是急需解决的。

(二)调查问卷分析

调查问卷旨在了解不同利益相关者对天津市水资源管理(主要是"引滦入津"工程)现状的看法,以便对天津市水资源管理的现状有更为深入的了解。调查问卷分为三种,分别针对居民、企业和管理人员进行设计(实际应用的调查问卷见附录二)。下面对三类问卷分别进行分析。

1. 居民调查

天津市水资源管理居民调查共收到有效问卷10份,调查问题总共可以归为8类,包括基本情况分析、社会公平发展分析、经济和产业发展分析、环境影响分析以及利益相关者分析。

(1)基本情况分析。被调查居民的家庭生活用水主要来源是自来水,占比为70%,此外还有分别20%和10%的家庭选择井水和河湖取水;对于家庭生产用水的主要来源,60%受访者放弃作答,表明其没有进行家庭生产工作,另有20%、10%和10%的居民选择井水、灌区输水及河湖取水。另外,在填写"家庭耕地林地面积"的居民中,66.7%选择1亩以下,33.3%选择1~5亩,没有选择10~30亩或30亩以上的。

对于"目前的用水问题(水质或者用水紧张)是否带来一些方面的疾病等问题",40%居民认为不好确定,30%受访者选择没有问题,另有30%居民认为有些问题,其关心重点主要是水质问题,同时没有居民选择问题很多,表明天津市供水情况尽管可能存在一定的水质问题,但是总体问题不大。当被问及居民和企业用水是否方便时,60%认为非常方便,10%选择一般,30%的被调查者对该问题不太清楚,没有人选择不方便或非常不方便,表明天津市用水总体上还是比较方便的。最后,针对"当地水资源是否构成发展过程中的重要因素或者限制因素"的问题,有大约10%的受访者没有答题,在答题居民中,分别有22.2%、33.3%、22.2%和22.2%的居民选择限制很多、有些限制、没有作用、非重要因素,表明有略多于半数的居民认识到水资源对天津市发展构成一定程度的限制。

(2) 社会公平发展分析。社会公平发展分析考虑到引滦入津工程对就业、城市化和地区及收入差距等方面的影响。在就业方面,对于"引滦入津工程调水后是否会扩大就业机会",10%的居民认为增加就业非常多,50%被调查者选择增加就业较多,还有30%和10%的居民分别选择了增加就业机会一般和基本没有增加,没有人认为就业有所减少,这表明从居民的角度看,引滦入津工程调水后扩大了天津市的就业机会。在城市化方面,10%的居民认为引滦入津工程对天津市城市程度的发展促进作用效果非常大,70%认为促进作用效果较大,20%选择促进作用效果一般,同时没有受访者选择基本没有促进和延缓发展,表明引滦入津工程对天津市城市化进程具有推动作用。在地区差距和收入差距方面,当被问及"实施引滦入津工程后是否会缩小当地的地区差距问题",分别有20%、10%、60%和10%的居民选择程度非常多、程度较大、一般程度缩小、基本没有变化,没有受访者选择有所扩大。对于"实施引滦入津工程后是否会缩小当地居民的收入差距问题",30%认为影响程度较大,50%选择一般程度缩小,20%同意基本没有变化,没有人认为影响程度非常大或有所扩大。从总体上看,引滦入津工程对缩小地区差距和收入差距起到一定的作用。

(3) 经济和产业发展分析。对于这方面问题的分析,进一步细分为经济发展分析和产业发展分析。

首先,经济发展分析:在引滦入津工程对天津市经济发展的促进方面,60%的居民认为作用很大,10%居民表示有些作用,20%选择作用一般,10%认为没有作用,而没有选择起延缓作用的。对于"实施引滦入津工程调水后是否会促进当地企业增加投资或者增加新的项目",选择增加很多、增加一些、基本不增加、减少一些投资和减少投资很多的居民占比分别为30%、20%、10%、30%和10%。综合来看,引滦入津工程还是有助于推进天津市的经济发展和投资增长。

其次,产业发展分析:从天津市整体产业结构上,居民普遍认为无论是短期(5年及以下)还是长期(5年以上),实施引滦入津工程调水后当地的产业结构会受到影响。在短期,选择影响非常大、影响较大、影响一般的受访者分别占到20%、30%、40%,而长期的比例分别为20%、20%、50%,都达到90%,此外还有居民选择基本没有影响或无法判断。此外,对于引滦入津工程促进当地产业的变化程度,有30%、40%、20%的被调查者分别选择变化非常大、变化较大和变化一般,只有10%的居民认为基本没有变化。在不同产业的增加情况上,50%居民同意第二产业比重会增加,高于第三产业的40%,此外还有20%的居民认为基本没有变化(由于出现多选,选择比例总和高于100%)。

在有关农业的问题上,没有受访者认为引滦入津工程对农业等灌溉区的促进发展非常大或延缓其发展,60%选择促进发展比较大,20%认为促进发展一般,另外的20%选择基本没有促进。在对工业的促进作用上,30%的居民认为促进发展非常大,50%选择促进发展比较大,还有各10%的被调查者选择促进发展一般和基本没有促进,没有人认为会延缓发展。对于实施引滦入津工程后当地农业等灌溉区的新水价,答题的居民中分别有11%、22%、56%和11%选择非常合理、一般合理、基本合理和不太合理,没有认为非常不合理的受访者。与此相对比,认为工业企业等用水企业价格非常合理和一般合理的比例都达到40%,还有20%的受访者选择不太合理和非常不合理。在具体水价上,居民普遍认为企业用水价格应该较高,如9—10元,而农业用水价格相对较低,而且选择的价格较为分散。

(4)环境影响分析。在日益引起人们关注的环境问题上,有4道题目提及这一方面。首先,相当数量的居民认为引滦入津工程促进与当地环境等的和谐发展,选择程度较大和促进程度一般的各占40%,20%选择基本没有变化,没有选择影响程度非常大和问题有所扩大的居民。当被问及"实施引滦入津工程后是否很好地考虑了生态环境的保护",选择保护程度非常大、程度较大、一般程度保护的居民分别占到10%、60%、20%,只有10%选择了基本没有变化,并且没有人认为问题有所扩大。在促进维持生态平衡方面,多数受访者认为促进程度非常大(10%)或促进程度较大(50%),其余被调查者分别选择一般程度保护(20%)、基本没有变化(10%)和问题有所扩大(10%)。最后,在引滦入津调水后环境改善的主要体现方面上,水质得到较好保持这一选项得到80%受访者的支持,此外还有促进农业发展(20%)、改善生态景观(20%)和地下水可以恢复(10%)分别得到一定程度的认可。总体而言,尽管还有许多改进空间,引滦入津工程中对环境问题的重视程度相对还是比较高的。

(5)利益相关者分析。由于中国的水管理体制和对利益相关者影响的实际状况,本项目研究中的利益相关者分析,将主要从信息透明、参与程度和信任程度三方面进行考察,这是协调各方利益主体、保障水综合管理项目顺利实施的重要基础和关键内容。

第一,信息透明:在居民对实施引滦入津工程的了解程度上,参与答题的居民中分别有20%、11%、33%、22%、11%选择非常了解、一般、无法确定、不了解和非常模糊。对于"您是否获得了充分的引滦入津项目的决策信息",选择比较充分的信息、部分的信息、较少的信息的被调查者分别达到33%、22%和44%,没有人选择非常充分的信息和非常少的信息。对于引滦入津项目决策过程的透明性,高达70%的受访者认为部分透明,选择高度透明、比较透明和不透明的居民各占10%。从结果上看,引滦入津工程具有一定的信息透明性,但是仍然需要很大程度的改善。

第二,参与程度:在被问到"您是否有机会参与引滦入津项目的决策过程"时,半数居民选择很少的机会(20%)和没有机会(30%),还有40%和10%选择较大的机会和一定的机会,没有人认为获得充分的机会。当遇到利益纠纷时,只有20%的被调查者认为具有非常充分的机会(10%)或比较充分的机会(10%)进行辩论和磋商,而绝大多数居民选择了一定的机会(40%)、机会很少(20%)和没有机会(20%)。由此看来,居民在项目中的参与程度普遍较低,这方面问题也是目前最需要加以解决的。

第三,信任程度:在信任程度方面,与刚刚参与该项目时相比,60%受访者对合作的信任有所增加,40%的居民保持不变,没有人选择大幅下降、下降和大幅增加。对于项目中各方能否建立信任,几项打分题目考察受访者对不同陈述的同意程度,分数随同意程度的提高而增加(1代表非常不同意,2代表不同意,3代表既不同意也不反对,4代表同意,5代表非常同意)。在6道题目中,3个题目的平均值恰好为3.0(包括项目中的各方总的来说履行了彼此间的协议;项目中的各方考虑其他相关者的利益;项目中各方不会利用其他相关者的贡献谋取自身的利益),1个题目的平均得分为3.2(项目中的各方会认为其他相关者的意图在原则上是善意的),2个题目的平均值为3.3(包括项目中的各方(在没有明显背叛证据的情况下)选择信任彼此;项目中的各方之间拥有良好的人际关系)。之所以被调查者普遍对这些问题持中立态度,可能同他们在项目中的参与程度较低有关,信任程度分析一方面表明项目中没有出现大量严重欺骗行为,另一方面也表现出信任程度分析对参与程度的依赖,需要今后进行更进一步的研究。

2. 企业调查

天津市水资源管理企业调查共收到有效问卷10份,调查问题总共可以归为5类,包括基本情况分析、经济和产业发展分析、环境影响分析以及利益相关者分析。

(1)基本情况分析。在被调查企业中,10%属于高耗水企业,50%企业的用水量属于中等,40%企业的用水较少。对于企业每月水费占企业支出情况,10%选择很低,50%为1%左右,30%在5%左右,没有企业选择5%~10%和10%以上。当被问及"您认为目前当地水资源是否构成发展过程中的重要因素或者限制因素",选择限制很多、有些限制、没有作用和非重要因素的企业占比分别达到10%、50%、30%和10%,表明在多数企业看来,水资源对天津市发展构成了一定的限制。

(2)经济和产业发展分析。对于经济和产业发展分析,进一步细分为对经济发展的分析和对产业发展的分析。

首先,经济发展:在调查中,50%的企业认为引滦入津工程对当地的经济发展有一些促进作用,还有40%认为作用一般,10%选择没有作用,没有选择作用很大和起延缓作用的企业。对"引滦入津工程调水能否促进当地企业增加投资或者增加新的项目",各有40%的受访企业选择增加一些和基本不增加,还有20%认为减少一些投资,没有选择增加很多和减少很多的企业。在就业方面,企业相对居民更为乐观,70%的企业认为引滦入津工程使企业雇佣当地人员的增加量非常多(20%)或较多(50%),还有20%选择增加就业机会一般,10%认为基本没有增加,没有企业认为有些减少。综合各项问题,企业总体认为引滦入津工程对天津市经济发展起到正向作用,尤其是对促进就业十分有效,但是也在一些题目的选择中出现一定的分歧。

其次,产业发展:从天津市整体产业结构上,企业普遍认为无论是短期(5年及以下)还是长期(5年以上),实施引滦入津工程调水后当地的产业结构都会受到影响。无论在短期或是长期,选择影响非常大、影响较大、影响一般的受访者比例都分别为10%、40%和40%,都达到90%,其余企业选择基本没有影响或无法判断。此外,对于引滦入津工程促进当地产业的变化程度,有30%、30%、20%、20%的被调查者分别选择变化非常大、变化较大、变化一般和基本没有变化。在不同产业的增加情况上,企业的选择同居民选择完全不同,没有任何企业同意第二产业比重会增加,而高达90%的被调查企业选择第三产业,此外还有10%认为基本没有变化。

在对工业的促进作用上,40%的企业选择促进发展比较大,还有50%和10%的被调查者选择促进发展一般和基本没有促进,没有认为促进发展非常大和会延缓发展的企业。对于实施引滦入津工程后当地工业企业等用水企业的新水价,企业中分别有10%、10%、40%、30%和10%选择非常合理、一般合理、基本合理、不太合理和非常不合理,满意程度低于居民对此的看法。

(3)环境影响分析。在环境影响方面,对于"实施引滦入津工程后是否会促进与当地环境等的和谐发展",30%企业认为促进程度较大,50%认为促进程度一般,还有20%选择基本没有变化,没有企业认为促进程度非常大和问题有所扩大。当被问及"实施引滦入津工程后是否很好地考虑了生态环境的保护",50%受访企业表示考虑程度较大,40%认为考虑程度一般,

10%选择基本没有变化,没有企业选择保护程度非常大和问题有所扩大。在促进维持生态平衡上,分别有20%、30%、40%和10%的企业认为引滦入津工程对这方面的促进程度非常大、程度较大、程度一般和基本没有变化,没有企业认为问题有所扩大。对于"引滦入津调水后对环境改善主要体现在哪些方面",60%认为是水质得到较好保持,30%选择促进农业发展,10%选择改善生态景观,没有企业支持地下水可以恢复这个选项。总体而言,企业认为引滦入津工程对天津市的环境保护有一定的促进作用,但是影响不是十分明显。

(4)利益相关者分析。第一、信息透明:多数企业认为项目的信息透明程度较高,分别有20%和40%的被调查企业认为自己非常充分和比较充分地获得了引滦入津项目的决策信息,其余的40%认为获得部分的信息,没有企业选择较少的信息或非常少的信息。对于"引滦入津项目决策过程是否透明",只有10%的受访者选择不太透明,而表示比较透明和部分透明的分别占到50%和40%,同时没有人选择高度透明或不透明。从结果中可以看到,在信息透明方面,企业相对于居民获得了更多的信息。

第二,参与程度:当被问及"您是否有机会参与引滦入津项目的决策过程",答案集中于较大的机会、一定的机会和很少的机会,各占到答题企业的约1/3,并且没有企业选择充分的机会和没有机会。在遇到利益纠纷时,90%的企业不同程度上获得了一定的机会进行辩论和磋商,分别选择非常充分的机会(10%)、比较充分的机会(30%)和一定的机会(50%),剩下的10%受访企业选择机会很少,而没有出现选择没有机会的情况。总体而言,企业的参与程度要略高于居民。

第三,信任程度:在信任程度方面,与刚刚参与该项目时相比,40%的受访企业对合作的信任程度保持不变,各有20%的企业选择下降和增加,没有选择大幅下降或大幅增加的企业。与居民问卷一样,对于项目中各方能否建立信任,同样设计了几项打分题目考察受访者对不同陈述的同意程度,分数随同意程度的提高而增加(1代表非常不同意,2代表不同意,3代表既不同意也不反对,4代表同意,5代表非常同意)。在6道题目中,3项题目的平均值为3.0[包括项目中的各方(在没有明显背叛证据的情况下)选择信任彼此;项目中的各方考虑其他相关者的利益;项目中的各方之间拥有良好的人际关系],还有两个题目的平均分数为3.2和3.3,分别为"项目中各方不会利用其他相关者的贡献谋取自身的利益"以及"项目中的各方会认为其他相关者的意图在原则上是善意的"。此外,对于"项目中的各方总的来说履行了彼此间的协议"这一陈述,平均得分仅为2.4,其中各有30%的企业表示非常不同意和不同意,看来协议履行中可能出现了一定的问题。对于其他问题,受访企业保持相对中立态度的原因,可能在于他们在项目中的参与程度并不是很高,同时没有遇到较好或较坏的合作情况。

3. 管理人员调查

关于天津市水资源管理的管理人员调查共收到有效问卷4份,调查问题总共可以归为4类,包括基本情况分析、水资源管理问题分析、利益相关者分析以及项目完成过程和结果分析。

(1)基本情况分析。在接受调查的管理人员中,包括了地方政府各部门和非营利组织等多方面的管理人员。在他们当中,既有刚刚参加工作几年的年轻管理人员,也有从20世纪80年代初就参与有关工作的、具有长期经验的管理人员。对于他们在水资源管理中的角色,包括了宏观层面的管理、水资源项目的管理、供水管理等,几乎涉及天津市水资源管理工作中的方方面面。此外,受访者以男性管理人员居多。

(2)水资源管理问题分析。对于"您认为天津市水资源管理中有哪些重要因素"这道多选题,几乎所有的管理人员都选择了建设项目和用水管理规划这两个选项,同时分别有大约75%和50%的受访者选择环境规划(如绿化面积等)和医疗健康规划,而选择福利规划和劳动力市场规划的管理者较少。在对天津市水资源管理的利益取舍和价值判断方面,考察管理人员对8个不同方面问题重要性的看法,分数随重要程度的提高而增加(1代表一点也不重要,2代表不重要,3代表一般,4代表重要,5代表非常重要)。这8个方面及其平均得分分别为公园和花园的绿化程度(4.0)、城市商业园区的开发(3.8)、基础设施(公路、铁路)(4.0)、大型购物和休闲中心(3.8)、供水安全(4.8)、水质(4.8)、居民区(4.0)、其他(3.7)。从中可以看出,管理者认为水资源管理中最为重要的方面是供水安全和水质,其次是公园和花园的绿化程度、基础设施(公路、铁路)还有居民区。

此外,调查还考虑了管理人员对天津水资源管理中三个方面问题的基本看法。问题考察管理人员对不同陈述的同意程度,分数随同意程度的提高而增加(1代表坚决不同意,2代表不同意,3代表既不同意也不反对,4代表同意,5代表坚决同意)。对于问题"在天津的用水管理中,直接解决当前的供水问题最重要",平均得分为4.5;对于问题"从长远来看,在天津的用水管理中,关注与环境相关的水资源问题比解决当前的供水问题更为重要",平均得分为2.8;对于问题"天津各政府部门需要协作解决当前的水问题",平均得分为4.0。结果表明,管理人员更加注重当前的供水问题,而对长远中与环境相关的水资源问题并不十分重视。此外,管理者还普遍同意天津市各政府部门需要协作解决当前的水问题。

(3)利益相关者分析。第一,关联程度;天津市水资源管理中所涉及的利益相关者众多,调查中的一项题目旨在了解管理人员认为哪些利益相关者与水资源管理的关联程度较高,分数随关联程度的提高而增加(1代表完全不相关,2代表不相关,3代表一般,4代表相关,5代表高度相关)。根据调查结果,根据相关程度由高到低排序分别为天津市水务局(天津市引滦工程管理局)(4.8)、水资源项目法人(4.8)、供(配)水公司(4.8)、中央政府(4.7)、海河流域管理委员会(4.5)、项目日常管理单位(4.5)、城镇居民(4.5)、天津市环保局(4.3)、所涉及的各区县政府(4.3)、天津市建设管理委员会(3.8)、产业(第一、二、三次产业)(3.8)、贷款银行(3.8)、农民(3.3)、气象部门(3.0)、地质部门(3.0)和其他利益相关者(3.0)。

第二,参与程度;用于分析利益相关者参与程度的三大类问题都属于对不同陈述同意程度的打分题,分数随同意程度的提高而增加(1代表坚决不同意,2代表不同意,3代表既不同意也不反对,4代表同意,5代表坚决同意)。第一类题目旨在了解水资源项目中利益相关者的参与程度和态度,包括四个问题。对于"所有的利益相关者都可以参与项目决策",平均得分为4.0;针对问题"在决策过程中,经常对利益相关者和非利益相关者披露项目进展情况(例如通过报告、信息发布会等)",平均分数为3.5;对于"当地政治因素对决策过程和最终的决策结果具有重要作用",平均得分为3.5;针对"当地政府广泛深入地参与了该项目的决策过程",平均得分为4.0。

第二类题目的目的也在于考察引滦入津项目中利益相关者的参与程度。各项问题及其平均得分分别为许多不同的利益相关者参与了本项目(3.7);在决策过程中,利益相关者获取了大量的项目信息(4.0);决策过程高度透明(3.5);利益相关者有充分的机会进行探讨和磋商(3.8)。前两类问题的调查结果表明,管理人员对于项目中利益相关者的参与程度评价相对偏于正向,明显高于居民和企业对参与程度的评价。

第三类题目旨在了解项目中各参与方的相互作用方式。首先,4道题目考察不同参与主体的参与程度,题目和结果为相关政府人员以有组织的谈判和磋商形式参与本项目(4.0);相关私人团体以有组织的谈判和磋商形式参与本项目(3.0);相关民间行动团体以有组织的谈判和磋商形式参与本项目(3.0);在项目的每一个阶段,都会开发新的参与方建立新的联系(2.7)。结果表明,政府部门的参与程度较高,而私人和民间团体的作用仍然不高。其次,对于不同方案与观点的引入,得分普遍较高:项目决策尽可能地纳入不同的看法(4.0);项目中十分注意交换不同观点(4.3);在信息收集中,注重不同信息的共同点(4.0);项目中注重引入能带来新想法和新方案的外部团体与个人(4.0)。再次,针对各方沟通和共同决策,各项问题的平均分数也比较高,具体问题和结果包括项目中有足够时间供各方沟通(4.3);项目是集体决策的,项目负责人会咨询项目的具体实施人员并且与他们共同决策(4.0);项目负责人会考虑各相关方和个人之间的关系基础以及发展变化过程(4.0);管理者会化解项目中出现的问题,拉近不同利益方的距离(4.3)。最后,4项题目考察项目中的合作与冲突解决,问题及其平均得分为项目工作组、指导组之间有具体明确的合作协议(4.3);在项目合作协议中有明确的冲突管理条例(4.0);在项目合作协议中,留有计划纠偏余地(4.0);在必要的情况下,项目参与方可以退出以保护他们的利益(3.3)。结果表明,对于合作协议与冲突解决,合作协议的制定普遍获得管理人员的认可,但是项目参与方不一定能够在必要的情况下选择退出以保护自身利益。

第三,信任程度:在信任程度方面,与刚刚参与该项目时相比,几乎所有的管理人员都认为各参与方之间的信任程度得到提高。与居民和企业问卷一样,被调查者需要对几道关于项目中各方能否建立信任的题目打分,分数随同意程度的提高而增加(1代表非常不同意,2代表不同意,3代表既不同意也不反对,4代表同意,5代表非常同意)。全部问题的平均分数都在4分以上,三道的分数为4.3(包括总体来说,项目中的各方履行了彼此间的协议、项目中的各方彼此信任、项目中的各方会顾及相互利益),其余三道的平均分数为4.0,这些题目是项目中的各方不会因自身利益而损害他方利益、项目中的各方原则上认为其他相关者的意图是善意的、项目中的各方人际关系融洽。调查结果显著表明,在管理人员看来,引滦入津项目中利益相关者的信任程度较高,普遍高于居民和企业水平。

(4)项目完成过程和结果分析。对于项目的完成过程和结果,包括15项对不同陈述的同意程度进行打分的题目,分数随同意程度的提高而增加(1代表坚决不同意,2代表不同意,3代表既不同意也不反对,4代表同意,5代表坚决同意)。其中有2道题目的得分极高,分别为"政界人士对于项目的结果具有举足轻重的作用"和"该项目有可靠的政治支持",分别得到4.7和4.5的平均分,表明项目可能在很大程度上还是由政府主导的。此外,"本项目得到了利益相关者的广泛支持"的平均分值也达到4.3,显示管理人员感受到来自利益相关者的广泛支持。

这些问题中得分最低的题目为"您是否见证过干扰项目进行的僵局"(3.3),看来项目进行的过程中可能没有过多来自利益相关者的较大干扰,但是这一问题也没有得到来自管理人员普遍的否认。另外,还有三道题目的得分在 3.5～3.8 之间，包括"在项目进行中，您认为冲突和意见分歧是否得到了充分地解决"，"您认为项目参与者是否适当充分地运用了现有的关于解决方案的不同观点和见解"，"您认为项目方案在未来是否是持久的解决办法"。

最后，其他题目的平均得分处于 4.0 左右，获得管理人员的普遍认可，这些问题包括：您认为在项目实施中是否产生了创新观点？您认为项目是否充分考虑了不同的问题？您认为总体来说项目参与者做出的贡献对于项目结果来说是否得到了认可？您认为项目方案是否真正解决了项目遇到的问题、您认为总体而言项目收益是否大于合作成本？您认为项目参与者是否对项目管理做出了实质性的贡献？您认为项目参与者在项目实施过程中是否经常保持接触？您认为项目结果是否会得到参与者的支持等。总体而言，管理人员对项目完成过程和结果还是持有较高的评价，不过意见并不是完全一致的，部分问题可能仍然需要加以改善，如应该更多地考虑并解决冲突和意见分歧，适当接纳不同观点和见解，同时更加注重持久的解决方法。

四、结语

本节将在总结研究重要结论的同时，为水资源管理提供相应的政策建议。首先，阐述天津市水资源管理的基本特点，总结天津市水资源管理的历史沿革，同时对当前天津市的水资源状况进行介绍，指出水资源短缺的严重情况和对水资源综合管理的迫切需要。其次，对于水资源管理中的利益相关者分析，研究首先对相关概念进行界定，介绍了水资源综合管理的含义以及利益相关者分析的重要所在。随后，对天津市水资源管理的特点及主要利益相关者进行初步识别。

本节还对中国天津市进行了详细的水资源管理案例分析，着重考察天津市水资源管理中的"引滦入津"工程，这一项目对天津市具有十分重要的意义，其中也涉及几乎所有与水资源管理相关的利益主体。通过对"引滦入津"项目的研究，充分阐明了天津市水资源管理的具体情况。建立在利益相关者识别和策略行为分析的基础上，还对项目中涉及的不同利益相关者进行具体分析。此外，介绍了天津市调查研究、访谈和问卷调查工作中获得的关于天津市水资源管理和"引滦入津"工程的第一手资料。调查问卷分析也是天津市水资源管理案例研究的重点，通过对三种调查问卷（分别针对居民、企业和管理人员）进行调查结果分析，研究对天津市水资源管理的情况有了更加深入的了解，并从中获得许多启示，为政策建议提供大量可靠依据。

通过对以上问题的深入分析和针对天津市水资源管理现状的大量调查研究，最后提供完善水资源综合管理的几方面政策建议：

1.完善水资源管理体制,提升综合管理水平。面对日益严重的水资源短缺和水资源污染问题,水资源管理体制的提升有助于解决大量与水资源紧密相关的现实问题。传统的水资源管理体制已经不再适应现实的需要,水资源综合管理的理念也逐渐成为世界各国水资源管理的发展方向。通过回顾全球水伙伴委员会(Global Water Partnership,2000)做出的定义(水资源综合管理是一个促进对于水资源、土地资源和其他相关资源进行协作发展与管理的过程,以求在不影响关键性生态系统可持续性的前提下,在一种公平的方式下最大化经济和社会福利),我们可以深切地感受到,水资源综合管理正是一个快速发展的、更加强调自然与社会和谐发展的大国所必须追寻的目标。因此,应该进一步完善水资源管理体制,争取早日实现符合水资源综合管理理念的管理机制。

2.注重利益相关者分析,充分发挥公众参与作用。在水资源综合管理中,利益相关者的介入、公众参与以及多利益主体分析都是管理工作中经常强调的重要组成部分。公众参与在公共事务决策中已经变得越来越重要,这一简单而不易达到的目标需要所有利益相关者能够参与到决策过程当中,并从项目中最终得到好处(至少不能因此变坏)。利益相关者的意愿和认同感不仅严重影响着项目建设和维护,从更广的层面看,这还会影响到整个的社会福利和社会稳定,是水资源有效管理乃至整个经济社会发展的必要条件。我们进行的调查研究表明,作为中国相对领先的水资源管理城市,天津市水资源管理中的公众参与已经得到来自部分利益相关者的基本肯定,但是公众参与程度仍然较低,需要改进的地方也依旧很多。

3.完善利益补偿机制,充分保障社会公平。伴随着经济总量的持续扩大,社会公平问题也正在引起人们越来越多的关注,这涉及社会经济发展中方方面面的问题,其中也包括水资源日常管理和水资源项目中的公平性问题。利益补偿模型中的比较效应分析表明,公平性不仅有利于项目的实施与推进,也是实现社会福利最大化所必需的。在水资源综合管理中,公平性是最基本的原则之一,如果不公平问题的处理措施不够得当,甚至有可能引发社会问题和利益相关者之间的严重冲突,这就完全违背了项目建设的初衷。所以,应该完善水资源项目中的利益补偿机制,充分保障社会公平。

4.加强环境保护,促进水资源可持续发展。正如上文所述,水资源管理的首要目标就是实现人与自然的和谐关系,这是使得项目能够在未来具有可持续性的基本原则。人类在经历长期发展后已经逐步意识到,自然是人类发展不可或缺的基础,任何大型项目的建设都应该考虑到对环境的影响。天津市的案例分析也表明,尽管政府部门中的许多管理者对环境问题高度重视,我们也十分感谢他们对改善当地环境所做出的不懈努力,但是从调查问卷结果看,项目建设和受访管理人员对环境保护和可持续发展的关注程度并非完全令人满意。虽然这受到许多现实因素的限制,但是我们依然需要更加努力地加强环境保护工作,这也是实现水资源可持续发展最为不可忽视的关键所在。

5. 完善监督与考核管理,建立区域间协作机制。完善的监督与考核管理机制是确保水资源管理工作有效完成的重要保障,也是解决许多关键问题(如公众参与、利益补偿、环境保护问题等)的根本途径。如何设计一套与中国现实相适应的水资源综合管理体制,将是未来重要的研究方向。此外,有效的区域间协作机制是水资源管理中必不可缺的。由于河湖流域通常涉及多个国家或地区,许多发达国家都已经加强了跨国家和跨地区的水资源流域管理工作。对于中国而言,这一问题亟待解决。无论下游地区如何加强环境保护,上游地区的污染通常是无法逆转的。这就需要在监督与考核管理机制的基础上,建立区域间协作机制,使得水资源综合管理能够在更广的范围中得到真正实现。

第三节 异质禀赋和公共品自愿供给

如第二章所述,公共品自愿供给是实验经济学最经典和最活跃的研究主题与应用领域之一,虽然已经取得了丰硕的成果,但是公共品实验仍然存在很多开放性的议题,本节即以双重公共品博弈为例,研究交流机制的引入对公共品供给的影响。

一、异质禀赋与交流

双重公共品博弈可以反映许多具体社会情境的典型特征。比如同一社会中不同收入阶层的基本公共服务均等化问题。基本公共服务[①]的范围超

[①] 布坎南从集体选择的角度提出了一个对于"公共服务"的实用的工具性定义:任何物品和服务,只要组织或社区中的人们决定通过公共部门来供给,其就可以称为"公共服务"。于是,这一定义下的"公共服务"可以包括从完全的私人物品到纯公共品之间的整个谱系中的任何物品,这可以反映《国家基本公共服务"十二五"规划》对"基本公共服务"的外延的定义。基于我们的分析目的,我们所理解的"基本公共服务"将遵循这一工具性定义。(参见 Buchanan, James, Public Finance in Democratic Process: Fiscal Institutions and Individual Choice, Chapel Hill: North Carolina University Press, 1967, p. 22.)

出了标准意义上的公共品,但其自愿供给的实质仍然可以通过双重公共品博弈来刻画。在同一社会中,高收入阶层和低收入阶层对于某些类别的基本公共服务的诉求在一定程度上可分别满足,但又相互联系。例如,居住环境的夜间"公共安全"是任何收入水平者都渴望的,假设人们分别聚居于同一街道上的两个临近社区,在各自的社区内安装更多的监控摄像头属于社区范围的局部公共品,其只能使得本社区成员受益,应由本社区成员供给;相反,增加警察在街道上的夜间巡逻班次却是全局公共品,应由两个社区的全体成员一起供给。由于警察巡逻有比监控摄像更广泛的正外部性,集中投资于全局品是两个社区的成员共同的最优选择,次优是每个社区的成员各自供给局部公共品,最差情况是不供给任何关于公共安全的公共品。与之类似,处于不同收入水平、职业、地理空间的人们对于"交通"、"教育"、"劳动就业"、"医疗计生"、"住房保障"等基本公共服务的具体诉求都既有异质的成分也有协调的面向,从而聚合成了相互矛盾又相互统一的公共品自愿供给单位。这意味着,公共服务的使用对象在禀赋和偏好上的异质性使得我们可以且应该通过双重公共品实验来加强对基本公共服务均等化实现途径的理解。

双重(double-levle)公共品博弈是多重(multi-level)公共品博弈的一个特例,反映了所谓的嵌套社会困境(nested social Dilemma)。典型的公共品实验所设计的囚徒困境都只有一重,所谓的双重公共品实验,就是在实验中设计了两重囚徒困境——局部(local)公共品和全局(global)公共品[①]——的博弈结构,其标准形式如下:整个社会共有 N 个人,被分入若干组(每个组可视为一个地区、一个部门或一个阶层)中,每组都有等量的 n 个人。假设个人 i 处于 A 组中,其初始禀赋为 E_i,局部公共品和全局公共品的供给量分别为 G_i^L 和 G_i^G。必然有 $0 \leqslant G_i^L \leqslant E_i$,$0 \leqslant G_i^G \leqslant E_i$,以及 $G_i^L + G_i^G \leqslant E_i$。实验受试者的个人收益为:

$$\pi_i = E_i - G_i^L - G_i^G + \alpha G^L + \beta G^G \tag{6-3}$$

其中,$G^L = \sum_{i \in A} G_i^L$,$G^G = \sum_{i=1}^{N} G_i^G$。嵌套社会困境的条件为 $N\beta > n\alpha > 1 > \alpha > \beta > 0$。局部公共品的供给成本为 $1-\alpha$,全局公共品的供给成本为 $1-\beta$。如果 $1-\alpha > 0$,则存在组内冲突;如果 $\alpha - \beta > 0$,则存在组间冲突。

按照公式(6-3)及其参数,双重公共品博弈的纳什均衡是所有人——无

---

① 全局公共品和局部公共品的差别可以视为基于人口的项目(population-based programme)和特别的设计(especially designed)。

论对于局部公共品还是全局公共品——都搭便车；局部（如 A 组）的财富最大化要求 A 组成员将全部禀赋都投向局部公共品，而在全局公共品上搭其他组的便车；而全局财富最大化则需要相关各方都将全部禀赋投入到全局公共品中。所以，从个人利益出发，双重公共品实验中的受试者的博弈均衡策略是把全部初始禀赋都保留在自己的私人品账户中；而从社会效率最大化的角度看，受试者应该把全部初始禀赋都投向全局公共品。

影响较大的一篇双重公共品实验的早期文献是布莱克威尔和麦基（2003），结果表明：只在局部公共品和全局公共品的边际单位投资回报（marginal per capita return，简称 MPCR）之和相等时，对于局部公共品的供给会超过全局公共品；而在常态下，潜在的更高收益率会诱使受试者供给全局公共品，从而局部公共品的供给低于全局公共品。费尔纳和加布里（2008）进行了一个类似的同质禀赋下的实验，文中对实验参数的设定成为了后续研究的模板，实验结果则与布莱克威尔和麦基（2003）相似。文中发现，由于全局公共品供给水平只是略大于局部公共品供给水平，从而限制了合作效率。

那么在收入异质条件下，何种机制可以被用来改善公共品的供给效率？对这一问题的回答可以从标准公共品实验中获得启发。大量的综述性研究已经发现，"惩罚"和"交流"这两种机制可以最有效地提高公共品博弈的合作水平。惩罚是一种匿名的事后机制，交流则是一种非匿名的事前机制。

公共品领域对惩罚机制的研究以费尔和盖希特（2000）为起点。通过引入有代价的惩罚这一制度变量，实验证明人的行为会受到公平感的影响，受试者愿意牺牲自己的利益对搭便车者进行惩罚。为了回答为什么人们会牺牲自己的利益去惩罚搭便车者，与神经科学相配合的实验已证明了惩罚行为存在自我激励的神经基础。但惩罚机制的稳健性受到了更多晚近文献的挑战。尼克弗瑞基斯和诺曼（2008）研究了惩罚效力的设定是否会影响惩罚的效果。实验表明，仅当惩罚效力至少为一比三（惩罚实施者付出 n 点代币会导致被惩罚者损失 3n 点代币）时，社会总财富才有显著增加。尼克弗瑞基斯和诺曼（2008）还发现引入即时报复性惩罚（counter-punishment）[①]机制会破坏惩罚机制的效果，且由于惩罚和报复都需要成本，与无惩罚机制相

[①] 具体设计为：每轮实验分为 3 个步骤，第一步是常规的自愿捐献；第二步是普通的惩罚环节；第三步则引入了一个新的设计，在上一步中被惩罚的受试者可以决定是否对施加惩罚者进行报复，即进行反惩罚。

比会导致更低的社会总财富。连洪泉等(2013)和基沃特等(Gürerk et al., 2010)以动态公共品实验佐证了报复性惩罚的毁灭效应。

除了惩罚外,交流是另一种可以显著提高自愿供给水平的制度变量。艾萨克和沃克(1988)的开拓性研究发现,在禀赋异质和禀赋信息不完备的情况下,交流的效果要劣于禀赋同质和信息完全的情况,但合作水平仍然显著高于无交流的情况。接续这一研究的晚近实验表明,无论是面对面直接交流还是文本间接交流;无论是只允许实验开始前一次交流还是可在任何一轮实验前重复交流;无论是只含交流一种制度变量还是交流与其他制度变量相结合,交流的效果都很显著,且结果对于门槛、禀赋和组规模等环境变量是稳健的,博歇等(Bochet et al., 2006)发现最低频率的交流,即只在第一轮实验开始前交流一次,就可以有效提高资源供给水平,即使受试者之间的交流并非面对面的形式。该研究还比较了交流和惩罚两种机制的效果,发现当交流或惩罚单独存在时,前者更有效地增加了捐献,且如果考虑惩罚的成本,只有交流可显著提高受试者的净所得即效率;当交流和惩罚相配合时,从扣除惩罚成本后的净所得看,加设惩罚机制对效率的影响在统计上不显著。库库涅列斯(Koukoumelis et al., 2012)采用了单向交流(one-way communication)的设计,一个受试者可以通过聊天软件向其他人传递任何形式的文本信息。实验结果发现,仅靠单向交流就可以有效增加供给并减少波动。当交流只有一次时,其对于供给水平的影响仍会在之后的各期持续。

虽然交流的效果在晚近的文献中仍得到普遍的肯定,但是,一面倒的结论也许正体现了对交流机制的理解存在片面性。相比于惩罚机制,交流机制的研究近年来并不活跃,对其何以促进合作的内在机理的探索仍然有待强化。有趣的是,在瓦克斯曼(Wachsman, 2002)所做的目前唯一的关于双重公共品的交流机制实验中,并没有对交流促进合作的效果给出肯定性结论。该实验中受试者只能在组内重复交流,且不知道自组和他组的历史数据,相当于是在无信息反馈的情况下博弈。结果是交流导致供给的整体水平提高,但是受试者倾向于将总供给额的更高比例投入到局部公共品,且投入到全局公共品的比例随着轮数而下降,致使社会整体收益反倒由于交流而下降。出现这一结果可能是因为实验设计中只允许组内(intra-group)交流,而未引入跨组(inter-group)交流,使得交流变成组内共谋,反而加剧了组间隔阂。卡森等(2012)的实验发现,组内交流会导致与其他组之间更激烈的竞争;跨组交流则会使得破坏性竞争减少。这说明,在双重公共品实验中,交流的作用可能比在典型公共品实验中更加复杂。于是,引入跨组交流后的实验结果就十分令人感兴趣了，逻辑上存在两个不同方向的可能结果：组间交流可能让受试者更具备全局观念，但是也可能导致更多的自私，因为利益共同体的扩大让集体行动变得更难协同。这种多元可能性和由之所带来的加深对"交流"作用机理的认识的机会，是我们决定在双重公共品实验中引入"交流"机制的重要的理论层面的理由。

除理论上的理由之外，实践层面的理由是，交流机制在双重公共品的应用领域更具现实意义。如果在双重公共品博弈中引入的制度设计脱离普遍实际，会使得实验结果不具有现实参考价值。当在双重公共品实验中使用惩罚机制时，理应有针对全局公共品捐献水平的跨组间惩罚。但是，非同组成员之间的惩罚不同于公共品博弈中常规的同侪惩罚，尤其是弱势群体和弱国的博弈参与者对强势群体和强国的博弈参与者施加惩罚更是脱离实际（否则美国人就不会坚持自己高耗能的生活方式，从而在减排问题上搭全世界的便车）。既然被分为了不同的组，就意味着承认他们从属于不同的主权单位或社群，无法直接接触。此时，惩罚只能通过第三方执行。但是，在不同阶层和国家间的博弈中，第三方惩罚机制是很难建立起来并有效执行的，适用于独裁者博弈和单重公共品博弈实验的第三方惩罚机制可能并不适合双重公共品博弈。交流则是一种不需要以外在强制力量作为后盾即可促进合作的方式，其能够在跨国家和跨阶层的背景下由参与者亲自实施。在国际交往和不同利益群体、社团、阶层的博弈中，当惩罚无法实施或者代价太高时，交流所实现的积极互动是一种常见而有效的化解冲突的方式。

在双重公共品博弈中引入交流机制可能深化我们对交流的内在作用机理的理解，从而弥补此领域研究的不足；同时，交流作为解决双重公共品困境的手段，在实践上有更高的外部有效性。因此，我们将讨论在异质禀赋情况下，组内和跨组两种交流范围以及单次和重复两种交流频率对于双重公共品自愿供给的影响。我们还将在引入交流这一制度变量的前提下，分析互惠偏好、禀赋差异、交流的结果等因素是否起作用。具体的实验设计如下。

二、实验设计

实验以 Wachsman(2002) 和 Nitta(2014) 的工作为基础，主要从交流的方式上加以拓展。所有交流都通过无约束力简单谈话（nonbinding cheap talk）完成，通过对交流范围和交流频率的调整来考察异质禀赋受试者在不同交流机制下的差别化行为。共 120 名受试者参加五个类型实验，每个实验有 24 名受试者。由于是跨被试（across-subject）设计，每个受试者只参加一个实验类型(treatment)下的实验。通过保持环境变量的稳定,检验制度变量(不同交流方式)的变化对双重公共品自愿供给行为的影响。

(一)实验类型

本实验共设置了五个实验类型,分别为:

(1)基准实验(B_Treatment)。每个实验都有 24 个受试者,分成 3 个单位。每一个 8 人的大组表示一个假想的独立社会,而该社会中的两个 4 人小组则表示两个相互博弈的利益团体。

实验共 10 轮,在每轮实验开始前,A 组的每个人有 20 点代币作为初始基金,B 组的每个人则有 40 点代币作为初始基金。在实验开始后,受试者在每轮的禀赋水平不变。受试者要决定如何分配这 20 点或 40 点代币:受试者可以将任意数量的代币分别存入三个不同的账户——私人账户、局部公共品账户和全局公共品账户。每个受试者向私人账户的投入将只能使得自己受益,且不产生任何的额外收益或损失;局部公共品的 MPCR=0.4,故受试者向局部公共品投入的每 1 个代币,将给所在 4 人小组的每位成员(包括自己)带来 0.4 元的回报——相当于小组范围内的内部回报(internal return)和外部回报(external return)都是 0.4;全局公共品的 MPCR=0.3,故受试者向全局公共品投入的每 1 个代币,将给所在 8 人社会的每位成员(包括自己)带来 0.3 元的回报——相当于社会范围内的内部回报和外部回报都是 0.3。

实验的分组和捐献结构如图 6-1(实线表示分组结构,虚线表示捐献结构)。

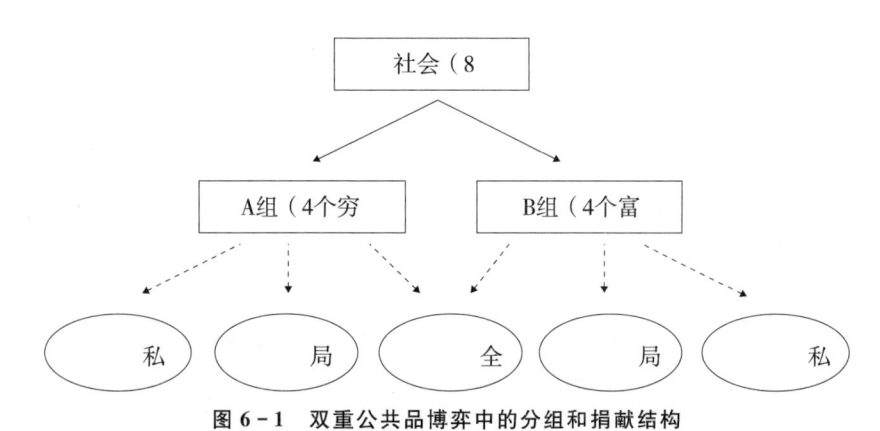

图 6-1 双重公共品博弈中的分组和捐献结构

(2)只有一次跨组交流机会的实验(简称 OT_Treatment)。基本实验设置与 B_Treatment 相同,差别在于:在分组后,每个 8 人社会中的全体成员可以进行面对面的交流;即是说,允许 A 组和 B 组成员之间相互交流,但交流只在第一轮实验开始前进行一次。交流的时间为5分钟。交流的规则很简单：可以谈论任何与实验相关的内容,但是禁止不文明语言、暴力威胁、许诺在实验之外给其他成员贿赂。

(3)只有一次组内交流机会的实验(OI_Treatment)。基本实验设置与B_Treatment相同,差别在于：在分组后,同小组的4个人之间可以进行面对面的交流。交流只能在组内进行,即A组成员只能和其他A组成员交流,B组成员只能和其他B组成员交流。交流时间和规则同OT_Treatment。

(4)可每轮重复进行跨组交流的实验(简称RT_Treatment)。基本实验设置与B_Treatment相同。交流机制的设置大体与OT_Treatment相同,变化在于：同样的交流将在每轮实验开始前都进行一次,共10次。第1次为5分钟,以后都为60秒。为了尽量控制声誉效应,我们规定：在后9次的交流中,任何人不得试图获知其他交流者以往轮次的个人具体捐献额。

(5)可每轮重复进行组内交流的实验(简称RI_Treatment)。基本实验设置与B_Treatment相同。交流机制的设置完全与RT_Treatment相同。

对于全部五个实验设置,A组受试者的收益函数为：

$$\pi_i^A = 20 - G_i^L - G_i^G + 0.4G^L + 0.3G^G \qquad (6\text{-}4)$$

B组受试者的收益函数为：

$$\pi_i^B = 40 - G_i^L - G_i^G + 0.4G^L + 0.3G^G \qquad (6\text{-}5)$$

(二)实验相关参数和信息结构

实验采用固定分组,即实验开始前电脑一次性随机决定每个特定受试者被分入哪个社会和小组,且在十轮实验中保持不变。这一设定基于以下理由：人们以同样的身份重复性地参与社会活动和交流,固定分组可以模拟这一情况。固定分组让我们在观察受试组的捐献水平的连续变化的时候,可以排除重新分组所造成的干扰,并在RI-Treatment和RT-Treatment中考察相同成员间的重复交流是否有效果。这也是国内外的很多类似实验的通行设定。

受试者在实验中的所得分为两个部分：一是固定的出场费＝5元人民币/每人。二是可变的实验回报,将以"代币"的形式记录。在实验结束后,代币将被转换为现金,转换比例如下：40点代币＝1元人民币。

实验中设定所有受试者的行动为同时博弈,即同时选择向三个账户捐献的数量。在整个实验过程中,所有的相关参数不变。各个实验设置的交流方式和相关参数见表6-3。

表 6-3 实验类型和相关参数

实验类型	交流	受试人数	组数	分组方式	禀赋	MPCR
B	无	每个实验类型含24名受试者	每8名受试者构成2个相互博弈的4人小组	固定分组	A组成员初始禀赋为20点，B组成员初始禀赋为40点	局部公共品MPCR=0.4，全局公共品MPCR=0.3
OT	跨组一次					
OI	组内一次					
RT	跨组重复					
RI	组内重复					

（三）实验步骤、信息结构和受试者情况

此次实验在重庆理工大学经济管理实验教学中心进行，实验程序使用该中心开发的 PEP 系统平台编写。五个类型的实验的时长约为 40—50 分钟。具体进行实验的时间分别为：2014 年 9 月 26 日上午（B-Treatment 和 OT-Treatment），2014 年 10 月 17 日上午（OI-Treatment），2014 年 10 月 24 日上午（RI-Treatment）和下午（RT-Treatment）。

实验可以分为三个阶段。一是实验预备阶段。所有受试者进入实验室后到指定座位做好，主持人向每一位受试者发出一份实验说明，并且在实验室中大声朗读。实验说明包括实验参数、轮次、信息结构、交流方式等信息。为了确保受试者正确理解实验，我们准备了控制试题，只有在全体受试者都正确回答了控制题后，实验才正式开始。二是实验展开阶段。主持人和助理按照实验计划展开实验。在实验完成后，每名受试者还要回答一份关于个人信息和交流情况的问卷。在设计和分析关于交流情况的问卷时，我们参考了库库涅列斯（2009）和张（2012）的工作。三是收尾阶段。助理按照实验说明中的约定，根据每名受试者在博弈中的选择向其支付实验收益。

通过实验说明的介绍和主持人的讲解，双重公共品的博弈结构、禀赋、收益获得的计算方式、实验相关参数等都属于公开信息。在每一轮实验结束后，所有受试者都还可以在屏幕上看到与本轮决策相关的信息：个人本轮收益（总的回报）；本组成员向局部公共品的平均捐献水平；本组成员向全局公共品的平均捐献水平；同一社会中另一组成员向局部公共品的平均捐献水平；同一社会中另一组成员向全局公共品的平均捐献水平。

受试者共 120 人，都为本科生，通过校园 BBS、校园 QQ 群和校园公告栏在重庆理工大学校内招募，所有受试者都是自愿参加。受试者的专业既有工商管理等经管类专业，也有机械制造等理工类专业；受试者年龄在 18 到 22 岁之间；受试者中男性 36 人，女性 85 人，性别比为 1∶2.3；除两名少数民族者外，其他受试者全部为汉族。问卷调查显示，只有 9 名受试者有参加实验的经验，有 26 名受试者学习过公共品的知识，绝大多数受试者表示在决策时在乎实验收益。受试者中来自城市户口家庭者为58人,另外66人来自农村户口家庭。来自城市户口家庭的受试者大部分为独生子女,来自农村户口家庭的受试者则正好相反。加上出场费(5元),每名受试者的平均实验所得约为20元。

三、实验结果分析

我们对实验结果的分析将对实验结果做一番总体描述,然后再讨论不同交流机制的影响。

(一)不同实验类型的合作水平

为方便对五个实验的结果有一个鸟瞰,我们依据实验结果得到表6-4。

表6-4 两种公共品的总体供给情况(平均值)

	B	OT	OI	RT	RI
LP 全体	8.93 (6.01)	8 (7.01)	14.23 (10.39)	2.44 (4.99)	12.56 (10.45)
GP 全体	7.29① (6.24)	12.84 (10.94)	5.55 (6.44)	24.24 (12.65)	14.68 (9.60)
LP 高禀赋者	11.49 (6.75)	9.88 (8.36)	20.06 (10.91)	3.18 (6.13)	18.3 (9.96)
GP 高禀赋者	10.23 (6.72)	17.55 (12.88)	7.51 (7.51)	32.31 (32.31)	17.7 (10.52)
LP 低禀赋者	6.38 (3.71)	6.13 (4.66)	8.4 (5.41)	1.69 (3.37)	6.83 (7.32)
GP 低禀赋者	4.34 (3.95)	8.13 (5.47)	3.6 (4.03)	16.18 (6.16)	11.66 (7.49)

注:(1)第一行的数据为供给量的平均值,第二行括号内的数据为其标准差。(2)LP表示局部公共品,GP表示全局公共品,下同。

由表6-4可知,从全体受试者的供给绝对数量上看,实验RI的局部公共品捐献水平最高,实验RT的全局公共品捐献水平最高,实验RI的两种公共品捐献之和最高。从高禀赋受试者的供给水平看,实验OI的高禀赋者局部公共品捐献水平最高,实验RT的高禀赋者全局公共品捐献水平最高,实验RI的高禀赋者两种公共品捐献之和最高。从低禀赋受试者的供给水平看,实验RI的低禀赋者局部公共品捐献水平最高,实验RT的低禀赋者全局公共品捐献水平最高,实验RI的低禀赋者两种公共品捐献之和

---

① 我们的基准实验B并没有发生全局公共品捐献大于或略大于局部公共品的情况,这与早期文献的结论不同。

最高。即是说，在 5 个实验类型中，两个重复交流的实验表现突出，实验 RT 无论是全体、高禀赋者和低禀赋者的全局公共品捐献水平都是领先的，而实验 RI 无论是全体、高禀赋者和低禀赋者的两种公共品捐献之和都最高。

大量典型公共品实验中，首轮的平均自愿捐献水平在 50% 左右并逐渐下降，我们的基准实验 B 的 10 轮平均数刚刚超过 50%，实验 OT 和 OI 在 65% 左右，实验 RT 和 RI 在 90%，都要高于典型公共品实验的水平。但是，组内交流实验和跨组交流实验在捐献方向上大有不同，前者更倾向于局部公共品，而后者更倾向于全局公共品，基准实验则是两种公共品比例大体一致。

为了更直观地了解不同类型实验的变化趋势，我们有关于全体受试者局部公共品和全局公共品捐献水平的图 6-2 和图 6-3。

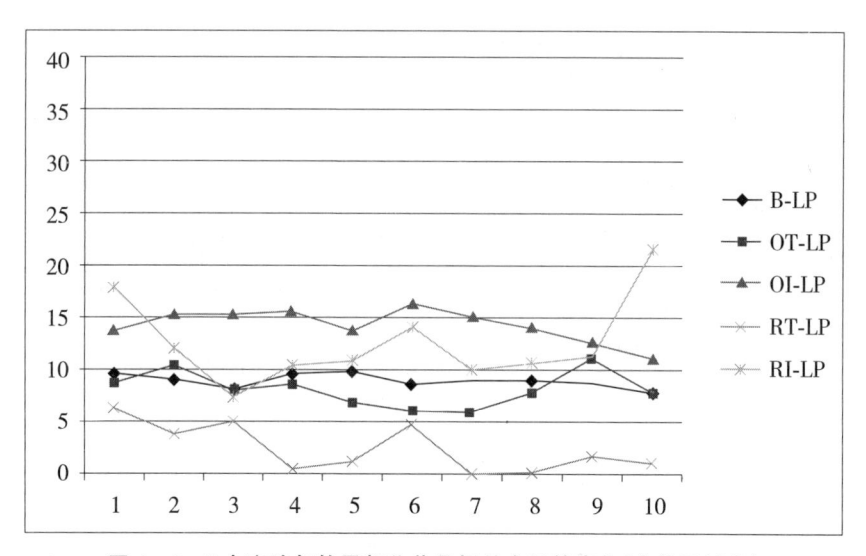

图 6-2　5 个实验每轮局部公共品捐献水平的变化（全体受试者）

从图 6-2 我们可以看出，实验 RT 和 OI 都表现出了随轮数而下降的趋势；实验 OT 和 B 则无明显趋势；只有实验 RI 呈先下降后缓慢上升，最后一轮陡升的"正 U 型"趋势。在所有轮次中，实验 RT 捐献水平最低；在大部分轮次中，实验 OI 捐献水平最高。

为了了解是否存在轮次效应（round effect）和末轮效应（end effect），我们构建了以下方程对五个类型实验全体受试者的数据进行混合效应面板最小二乘回归（本研究所有的计量分析都通过 stata12 实现）：

$$LP_{i,t}=a+b_1 Round_t+b_2 End_t+b_3 Group_i+b_4 Identity_i+u_{i,t} \quad (6-6)$$

其中，LP 为个人 i 在第 t 期的局部公共品捐献量，Round 为轮次，End 为末轮虚拟变量，Group 为控制受试者处于哪个 8 人大组的虚拟变量，Identity 为控制贫富身份的虚拟变量。计量结果显示，实验 RT 和 RI 有显著的负向轮次效应；除了实验 RI 外，其他实验都没有出现显著的末轮效应，而实验 RI 的末轮效应表现为局部公共品捐献水平显著提高。①

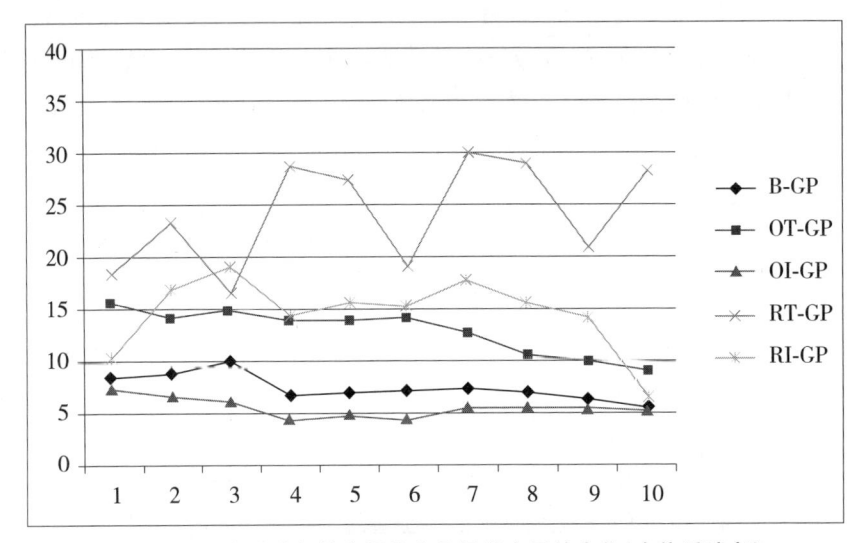

图 6-3 5 个实验每轮全局公共品捐献水平的变化（全体受试者）

由 6-3 可知，实验 OT 的全局公共品捐献呈现较强的逐轮下降的趋势；实验 OI 和 B 的趋势则比较平稳，只存在较弱的下降趋势；实验 RT 大致为上升趋势，但是存在明显的试探性波动；只有实验 RI 表现出与在局部公共品领域对应的"倒 U 型"趋势。与在局部公共品领域的表现对应，实验 RT 在绝大多数轮次中捐献水平最高，实验 OI 在全部轮次中捐献水平最低。

为了了解是否存在轮次效应和末轮效应，我们用以下方程对五个类型实验全体受试者的数据做混合效应面板最小二乘回归：

$$GP_{i,t} = a + b_1 Round_t + b_2 End_t + b_3 Group_i + b_4 Identity_i + u_{i,t} \quad (6-7)$$

在公式(6-7)中，CP 为个人 i 在第 t 期的全局公共品捐献量，其他变量与公式(6-6)相同。实验 B、OT、OI 都有显著的负向轮次效应，实验 RT 则出现显著的正向轮次效应；实验 RI 再次表现出显著的末轮效应，全局公共

---

① 五个实验的 Period 和 End 的系数分别为(括号内为 p 值)：B：−0.034(0.810)，−1.145(0.398)；OT：−0.120(0.488)，0.184(0.912)；OI：−0.114(0.599)，−2.787(0.179)；RT：−0.588(0.000)，1.433(0.202)；RI：−0.368(0.065)，11.72(0.000)。

品捐献水平在末轮大幅下降。其他实验则未见明显末轮效应。①

为初步了解禀赋差异是否会对供给行为造成影响,我们还可以将高禀赋者对局部公共品和全局公共品捐献用图 6-4 和 6-5 表示,将低禀赋者局部公共品和全局公共品捐献用图 6-6 和 6-7 表示。

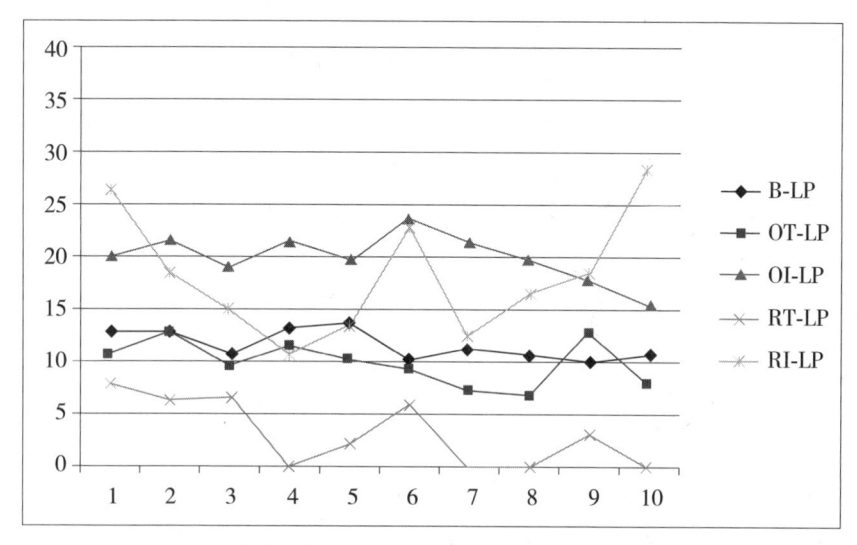

图 6-4 5 个实验每轮局部公共品捐献水平的变化(高禀赋者)

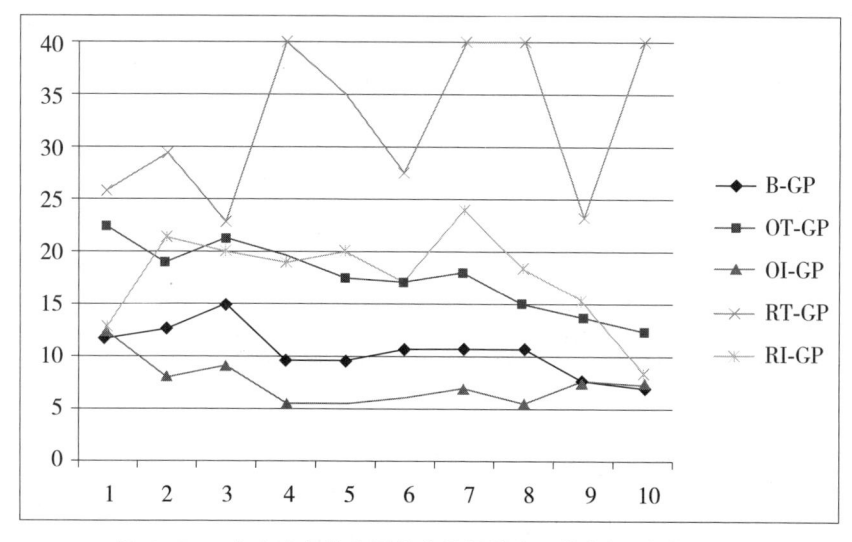

图 6-5 5 个实验每轮全局公共品捐献水平的变化(高禀赋者)

---

① 五个实验的 Period 和 End 的系数分别为(括号内为 p 值):B:−0.307(0.028),1.354(0.310);OT:−0.618(0.013),−1.363(0.567);OI:−0.237(0.099),0.939(0.493);RT:0.720(0.004),0.668(0.777);RI:0.157(0.316),−9.69(0.000)。

高禀赋者在局部公共品中的捐献水平的趋势与全体受试者大体相同,但绝对数量更高(见图6-2和图6-4);高禀赋者在全局公共品中的捐献水平的趋势也与全体受试者大体相同,且绝对数量更高(见图6-3和图6-5)。

为了了解是否存在轮次效应和末轮效应,我们用以下两个方程对五个类型实验的高禀赋者数据做混合效应面板最小二乘回归:

$$LP_{i \in B, t} = a + b_1 Round_t + b_2 End_t + b_3 Group_i + u_{i,t} \quad (6-8)$$

$$GP_{i \in B, t} = a + b_1 Round_t + b_2 End_t + b_3 Group_i + u_{i,t} \quad (6-9)$$

公式(6-8)的结果表明实验 RT 存在明显的负向轮次效应,实验 RI 存在明显的正向轮次效应;①公式(6-9)的结果表明实验 B、OT、OI 都存在显著的轮次效应,实验 RI 的正向末轮效应也接近显著,实验 RI 存在显著的负向末轮效应。②

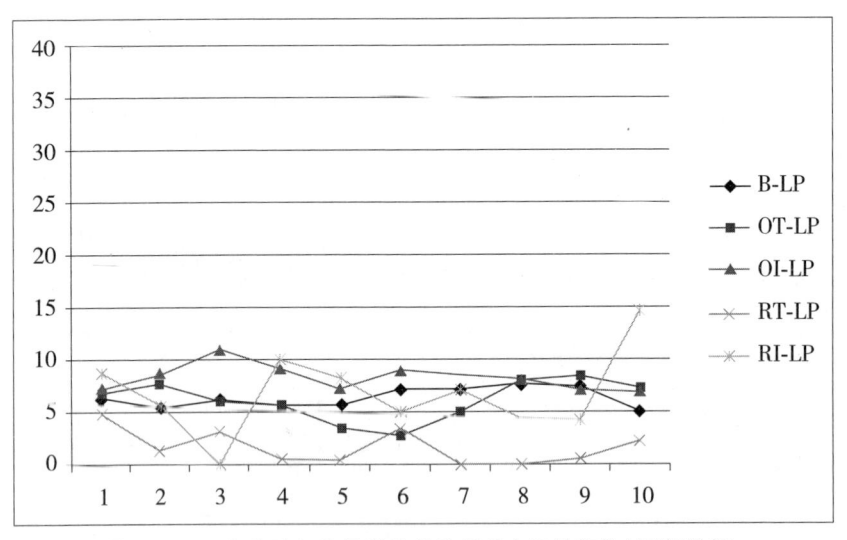

图6-6 5个实验每轮局部公共品捐献水平的变化(低禀赋者)

低禀赋者在局部公共品中的捐献水平的趋势与全体受试者相差不大,但绝对数量较低(见图6-2和图6-6);③低禀赋者在全局公共品中的捐献水平

---

① 五个实验的 Period 和 End 的系数分别为(括号内为 p 值):B:-0.322(0.202),0.509(0.832);OT:-0.278(0.360),-0.879(0.762);OI:-0.121(0.683),-4.646(0.103);RT:-0.761(0.000),0.269(0.891);RI:-0.519(0.125),13.745(0.000)。

② 五个实验的 Period 和 End 的系数分别为(括号内为 p 值):B:-0.467(0.047),2.630(0.239);OT:-0.917(0.048),-1.120(0.799);OI:-0.535(0.024),2.942(0.191);RT:0.704(0.110),5.025(0.223);RI:0.103(0.636),-10.921(0.000)。

③ 五个实验的 Period 和 End 的系数分别为(括号内为 p 值):B:0.254(0.050),-2.799(0.024);OT:0.038(0.819),1.248(0.427);OI:-0.107(0.432),-0.928(0.477);RT:-0.414(0.000),2.597(0.013);RI:-0.217(0.314),9.704(0.000)。

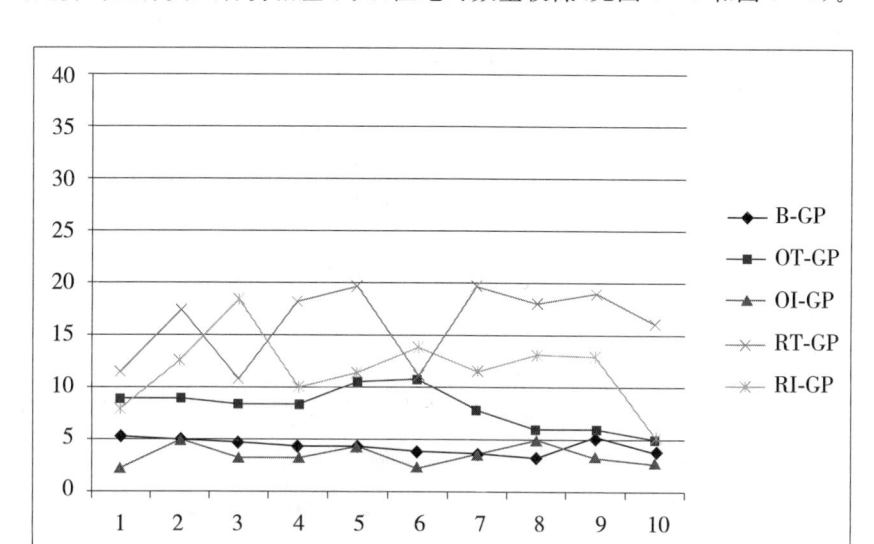

的趋势与全体受试者仍相差不大,但绝对数量较低(见图 6-3 和图 6-7)。

图 6-7 5 个实验每轮全局公共品捐献水平的变化(低禀赋者)

为了了解是否存在轮次效应和末轮效应,我们用以下两个方程对五个类型实验的低禀赋者数据做混合效应面板最小二乘回归:

$$LP_{i\in A,t} = a + b_1 Round_t + b_2 End_t + b_3 Group_t + u_{i,t} \quad (6-10)$$

$$GP_{i\in A,t} = a + b_1 Round_t + b_2 End_t + b_3 Group_t + u_{i,t} \quad (6-11)$$

公式(6-10)的回归结果显示实验 B 和 RT 存在显著的轮次效应,实验 B、RT 和 RI 都表现出显著的负向末轮效应;公式(6-11)的回归结果显示实验 OT 和 RT 存在方向相反的轮次效应,而实验 RT 和 RI 则都出现显著的负向末轮效应。①

图形的直观感往往伴随着不精确性,为此,我们运用 Mann-Whitney 检验(即 Wilcoxon 秩和检验)来更准确地反映不同类型实验的捐献水平的差异是否显著,结果见表 6-5 到表 6-7。

表 6-5 对局部品和全局品的 Mann-Whitney 检验

	对局部品的检验				对全局品的检验			
	B	OT	OI	RT	B	OT	OI	RT
T	−1.777* (0.075)				−3.705* (0.000)			

---

① 五个实验的 Period 和 End 的系数分别为(括号内为 p 值):B:−0.147(0.310),0.079(0.955);OT:−0.319(0.093),−1.606(0.376);OI:0.061(0.668),−1.065(0.436);RT:0.736(0.001),−3.690(0.066);RI:0.213(0.307),−8.461(0.000)。

续表

	对局部品的检验				对全局品的检验			
	B	OT	OI	RT	B	OT	OI	RT
I	−3.780*** (0.000)	−3.780*** (0.000)			−2.949*** (0.002)	−3.782*** (0.000)		
T	−3.780*** (0.000)	−3.628*** (0.000)	−3.780*** (0.000)		−3.780*** (0.000)	−3.781*** (0.000)	−3.781*** (0.000)	
I	−2.987*** (0.003)	−2.987*** (0.003)	−1.814* (0.070)	−3.780*** (0.000)	−3.175*** (0.001)	−2.042** (0.041)	−3.630*** (0.000)	−3.477*** (0.001)

注：(1)第一行的数据为 z 值，第二行括号内的数据为 p 值。(2) ***、**、* 分别表示在 1%、5% 和 10% 的统计水平上显著。下同。

表 6-5 比较了五个类型实验的全体受试者对两类公共品的捐献数量，可见：无论是在局部品还是全局品领域，各个实验之间的捐献水平都存在显著性差异。局部品领域的实验 B 和 OT，全局品领域的实验 B 和 OI，虽然在图形上看起来很接近，但是 Mann-Whitney 检验却发现也存在显著性差异。

表 6-6　对高禀赋者的局部品和全局品的 Mann-Whitney 检验

	对局部品的检验				对全局品的检验			
	B	OT	OI	RT	B	OT	OI	RT
T	−3.028*** (0.002)				−3.790*** (0.000)			
I	−0.114 (0.912)	−2.421** (0.015)			−2.960*** (0.002)	−3.784*** (0.000)		
T	−3.787*** (0.000)	−3.634*** (0.000)	−3.785*** (0.000)		−3.785*** (0.000)	−3.785*** (0.000)	−3.787*** (0.000)	
I	−3.026*** (0.002)	−3.403*** (0.000)	−2.210 (0.247)	−3.787*** (0.000)	−3.100*** (0.001)	−0.302 (0.796)	−3.595*** (0.000)	−3.635*** (0.000)

表 6-6 比较了五个类型实验的高禀赋者对两类公共品的捐献数量，可见：对于局部公共品，只有实验 B 和 OI、实验 OI 和 RI 之间不存在显著性差异，实验 B 和 OT 在图形上很接近，但仍检验出存在显著性差异；对于全局公共品，只有实验 OT 和 RI 之间不存在显著性差异。

表 6-7　对低禀赋者的局部品和全局品的 Mann-Whitney 检验

	对局部品的检验				对全局品的检验			
	B	OT	OI	RT	B	OT	OI	RT
T	−1.589 (0.123)				−3.516*** (0.000)			
I	−3.781*** (0.000)	−3.780*** (0.000)			−2.571*** (0.000)	−3.705*** (0.000)		
T	−3.782*** (0.000)	−3.402*** (0.000)	−3.782*** (0.000)		−3.780*** (0.000)	−3.704*** (0.000)	−3.784*** (0.000)	
I	−0.076 (0.971)	−0.454 (0.684)	−1.400 (0.161)	−2.911*** (0.002)	−3.592*** (0.000)	−2.419** (0.015)	−3.633*** (0.000)	−2.043** (0.041)

表 6-7 比较了五个类型实验的低禀赋者对两类公共品的捐献数量,可见:关于局部公共品,实验 B 和 OT 之间不存在显著差异,实验 RI 则与 B、OT、OI 都不存在显著差异,较多的实验类型间的捐献行为类似性反映了受试者较低的禀赋水平和在局部品上的有限投入;相反,在全局品领域,所有的实验类型都有显著的差异,即使实验 B 和 OI 的图形近似。

综上,我们有:

结论 6—1 交流对提高两类公共品捐献水平之和有积极的效果,重复交流的捐献水平高于一次性交流;跨组交流会导致更多的全局公共品捐献,更低的局部公共品捐献,而组内交流后的捐献方向则与之相反。

(二)交流的范围和频率对收入效率的影响

由结论 6—1 可知,交流机制的变化导致了各类实验在捐献数量和方向上的差异,这种差异对社会整体收益水平的影响可以通过"效率指数"(Efficiency Index,简称 EI)来审查。我们定义:

$$EI = \frac{AN - Maximum}{Maximum - Minimum} \tag{6-12}$$

其中,AN 同一个大组 8 人间的"实际平均收益",Maximum 为"理论平均最高收入",Minimum 为"理论平均最低收入"。"理论平均最高收入"指的是 8 名受试者将全部禀赋都投入于全局公共品的情况,等于 72 个代币;高禀赋者和低禀赋者的"理论平均最低收入"指的是 8 名受试者将全部禀赋都投入于私人品的情况,高禀赋者和低禀赋者分别等于 40 个和 20 个代币,我们对全体受试者的样本取平均值 30 个代币。

根据公式(6-3)描述的双重公共品的博弈结构和我们在实验中设定的两类公共品的 MPCR 可知,EI 是刻画受试者在实验中的合作水平的指标,简单说,EI 越高,则说明该类实验的合作水平越高——两类公共品的捐献总量高,且较多投入到全局公共品领域。

通过公式(6-12),我们可得表 6-8。①

表 6-8 不同实验的效率指数

轮次	B	OT	OI	RT	RI
1	41.8%	64.0%	44.2%	71.2%	60.0%
2	42.2%	61.7%	44.0%	83.6%	74.2%
3	44.7%	60.8%	42.5%	62.4%	74.6%
4	36.5%	58.7%	37.1%	97.3%	63.5%
5	37.2%	56.3%	36.0%	93.2%	67.5%

---

① 由于高禀赋者和低禀赋者的"理论平均最高收入"(100 和 86)和"理论平均最低收入"(40 和 20 不同),故分别计算并无意义。

续表

轮次	B	OT	OI	RT	RI
6	36.4%	55.3%	37.6%	70.8%	71.6%
7	37.4%	51.2%	39.3%	100.0%	73.4%
8	36.3%	45.9%	37.8%	97.0%	67.3%
9	33.4%	48.1%	36.2%	72.3%	63.8%
10	29.4%	40.3%	33.8%	95.2%	52.9%
平均	37.5%	54.2%	38.8%	84.3%	66.9%

由表6-8可见，从平均值的角度看，在全部5类实验中，实验RT的EI最高，实验B的EI最低。无论在单次交流还是在重复交流机制下，跨组交流实验的EI都高于组内交流实验。在组内交流和跨组交流对照实验之间，交流的可重复提高了EI。即是说，打破交流的组间障碍，建立开放式交流的可持续机制是最能有效提高合作水平的手段。

为了准确地判定不同实验类型的EI差异，我们对表6-8中的轮次数据做Mann-Whitney检验，结果如表6-9。

表6-9 收入效率的Mann-Whitney检验

实验类型	B	OT	OI	RT
OT	−3.553*** (0.000)			
OI	−0.680 (0.529)	−3.553*** (0.000)		
RT	−3.780*** (0.000)	−3.704*** (0.000)	−3.780*** (0.000)	
RI	−3.780*** (0.000)	−2.948*** (0.003)	−3.780*** (0.000)	−2.343*** (0.019)

从表6-9可知，除了实验B和OI之间外，其他实验类型间的EI都存在显著差异。实验B代表EI最低的类型，而实验OI的EI仅仅略高于实验B，这说明从社会总收益的视角看，封闭式的一次性组内交流在促进合作上效果较差。

由公式(6-12)可知，EI=1代表了逻辑上的最高合作效率水平，所以1—EI可得社会收益角度的效率损失水平。显然，实验RT效率损失最小，实验B和OI效率损失最大。在定义了效率损失的概念后，我们还需要对损失水平加以分解，以弄清效率损失是由什么内容构成的。我们已知所有个人禀赋都捐献于全局公共品时效率损失为0，换句话说，效率损失的直接来源肯定是个人禀赋被保留在了私人账户中或者投向了局部公共品领域。对于效率损失的这两种直接因素,我们可据不同物品的社会 MPCR 的差异来解析。

保留在私人账户中的禀赋与他人无关,也不会有额外的损益,故私人 MPCR=社会 MPCR=1;局部公共品的私人 MPCR 是 0.4,由于其外部性只涉及本组成员,故其社会 MPCR=0.4×4=1.6;全局公共品的私人 MPCR=0.3,由于其外部性涉及整个社会成员,故其社会 MPCR=0.3×8=2.4。由此,我们有私人品效率损失值的计算公式为向私人品账户投入的数量×(2.4−1)。私人品效率损失占比的计算公式为私人品效率损失值/私人品与局部公共品的损失值之和。局部公共品效率损失值的计算公式为向局部公共品账户投入的数量×(2.4−1.6)。局部公共品效率损失占比的计算公式为局部公共品效率损失值/私人品与局部公共品的损失值之和。计算结果见表 6−10 和表 6−11。

表 6−10 全体受试者私人品效率损失值和占比

轮次	B 数值	B %	OT 数值	OT %	OI 数值	OI %	RT 数值	RT %	RI 数值	RI %
1	16.9	71.3%	8.2	39.7%	12.5	53.3%	7.1	58.7%	2.6	15.6%
2	17.0	70.8%	7.9	41.1%	11.4	48.4%	3.8	55.0%	1.2	10.8%
3	16.6	67.8%	10.0	45.9%	12.1	50.0%	11.8	74.9%	4.7	43.8%
4	19.1	77.6%	10.5	48.5%	14.0	53.0%	0.8	71.0%	7	45.7%
5	18.6	76.9%	13.0	53.6%	16.0	59.7%	1.8	63.6%	5	36.8%
6	19.8	77.4%	13.9	55.5%	13.1	50.0%	8.5	69.0%	0.7	5.9%
7	19.0	76.5%	15.8	60.5%	13.5	52.8%	0.0	0.0%	3.3	29.8%
8	19.5	77.7%	16.7	66.5%	14.9	56.9%	1.2	97.4%	5.3	38.6%
9	21.0	80.7%	13.3	62.7%	16.7	62.4%	10.3	88.3%	6.2	40.6%
10	23.5	84.2%	19.0	72.8%	18.8	67.8%	1.2	57.4%	2.6	13.3%
平均	19.1	76.2%	12.8	55.5%	14.3	55.7%	4.6	70.5%	3.9	27.8%

表 6−11 全体受试者局部公共品效率损失值和占比

轮次	B 数值	B %	OT 数值	OT %	OI 数值	OI %	RT 数值	RT %	RI 数值	RI %
1	6.8	28.7%	12.4	60.3%	10.9	46.7%	5.0	41.3%	14.2	84.4%
2	7.0	29.2%	11.3	58.9%	12.1	51.6%	3.1	45.0%	9.7	89.2%
3	7.9	32.2%	11.8	54.1%	12.1	50.0%	4.0	25.1%	6.0	56.3%
4	5.5	22.4%	11.1	51.5%	12.4	47.0%	0.3	29.0%	8.3	54.3%
5	5.6	23.1%	11.2	46.4%	10.8	40.3%	1.0	36.4%	8.6	63.2%
6	5.8	22.6%	11.2	44.5%	13.1	50.0%	3.8	31.0%	11.2	94.1%
7	5.8	23.5%	10.3	39.5%	12.0	47.2%	0.0	0.0%	7.8	70.2%
8	5.6	22.3%	8.4	33.5%	11.3	43.1%	0.0	2.6%	8.4	61.4%
9	5.0	19.3%	7.9	37.3%	10.1	37.6%	1.4	11.7%	9.0	59.4%
10	4.4	15.8%	7.1	27.2%	9.0	32.2%	0.9	42.6%	17.2	86.7%
平均	5.9	23.8%	10.3	44.5%	11.4	44.3%	2.0	29.5%	10.1	72.2%

由表 6-10 可见,对于全体受试者,实验 B 的平均私人品效率损失值和占总损失的比率都最高;实验 RI 的平均私人品效率损失值和占总损失的比率则都最低。任何一种引入了交流的实验类型的私人品效率损失都低于基准实验 B,重复交流实验的私人品效率损失低于对应的一次性交流实验。

从表 6-11 可知,实验 RT 的局部公共品效率损失值最低,从比率上说则是实验 B 最低;实验 OI 的损失值最高,从比率上看则是实验 RI 最高。三种关于交流的实验类型 OT、OI、RI 的局部公共品效率损失值高于基准实验 B,只有实验 RT 这一种交流机制的效率损失低于无交流的基准实验 B。重复交流实验的局部公共品效率损失低于对应的一次性实验。

结合表 6-10 和表 6-11 可知,实验 OI 的私人品和局部公共品效率损失值之和最高,这与 Wachsman(2002)的结论一致;而实验 RT 的损失值之和最低。除了实验 OI 外,其他有交流实验的总效率损失都低于基准实验 B。重复交流的实验的私人品与局部公共品的效率损失之和低于对应的一次性交流实验,而一次性交流相对于无交流情境无明显效果。从比例上看,实验 B 和 RT 的效率损失都主要来自私人品,但实验 RT 的绝对数量很低;两个一次交流实验 OT 和 OI 的局部公共品效率损失占比略低于一半,而重复交流实验 RI 的局部公共品效率损失所占比例则超过 70%。

在对效率损失按照私人品和局部公共品分类的基础上,我们可以考察不同初始禀赋者的效率损失异同。我们可以通过表 6-12 至表 6-15 加以考察。

表 6-12 高禀赋者私人品效率损失值和占比

轮次	B 数值	%	OT 数值	%	OI 数值	%	RT 数值	%	RI 数值	%
1	21.9	70.1%	10.2	36.5%	10.5	39.6%	9.0	59.2%	0.6	2.7%
2	20.8	67.4%	11.3	42.4%	14.0	44.7%	5.8	53.8%	0.0	0.0%
3	20.3	63.0%	12.6	42.7%	16.3	51.6%	15.2	74.0%	7.0	36.8%
4	24.2	75.9%	12.7	45.1%	17.7	50.5%	0.2	63.6%	14.0	61.8%
5	23.5	75.7%	17.4	55.4%	20.7	56.8%	3.6	67.6%	9.3	46.7%
6	27.1	76.0%	18.8	57.8%	14.1	42.6%	9.5	66.6%	0.0	0.0%
7	25.1	74.2%	21.1	59.6%	16.3	48.8%	0.0	0.0%	4.7	31.8%
8	26.1	75.2%	25.6	68.2%	20.2	55.7%	0.0	0.0%	7.0	34.4%
9	31.7	84.1%	18.8	63.1%	20.5	59.1%	19.8	89.5%	8.8	37.4%
10	31.2	84.3%	27.7	73.6%	23.7	65.9%	0.0	0.0%	4.7	17.1%
平均	25.2	74.9%	17.6	55.6%	17.4	52.0%	6.3	71.3%	5.6	27.7%

表 6-13　高禀赋者局部公共品效率损失值和占比

轮次	B 数值	%	OT 数值	%	OI 数值	%	RT 数值	%	RI 数值	%
1	9.3	29.9%	17.7	63.5%	16.0	60.4%	6.2	40.8%	21.3	97.3%
2	10.1	32.6%	15.4	57.6%	17.3	55.3%	5.0	46.2%	14.7	100.0%
3	11.9	37.0%	16.9	57.3%	15.3	48.4%	5.3	26.0%	12.0	63.2%
4	7.7	24.1%	15.5	54.9%	17.4	49.5%	0.1	36.4%	8.7	38.2%
5	7.5	24.3%	14.0	44.6%	15.7	43.2%	1.7	32.4%	10.7	53.3%
6	8.5	24.0%	13.7	42.2%	19.0	57.4%	4.7	33.4%	18.4	100.0%
7	8.7	25.8%	14.3	40.4%	17.1	51.2%	0.0	0.0%	10.0	68.2%
8	8.6	24.8%	11.9	31.8%	16.1	44.3%	0.0	0.0%	13.3	65.6%
9	6.0	15.9%	11.0	36.9%	14.2	40.9%	2.3	10.5%	14.7	62.6%
10	5.8	15.7%	9.9	26.4%	12.3	34.1%	0.0	0.0%	22.7	82.9%
平均	8.4	25.1%	14.0	44.4%	16.0	48.0%	2.5	28.7%	14.6	72.3%

从表 6-12 和表 6-13 可知,高禀赋者的私人品和局部公共品的各自效率损失情况在规律上与我们对全体受试者样本的总结相同。将表 6-12 和表 6-13 结合起来看,高禀赋者在实验 B 中的两类效率损失之和最高,一次性交流实验的效率损失之和远大于对应的重复性交流实验,但一次性交流的损失之和未明显低于无交流的基准情况。局部公共品效率损失占比情况与全体受试者样本基本一致。

表 6-14　低禀赋者私人品效率损失值和占比

轮次	B 数值	%	OT 数值	%	OI 数值	%	RT 数值	%	RI 数值	%
1	11.8	58.5%	6.2	46.4%	14.5	71.1%	5.3	58.0%	4.7	40.0%
2	13.3	41.9%	4.4	38.1%	8.8	55.8%	1.8	59.3%	2.3	33.3%
3	12.8	33.7%	7.5	52.6%	7.8	47.0%	8.5	76.6%	2.3	100.0%
4	14.1	44.0%	8.3	54.9%	10.3	57.9%	1.4	72.4%	0.0	0.0%
5	13.7	52.4%	8.5	50.3%	11.4	65.8%	0.0	0.0%	0.7	9.6%
6	12.6	49.1%	9.1	51.2%	12.1	62.8%	7.5	72.3%	1.4	25.6%
7	12.8	46.7%	10.4	62.6%	10.6	60.5%	0.0	0.0%	2.0	25.9%
8	12.8	45.8%	7.9	61.7%	9.6	59.7%	2.5	97.4%	3.6	50.6%
9	10.3	55.5%	7.8	62.0%	13.0	68.6%	0.7	63.6%	3.6	51.5%
10	15.8	58.5%	10.3	71.0%	14.0	71.2%	2.3	57.4%	0.6	4.8%
平均	13.0	48.8%	8.0	55.3%	11.2	62.5%	3.0	68.8%	2.1	28.0%

表 6-15　低禀赋者局部公共品效率损失值和占比

轮次	B 数值	%	OT 数值	%	OI 数值	%	RT 数值	%	RI 数值	%
1	4.3	41.5%	7.1	53.6%	5.9	28.9%	3.8	42.0%	7.0	60.0%

续表

轮次	B 数值	B %	OT 数值	OT %	OI 数值	OI %	RT 数值	RT %	RI 数值	RI %
2	4.0	58.1%	7.2	61.9%	6.9	44.2%	1.2	40.7%	4.7	66.7%
3	3.8	66.3%	6.7	47.4%	8.8	53.0%	2.6	23.4%	0.0	0.0%
4	3.4	56.0%	6.8	45.1%	7.5	42.1%	0.5	27.6%	8.0	100.0%
5	3.6	47.6%	8.4	49.7%	5.9	34.2%	0.3	100.0%	6.6	90.4%
6	3.1	50.9%	8.7	48.8%	7.2	37.2%	2.9	27.7%	4.1	74.4%
7	2.9	53.3%	6.2	37.4%	6.9	39.5%	0.0	0.0%	5.7	74.1%
8	2.6	54.2%	4.9	38.3%	6.5	40.3%	0.1	2.6%	3.5	49.4%
9	4.1	44.5%	4.8	38.0%	5.9	31.4%	0.4	36.4%	3.4	48.5%
10	3.0	41.5%	4.2	29.0%	5.7	28.8%	1.7	42.6%	11.7	95.2%
平均	3.5	51.2%	6.5	44.7%	6.7	37.5%	1.4	31.2%	5.5	72.0%

由表6-14和表6-15可见，低禀赋者在实验B中私人品效率损失值最大，而实验RT中私人品效率损失占总损失之比最大；实验RI的损失值和占比都最低。交流尤其是重复交流的效果对于低禀赋者样本是稳健的，仍可见有交流实验的私人品效率损失低于基准实验B，重复交流实验比一次性交流实验损失低。在局部公共品领域，实验RT的损失值和占比都是最低的，其他规律与全体受试者样本一致。当考察两类效率损失之和时我们发现，重复交流机制体现了效果的稳健性，而一次性交流机制的效果则不显著。低禀赋者在基准实验B中的局部公共品效率损失超过了50%，远高于全体受试者样本的情况，其他实验的局部公共品效率损失占比则与全体样本和高禀赋者样本的规律类似。

综上，我们可得：

结论6—2 从效率指数和效率损失判断，除了一次性的组内交流外，其他交流机制提高社会总收益的效果都显著；重复交流的效果强于一次性交流，跨组交流的效果强于组内交流；无论考察样本是高禀赋者还是低禀赋者，也无论是针对私人品损失和局部公共品损失，跨组重复交流的效果都最显著。

四、交流通过何种途径起作用：对合作水平差异的解释

根据结论6—1和结论6—2可知，交流尤其是跨组重复交流机制有效地增加了合作行为，并导致合作收益的显著提高，这初步回答了我们在文献综述中提出的交流机制能否提高双重公共品自愿供给水平的问题。接下来，我们要尝试回答是什么因素在其中起作用，即交流机制通过何种途径发挥了影响，从而导致各个实验类型的差异化效果（实验RT促进合作的效果

最强,实验 OI 则未显示出强于无交流情境的效果)。

(一)方法

在总结相关的经济学和政治哲学文献的基础上,根据我们的实验设计,我们认为可能有显著影响并可以通过本次实验加以分析的交流机制的作用途径如图 6-8。

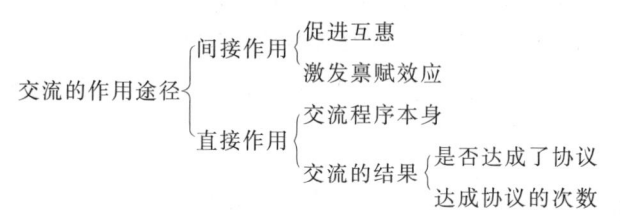

$$\text{交流的作用途径} \begin{cases} \text{间接作用} \begin{cases} \text{促进互惠} \\ \text{激发禀赋效应} \end{cases} \\ \text{直接作用} \begin{cases} \text{交流程序本身} \\ \text{交流的结果} \begin{cases} \text{是否达成了协议} \\ \text{达成协议的次数} \end{cases} \end{cases} \end{cases}$$

图 6-8 交流机制的复杂作用途径

由图 6-8 可知,交流在双重公共品博弈中发挥影响力的途径是复杂多样的,主要可归为两个大的方面:直接作用和间接作用。

间接作用的检验指标包括是否促进了互惠性质的社会偏好(该偏好指受试者会对他人的善意行为做出积极回应),还包括是否能使禀赋效应(该效应指高禀赋者从绝对量和相对比率上都会有高于低禀赋者的捐献水平)显著。

直接作用可分为交流程序本身的作用和交流的结果所产生的影响。交流的结果可再细分为两个指标:交流是否达成了关于捐献水平的协议(主要应用于一次性交流实验)和交流中达成协议的总次数(主要适用于重复交流实验)。我们在正式实验结束后,要求受试者填写一份关于个人基本信息和交流情况的问卷,以上关于交流结果的信息通过该问卷获得。交流程序本身的作用指交流作为一种协商程序可以超越交流的结果而直接起作用,我们在哲学上可以视其为一种本体性意义,在经济学中可将其视作无法通过计量模型中的变量加以解释的"残值"。

我们通过对五个实验类型的面板数据作最小二乘回归(混合效应)的方式来考察图 6-8 中涉及的各种因素,我们有回归方程

$$LP_{i,x,t} = a + b_1 \overline{LP}_{i,x,t-1} + b_2 \overline{GP}_{i,x,t-1} + b_3 \overline{GP}_{i,\sim x,t-1} + \sum_{j=1}^{n} c_j D_{ij} + u_{i,t}$$

(6-13)

$$GP_{i,x,t} = a + b_1 \overline{LP}_{i,x,t-1} + b_2 \overline{GP}_{i,x,t-1} + b_3 \overline{GP}_{i,\sim x,t-1} + \sum_{j=1}^{n} c_j D_{ij} + u_{i,t}$$

(6-14)

其中,$LP_{i,x,t}$ 和 $GP_{i,x,t}$ 分别表示属于 x($x \in A$ 或 B)小组的受试者 i 在第

t期的局部公共品和全局公共品捐献水平；$\overline{LP}_{i,x,t-1}$为t—1期受试者i所处小组的局部公共品平均捐献水平；$\overline{GP}_{i,x,t-1}$为第t—1期受试者i所处小组的全局公共品平均捐献水平；$\overline{GP}_{i,\square x,t-1}$为第t—1期另一组的全局公共品平均捐献水平；$D_{ij}$是控制变量的集合，包括交流结果变量(用以刻画不同交流机制下的交流结果)、禀赋变量(Identity)、组别差异的控制变量(Group)和轮次效应的控制变量(Round)；a是常数项，u是误差项。

当被解释变量是$LP_{i,x,t}$时，如果$\overline{LP}_{i,x,t-1}$和$\overline{GP}_{i,x,t-1}$的系数显著大于0，就说明存在互惠性质的社会偏好；① 当被解释变量是$GP_{i,x,t}$时，若$\overline{GP}_{i,x,t-1}$和$\overline{GP}_{i,\square x,t-1}$的系数显著大于0，证明存在互惠性质的社会偏好。②

Identity(简写为ID)是一个0/1虚拟变量，其设高禀赋者为1，低禀赋者为0，所以当Identity的系数显著大于0时，说明在高禀赋者身上发生了正面的禀赋效应。我们的交流结果变量包括适用于一次性交流实验的ag.L(第一轮是否对于局部公共品的捐献达成了协议，"是"则赋值"1"，"否"则赋值"0")和ag.G(第一轮是否对于全局公共品的捐献达成了协议，"是"则赋值"1"，"否"则赋值"0")；适用于重复交流实验的agn.L(在10轮交流中对于局部公共品的捐献达成协议的次数，在平均次数以上则赋值"1"，其他赋值"0")和agn.G(在10轮交流中对于全局公共品的捐献达成协议的次数，在平均次数以上则赋值"1"，其他赋值"0")。③ 我们通过这组变量来审视交流的结果会产生何种影响。

我们在方法论上的思路是：为了确认公式(6-13)和公式(6-14)的系数值及其显著性的变化是由于交流机制的影响，我们会先分析基准实验B的回归结果，然后用四个涉交流实验类型的回归结果与之进行比较，考察是否有超越了实验B的显著的较高水平的效应。

(二)对回归结果的分析

回归结果见表6-16到表6-21。

---

① 受试者i当期局部公共品捐献的增加只会给本组其他受试者带来正外溢性，而无法惠及另一组的其他受试者，因而对于"上一期他组全局公共品平均捐献"的提高，受试者i的互惠表现应该是增加全局公共品而非局部公平的捐献。所以，$\overline{GP}_{i,x,t-1}$在公式(6-13)中只能作为控制变量。

② 当"上一期本组局部公共品平均捐献"提高时，受试者i提高个人和本组利益的最有效的行为是捐献局部公共品而非全局公共品，所以，$\overline{LP}_{i,x,t-1}$在公式(6-14)中只能作为控制变量。

③ 具体的，对于实验RT,agn.L和agn.G=1，当且仅当受试者所认为的本组达成协议的次数大于平均数5时，否则为0；对于实验RI,agn.L和agn.G=1，当且仅当受试者所认为的本组达成协议的次数大于平均数8时，否则为0。

表 6-16　全体受试者的局部公共品回归结果

	全体受试者 $LP_{i,x,t}$									
	B		OT		OI		RT		RI	
	数值	%	数值	%	数值	%	数值	%	数值	%
$\overline{LP}_{i,x,t-1}$	0.231 (0.314)	0.011 (0.135)	0.372** (0.033)	0.012** (0.034)	0.634*** (0.000)	0.022*** (0.000)	0.080 (0.511)	0.001 (0.843)	0.077 (0.462)	0.006* (0.079)
$\overline{GP}_{i,x,t-1}$	0.224 (0.250)	0.009 (0.141)	0.080 (0.640)	0.00003 (0.996)	0.137 (0.438)	0.008 (0.143)	0.056 (0.225)	0.002 (0.283)	0.002 (0.985)	0.008* (0.062)
$\overline{GP}_{i,\square x,t-1}$	0.015 (0.937)	−0.0004 (0.950)	−0.147 (0.357)	−0.003 (0.548)	−0.149 (0.429)	−0.005 (0.397)	0.043 (0.296)	0.001 (0.635)	−0.583*** (0.000)	−0.025*** (0.000)
ID	2.534 (0.192)	−0.149** (0.017)	−0.273 (0.905)	−0.145* (0.054)	2.070 (0.137)	−0.256*** (0.000)	0.980 (0.422)	−0.020 (0.605)	6.136*** (0.007)	−0.185** (0.019)
ag.L			1.587 (0.138)	0.034 (0.336)	4.525*** (0.000)	0.121*** (0.001)				
agn.L							0.256 (0.755)	0.016 (0.543)	0.093 (0.947)	0.014 (0.776)
F 值	7.88	3.02	5.47	3.83	47.32	27.16	7.50	7.42	27.07	17.59
Prob>F	0.000	0.005	0.000	0.0003	0.000	0.000	0.000	0.000	0.000	0.000
R^2	0.210	0.092	0.174	0.129	0.647	0.512	0.225	0.223	0.511	0.405

注：(1)第一行的数据为该解释变量的系数，括号内的数据为 p 值。(2)***、**、* 分别表示在 1%、5% 和 10% 的统计水平上显著。(3)每个被解释变量对应的第一列是捐献数量的回归结果，第二列是捐献比率的回归结果。下同。(4)按照我们在"方法"部分的讨论，"上期他组全局品捐献的平均值"在本表涉及的回归中应该属于控制变量，下同。

表 6-17　全体受试者的全局公共品回归结果

	全体受试者 $GP_{i,x,t}$									
	B		OT		OI		RT		RI	
	数值	%	数值	%	数值	%	数值	%	数值	%
$\overline{LP}_{i,x,t-1}$	0.280 (0.200)	0.005 (0.484)	−0.015 (0.947)	−0.006 (0.367)	0.208*** (0.005)	0.004* (0.088)	−0.165 (0.526)	−0.003 (0.716)	0.391*** (0.000)	0.005* (0.087)
$\overline{GP}_{i,x,t-1}$	0.014 (0.941)	−0.002 (0.772)	0.345 (0.129)	0.005 (0.452)	0.351** (0.015)	0.007 (0.126)	−0.309*** (0.002)	−0.009*** (0.005)	0.523*** (0.000)	0.006 (0.108)
$\overline{GP}_{i,\square x,t-1}$	0.447 (0.807)	0.003 (0.595)	−0.092 (0.665)	−0.001 (0.861)	0.192 (0.208)	0.007 (0.155)	−0.053 (0.549)	−0.001 (0.593)	0.233*** (0.002)	0.017*** (0.002)
ID	4.602** (0.013)	0.045 (0.460)	4.843 (0.110)	−0.010 (0.909)	0.504 (0.638)	−0.055 (0.130)	21.402*** (0.000)	0.142* (0.085)	0.199 (0.911)	−0.115* (0.085)
ag.G			10.824*** (0.000)	0.339*** (0.000)	−1.594* (0.058)	−0.040 (0.158)				

续表

	全体受试者 $GP_{i,x,t}$									
	B		OT		OI		RT		RI	
	数值	%	数值	%	数值	%	数值	%	数值	%
agn. G							−3.929**	−0.154***	−0.455	−0.032
							(0.041)	(0.010)	(0.685)	(0.444)
F 值	13.19	7.88	9.48	10.36	12.40	7.86	27.36	5.55	53.42	41.89
Prob>F	0.000	0.000	0.000	0.000	0.000	0.000	0.000	0.000	0.000	0.000
R^2	0.307	0.210	0.268	0.286	0.324	0.233	0.514	0.177	0.674	0.618

注：(1)按照我们在"方法"部分的讨论，"上期本组捐献品捐献的平均值"在本表涉及的回归中应该属于控制变量，下同。

表 6-18 高禀赋者的局部公共品回归结果

	高禀赋者($LP_{i,x,t}$数量)				
	B	OT	OI	RT	RI
$\overline{LP}_{i,x,t-1}$	−0.094	0.219	−0.164	0.151	0.065
	(0.838)	(0.501)	(0.617)	(0.433)	(0.658)
$\overline{GP}_{i,x,t-1}$	0.164	0.066	−0.500	0.001	−0.060
	(0.639)	(0.850)	(0.150)	(0.992)	(0.798)
$\overline{GP}_{i,\square x,t-1}$	−0.174	−0.266	−0.422	0.365**	−0.763***
	(0.751)	(0.366)	(0.339)	(0.011)	(0.000)
ag. L		−1.528	5.852***		
		(0.435)	(0.008)		
agn. L				2.004	−1.111
				(0.237)	(0.693)
F 值	0.57	1.65	16.57	6.03	5.49
Prob>F	0.757	0.132	0.000	0.000	0.000
R^2	0.033	0.103	0.537	0.297	0.278

表 6-19 低禀赋者的局部公共品回归结果

	低禀赋者($LP_{i,x,t}$数量)				
	B	OT	OI	RT	RI
$\overline{LP}_{i,x,t-1}$	0.153	0.302	−0.067	0.047	0.534*
	(0.609)	(0.229)	(0.760)	(0.753)	(0.054)
$\overline{GP}_{i,x,t-1}$	−0.252	−0.130	0.096	0.158*	0.598**
	(0.394)	(0.573)	(0.627)	(0.080)	(0.043)
$\overline{GP}_{i,\square x,t-1}$	0.128	0.070	−0.056	−0.048	−0.579***
	(0.415)	(0.666)	(0.689)	(0.144)	(0.000)
ag. L		1.111	0.928		
		(0.321)	(0.366)		
agn. L				−0.117	0.694
				(0.867)	(0.615)
F 值	3.66	3.42	19.15	5.17	12.21
Prob>F	0.0025	0.003	0.000	0.000	0.000
R^2	0.179	0.193	0.573	0.266	0.457

表6-20　高禀赋者的全局公共品回归结果

	高禀赋者($GP_{i,x,t}$数量)				
	B	OT	OI	RT	RI
$\overline{LP_{i,x,t-1}}$	0.049 (0.903)	−0.291 (0.507)	0.036 (0.887)	0.198 (0.647)	0.286*** (0.006)
$\overline{GP_{i,x,t-1}}$	−0.390 (0.207)	0.215 (0.648)	0.298 (0.269)	−0.335** (0.021)	0.241 (0.136)
$\overline{GP_{i,\square x,t-1}}$	1.090** (0.025)	0.023 (0.955)	0.542 (0.114)	0.043 (0.8931)	0.259* (0.067)
ag. G		16.204*** (0.000)	−3.500** (0.018)		
agn. G				−2.973 (0.449)	−0.278 (0.886)
F值	4.79	6.50	8.02	3.37	35.69
Prob>F	0.0002	0.000	0.000	0.003	0.000
R^2	0.222	0.313	0.360	0.191	0.714

表6-21　低禀赋者的全局公共品回归结果

	低禀赋者($GP_{i,x,t}$数量)				
	B	OT	OI	RT	RI
$\overline{LP_{i,x,t-1}}$	−0.025 (0.936)	−0.402 (0.136)	0.311 (0.186)	−0.392 (0.203)	−0.103 (0.672)
$\overline{GP_{i,x,t-1}}$	0.104 (0.730)	−0.161 (0.516)	0.158 (0.452)	−0.475*** (0.009)	−0.009 (0.972)
$\overline{GP_{i,\square x,t-1}}$	0.004 (0.979)	0.009 (0.959)	0.075 (0.610)	0.037 (0.562)	0.528*** (0.000)
ag. G		5.444*** (0.000)	−0.01 (0.991)		
agn. G				−3.060** (0.047)	−0.873 (0.503)
F值	2	5.83	2.88	4.54	20.20
Prob>F	0.072	0.000	0.009	0.0002	0.000
R^2	0.106	0.290	0.168	0.188	0.596

通过以上结果,我们可以讨论下面几个问题。

1. 是否存在互惠性质的社会偏好

表6-16是对每类实验全体受试者的局部公共品捐献的影响因素的分析,见表可知,基准实验B的受试者没有表现出显著的互惠性社会偏好,虽然系数基本为正或接近0,但考察互惠性的解释变量的系数都不显著。在两个一次性交流实验类型OT和OI中,自变量$\overline{LP_{i,x,t-1}}$的系数为正且显著(对于数值回归和比率回归结果稳健)。实验OI的$\overline{LP_{i,x,t-1}}$系数值要大于

实验 OT 的系数值。在两个重复交流实验中,实验 RI 的比率回归中自变量 $\overline{LP_{i,x,t-1}}$ 和 $\overline{GP_{i,x,t-1}}$ 的系数都为正且显著,$\overline{GP_{i,\square x,t-1}}$ 的数值回归和比率回归的系数都为负且显著,实验 RT 则全部为正但不显著。这说明,组内交流尤其是重复性的组内交流可以激发更强的封闭式互惠,即对 $\overline{LP_{i,x,t-1}}$ 和 $\overline{GP_{i,x,t-1}}$ 的善意回报。

表 6-17 是全体受试者的全局公共品捐献的影响因素分析,可见,基准实验 B 和实验 OT 没有任何显著的互惠行为。对于自变量 $\overline{GP_{i,x,t-1}}$,实验 OI 和 RI 在数值上为正且显著,实验 RT 在数值和比率上都为负且显著。[①] 对于自变量 $\overline{GP_{i,\square x,t-1}}$,只有实验 RI 无论是数值还是比率都为正且显著。实验 RI 表现了较强的互惠倾向,表明在组内交流的情境下受试者愿意对他组的慷慨行为做出回馈;[②] 我们还可知,表 6-16 中实验 RI 的局部品捐献的自变量 $\overline{GP_{i,\square x,t-1}}$ 的系数为负且显著的原因是受试者将禀赋转移到了全局公共品账户。

表 6-18 到 6-21 是区分高低禀赋者后分别考察局部公共品捐献和全局公共品捐献的影响因素。局部公共品领域的结论大体一致,但是实验 OT 和 OI 中 $\overline{LP_{i,x,t-1}}$ 的系数变得不显著;全局公共品领域的结论也基本相同,但是高禀赋者在基准实验中表现出了互惠性($\overline{GP_{i,\square x,t-1}}$ 的系数为正且显著)。实验 RI 再次显示出是最能激发互惠性社会偏好的交流机制。

总体看,互惠偏好在每个类型实验间的显著性差异很大,且在合作水平最高的实验类型 RT 上并没有显示出说服力,这与 Nitta(2014)的结论类似。

2. 是否存在正面的禀赋效应

由表 6-16 可知,局部公共品在各个实验类型中都难见数值上的正面禀赋效应,大多是不显著(RT)甚至在比率的系数上为负且显著(B、OT、OI);只有 RI 的 Identity 的数值的系数为正且显著,但是其却在比率的系数上为负且显著。但这并不一定就说明高禀赋者的"吝啬",因为在双重公共品博弈中,更好展示高禀赋者的"慷慨"的方式是增加向全局公共品的捐献。

这将我们引向表 6-17,见表可知,实验 OT 和 OI 不显著,基准实验 B 仅在数值上为正且显著,实验 RI 在比率上为负且显著(但数值的回归系数

[①] 实验 RT 的 $\overline{GP_{i,x,t-1}}$ 的系数为负且显著,可能是存在搭便车行为,或者反映了为试探社会最优的方案而出现的捐献数量波动(表 6-9 中实验 RT 确实有较强的效率指数波动)。我们在实验说明中并没有明确告知受试者什么样的捐献行为可以达成社会总收益的最大化,这需要受试者通过交流时的讨论和实验中的实践加以认识。根据我们的观察,在实验 RT 中,很多受试者并没有很快认识到符合社会总收益最大化的捐献行为的规律。

[②] 我们无法排除这种回馈是一种基于个人利益计算的策略性考虑,而非真正的社会偏好。

为正),只有实验 RT 在数值和比率上都为正且显著。由此可知,实验 RT 是在促进正面禀赋效应上表现最好的交流机制。

判断是否存在禀赋效应的另一个方法是在同一实验中对高禀赋者和低禀赋者的捐献水平进行 Mann-Whitney 检验,结果见表 6-22。

表 6-22 对同一实验中高低禀赋受试者的 Mann-Whitney 检验

公共品类型	B	OT	OI	RT	RI
局部品捐献数量	−3.784*** (0.000)	−2.987*** (0.002)	−3.782*** (0.000)	−0.531 (0.631)	−3.544*** (0.000)
全局品捐献数量	−3.780*** (0.000)	−3.780*** (0.000)	−3.785*** (0.000)	−3.785*** (0.000)	−3.291*** (0.000)
局部品捐献占禀赋比率	−1.552 (0.123)	−1.475 (0.143)	−2.572*** (0.009)	−0.455 (0.684)	−1.512 (0.143)
全局品捐献占禀赋比率	−1.967* (0.052)	−0.983 (0.353)	−0.303 (0.796)	−0.417 (0.684)	−2.195** (0.029)

由于初始禀赋的不平等约束了捐献的绝对量的可能区间,故除了考察捐献数量的异同外,我们还需要考察针对高低禀赋者的捐献相对比率的异同。从局部品捐献的绝对量上看,只有实验 RT 的两类禀赋者之间不存在显著差异;从全局品的绝对量上看,全部实验类型都表现出显著差异。当我们转向关注相对比率时,不同禀赋者之间的差异的显著性大为下降,从局部品捐献的相对比率上看,只有实验 OI 表现出显著性差异;从全局品捐献的相对比率看,只有实验 B 和 RI 表现出显著性差异。回顾图 6-6 可知,实验 RT 在局部公共品数量上未出现显著性差异是因为不同禀赋者都将捐献控制在很低的水平;而之所以在相对比率上出现显著性差异,实验 B 是因为高禀赋者的全局公共品捐献比率更高,实验 OI 是因为高禀赋者的局部品公共捐献比率更高,实验 RI 则是因为低禀赋者的全局公共品捐献比率更高。于是,从 Mann-Whitney 检验的结果看,在全部 5 个实验中,只有基准实验 B 在比率层面体现了关于全局公共品正面的禀赋效应,这不同于之前很多研究的结论。

将表 6-17 和表 6-22 中的结果相比较,我们发现在控制了其他变量后,对于禀赋效应的考察结论出现了一定的变化,其中比重主要的是:实验 RT 原本在全局公共品 Mann-Whitney 检验中不存在比率的显著差异,在计量模型中出现了比率系数的显著性;实验 B 在 Mann-Whitney 检验中存在比率显著性,而从计量结果看比率系数则不显著。这种结论上的差异可能说明禀赋效应不能直接加以考察,在控制了其他因素的影响后的分析才更准确。尽管如此,实验 B 和 RT 中受试者的表现仍然使我们得出了有意义的结论,实验 B 证明了高禀赋者并不一定像 Nitta(2014)和之前的标准公共品实验所发现的那样"为富不仁",实验 RT 则说明对所有人都开放的长效交流机制可以进一步提高"富人"主动捐献的意愿。

3. 交流的结果是否产生了影响

在表 6-16 中,局部公共品只有实验 OT 的交流变量 ag.L 的系数无论是数量还是比率都为正且显著。在表 6-15 对全局公共品的分析中,实验 OT 的交流变量 ag.G 的系数在数量和比率上都为正且显著。实验 OI 的 ag.G 的系数在数量上为负且显著(在比率上不显著),由于 OI 是跨组交流,这可能说明受试者之间达成的是恶性"共谋"的协议,即相约减少全局公共品捐献。①

从表 6-18 到表 6-21 可知,实验 OT 在全局公共品上的效果对于高低禀赋者都有效,而实验 OI 只对高禀赋者有效。总之,只有实验 OT 是交流结果(达成协议)起到了预期的良好效果的交流机制。

我们将互惠、禀赋、交流结果三种作用途径的分析结果总结成表 6-23。

表 6-23　不同作用途径在实验类型中的影响

	B	OT	OI	RT	RI
互惠偏好	√	√	√		√√
禀赋效应	√			√√	
交流结果		√√	√		

注:"√√"表示有较大影响,"√"表示有较低影响;空白表示不存在显著影响或发生了负面的显著结果。

从表 6-23 我们可以得出

结论 6—3　互惠偏好、禀赋效应和交流结果三个因素对于合作水平都有一定的解释力,不同实验类型分别对于这三个因素体现了显著的正面效果。但是,没有任何一个因素可以单独解释交流所引起的合作水平的剧变,对交流机制作用途径的解释必然是一个多视角的复杂性工作。

例如,交流在有的实验(RT)中会冲击互惠;在有的实验(OT、OI、RI)

---

① 我们还在表 6-18 中发现了一个出人意料的现象,就是实验 RT 的 agn.G 的系数在数量和比率上都为负且显著。由于 RT 是跨组交流,我们无法认为这是由于封闭交流所造成的恶性"共谋",一个可能的猜想是出现了较多受试者故意违反协议的行为(更大范围的交流使得违法协议被发现的概率降低了),另一个可能更合理的解释是,这代表了真理是一种螺旋式反复的探索,协议的多次达成和修改可能导致试探性的捐献行为,反而降低了捐献数量。为了考察实验 RT 和 RI 中交流结果变量的影响的稳健性,我们还用"第一次是否达成了协议"作为虚拟变量替换了 agn.L 和 agn.G,各个系数的新的回归结果与原有结果基本一致。这证明了交流结果变量对于实验 RT 和 RI 没有显著的积极作用这一结论是稳健的。

中会掩盖禀赋效应;交流的结果有并不总是有显著的正面影响(RT 和 RI);相比于无交流的基准情况,只有 RI 和 RT 分别表现出了更强的互惠偏好和更大的禀赋效应。[①] 这说明,仅依据以上三种因素来解释实验 OT 相对于无交流基准实验 B 合作水平的提高是不够的,更无法解释为什么实验 OI 相对于基准实验 B 没有产生明显效果,甚至某些指标前者还低于后者;我们也无法仅仅通过以上三个变量来理解重复交流相对于一次性交流在合作水平上的飞跃。关于交流为什么会促进合作,我们的计量模型支持的是多因素的综合性因果解释。

五、实验结果分析归纳

从上述四个涉交流实验中可以明显概括出的典型化事实(stylized facts)有二:第一,跨组交流的效果优于组内交流;第二,重复交流的合作水平高于一次性交流。典型化事实一涉及交流的范围。

森(2002,2009)区分了一对概念——"封闭的中立性"(closed impartiality)和"开放的中立性"(open impartiality),其在思想史上可以追溯到亚当·斯密《道德情操论》中的"中立观察者"(impartial spector)概念。二者的区分在于个人在考虑问题或追求公平时是否把自己的视角局限于一个特定的团体之上。对于封闭的中立性,我们在协商和执行一个公平的方案时,只考虑自己所处于的特定团体(小组)的利益;而开放的中立性要求我们把视角延展到特定团体之外,从而避免团体偏见对公平方案的破坏。

实验设计中的组内交流相当于"封闭的中立性",而实验结果也恰恰符合森(2009)的预测——出现了以小组为单位的利益偏见。结果是两个组内交流的实验类型都出现局部公共品(只限于同组成员受益)捐献较多,全局公共品(他组成员也可受益)捐献较少的情况;甚至在实验 OI 中还发现了恶性共谋式协议,即组内协议的达成反而会降低全局公共品的捐献(这意味着协议的内容很可能是要求不顾全局利益而多照顾局部利益)。于是,实验中出现了交流机制没有起到明显作用的情况,即实验 OI 的社会收益和效率指数都没有显著优于基准实验 B,全局公共品捐献水平前者甚至低于后者。

与两个组内交流实验形成对照,两个跨组交流实验取得了更好的合作效果,不仅捐献水平更高,而且避免了末轮效应(该效应在实验 RI 中显著,而在实验 RT 中不显著)。可能的原因是:所有相关者都加入交流可以使得

[①] 单一的禀赋效应不能充分解释实验 RT 的最强的合作水平,因为相对于基准实验 B,实验 RT 中不仅是高禀赋者捐献全局品的水平更高,低禀赋者也明显更高。

受试者有机会对局部的因而可能是狭隘的价值观加以开放性的审视和批判，或者说，开放式交流让以禀赋差异作为区分标准的两组成员间能够换位思考他者所处的特殊情境，于是制定的协议或达成的默契会鼓励更多地捐献全局公共品。这解释了为什么实验 RT 和 OT 的合作水平要分别高于实验 RI 和 OI。

典型化事实二聚焦的是交流的频率。研究发现，重复交流实验有比对照组实验更高的合作水平，体现为重复交流实验的全局公共品捐献无论在绝对量上还是占全部捐献的比率上都更高。重复交流的效果可能应该归功于一种相互监督的机制。虽然我们在实验中不允许彼此询问对方上一期的具体捐献数额，但是对于上一期平均捐献水平的讨论仍然会给捐献水平较低者某种社会性的外在压力（通过受试者填写的问卷我们发现，对本组和他组的前期捐献水平的讨论是重复交流时的重要内容）。在这种压力下，虽然实验 RT 中对于什么是符合社会利益最大化的合作方式有一个螺旋式反复的学习过程。但是，在前一期效率指数水平下降后，在下一期能够立即回复到较高水平，且从轮次效应看整体上存在显著的上升趋势。

与之对应，一次性交流相当于所谓的"一锤子买卖"，在交流结束后，受试者是否遵循了达成的协议或默契是无法观察的，更没有办法进行监督和施以社会性外部压力。于是，受试者的机会主义动机会随着实验的延长而逐渐占据上风。从轮次效应上看，与无交流的基准实验 B 一样，实验 OT 和 OI 在全局公共品上都有显著为负的轮次效应，即是说，一次性交流无法解决捐献水平逐渐下降这一标准公共品实验中的常见现象。

那么，以上两个实验结果的典型化事实能带给我们尤其是在公共服务领域一些什么样的政策启示呢。

第一，在公共政策的决策上开展开放式的大范围讨论和交流，认真听取和吸纳不同的声音。我们已经发现，开放式的交流和封闭式的交流按照效率指数判断具有截然相反的效果。在公共服务领域，不同偏好和收入者缺乏沟通的结果是少数的一方通过搬出原有的社区或城市来逃避问题，进而造成社会的分割和隔阂。在经济社会高速发展期，人们对于公共服务的需要和偏好存在分歧是必然的，开放式交流并不奢求所有人经过讨论达成"一致同意"（unanimous），而是尽可能地寻求人们异质偏好的"交集"或所谓的"重叠共识"（overlapped consensus）。不同收入的人也许无法对儿童疫苗应该用进口还是国产药剂达成一致，但是儿童用药的安全性却毫无疑问是共同的底线。

公共交流和对话的有限性受到多重约束，如动机（是否愿意为合作而放弃一定的个人利益)、认知(是否有能力分辨和预见备选方案的一般运作结果)和道德敏感性(即斯密的"同情心"和孟子的"恻隐之心")。但是,为了走出个人既得利益和局部狭隘利益的泥潭,开放式的交流仍然是必要条件。动机、认知和道德不能只被视为阻碍有效交流的原因,它们可能反倒是以开放为前提的有效交流不足的结果。只有更多更充分的跨国家、跨民族、跨阶层、跨职业的交流,才能逐步培养起交流参与者的包容精神,而不再把"非我族类"视作他者。于是,开放性交流不仅是一个表达民意的程序,更是促进社会和谐,凝聚公共政策合法性的必需。

实际上,我国近年来已经广泛试行了一些扩大交流的方法,如,扩大在重大决策时的党内讨论、加强政策听证的力度、开展领导和网友的网络互动、开通政务微信平台、电视直播职能部门领导述职情况等。这些政策在出发点上非常好,只是还需要细化,如公共服务领域经常举行听证会,但会上请谁来不请谁来会对听证会的效果产生基础性影响。总之,改革的方向应该是鼓励更多的交流,让更多的人有机会发出不同的声音,让决策者听得到和听得进多样化的声音。

第二,建立讨论协商的长效机制,形成能够对公共政策参与者的行为进行评价和监督的制度体系。我们在实验中发现,对于一次性交流的实验,交流所达成的协议的作用显著为正,但同时又存在显著为负的轮次效应,这意味着交流效果的边际递减。追根溯源,我们发现是交流的机制设计存在问题,因为重复交流实验 RT 中存在显著为正的轮次效应。

这说明,仅仅权宜之计式地引入交流机制是远远不够的,必须建立起通过交流进行讨论协商的长效机制。这一长效机制有两个作用,一是对已发生的情况进行总结和评价,二是对已发生的情况加以批评和监督。总结和评价是为了加快学习效应发挥作用的节奏,以便在实践中快速掌握能获得合作收益最大化的方式方法;批评和监督是为了形成识别和惩罚机制,让搭便车者无处遁形并受到应有的制裁。党的十八届四中全会提出要"加强社会主义协商民主制度建设,推进协商民主广泛多层制度化发展,构建程序合理、环节完整的协商民主体系",其可以理解为宣告建立交流的长效机制,以便更加有效地促进社会合作。

我国的《国家基本公共服务体系十二五规划》虽然也提出要建立绩效评价和监督问责机制,但是对于如何落实没给出具体方案。按照我们的研究结论,人民群众和社会团体的长效交流协商机制可以起到良好的绩效评价和监督问责的作用。按照现有的体制,可以把公共服务评价和监督的责任放在人大和政协的系统下,通过在公共服务问题上日常接待来信来访、定期举行有广泛代表性的座谈和集中处理相关提案等方式来发挥评价和监督之责。

第三，公共政策领域的方案从属于在试错中不断优化的过程，关键问题是如何将试错成本最小化。

在实验RT中，出现了多次达成协议的受试者其全局公共品捐献水平反而低于重订协议次数较低者的情况，进而导致实验RT的效率指数水平有较大幅度的波动。究其原因，很可能是因为实验中的最佳合作方案需要受试者自己去发现，而他们又没有充分的时间详加分析和科学论证，只能在实验开始后不断地试错；由于对试错的结果亦没有充分的讨论时间，才导致了所谓的"一错再错"。从实验RT的轮次效应的系数为正且显著来看，试错式学习是有效果的，但代价太大。

在我们看来，由于有限理性和信息不完备，在一揽子的顶层政策设计中出现错误几乎是无法避免的，一旦错误发生在重大的公共政策领域，那么其所造成的损失往往无法弥补。于是，关键问题实际上是如何把试错成本降低到最小。改革开放以来，我们的党在解决这一问题上有一个非常优良的传统——"摸着石头过河"，先不轻易下结论，而是允许试点，在证明确有效果和人民乐于接受后再逐步推广。这就很大程度上解决了决策的科学性和代表性问题，又由于政策本身就是来自于民间和基层的实践，不存在对政策错误理解和执行不力的可能。所以，我们务必要防止理性的僭越，要相信人民的智慧，要关注基层自发的创新，所有的顶层政策设计都要有基层实践和民意的微观基础，这可能是让公共政策的试错成本最小化的最有效路径。

《国家基本公共服务体系十二五规划》提出在供给模式上提倡多元化，鼓励社会力量参加，这无疑是一招调动民间智慧、力量和公益精神的好棋。但是，政府仅仅允许企业、非政府组织和个人参与具体任务是不够的。在政府保证主导地位和导向作用的前提下，可以允许其他组织和个人在公共服务规划上发表意见，以保证整体规划的民意基础；政府还可以主动向其他组织学习其在具体任务执行中的经验，以保证规划具有实践可行性；在政府财力有限的情况下，甚至可以在某些具体领域让民间力量唱主角，政府搭台百姓唱戏，通过基层自发的活力和智慧解决一部分公共服务问题。

虽然我们对于双重公共品这一主题从交流机制的视角做了一定的拓展，但我们的工作还有大量的空间可以进一步加以深化。我们只举出几点与交流机制有关的未来需要关注的方向：

第一，交流起作用的神经基础。我们在本节的第五部分从互惠偏好、禀赋效应和交流的结果三个方面讨论了交流促进合作的原因，但是这种讨论在本质上仍然是间接的,我们没有回答为什么会有互惠偏好和禀赋效应。这方面更深入的问题——如受试者在反复的交流中是否建立了某种情感纽带,从而在心理上愿意增加合作等——需要在实验中借助神经经济学和相应的技术来考察。

第二,其他交流平台的效果。我们在实验中设计了面对面直接交流的机制,这是一种交流效果比较强的机制。其他交流方式,如通过中介媒体进行间接交流等,在标准公共品的实验中已经被证明有效,但是其在双重公共品中的效果还需要加以确认。

第三,交流中互动方式的限制。我们的实验是一种双向无限制的交流。在真实的生活中,交流的互动方式往往是有限制的,如单向交流、只有一次发言机会、发言顺序事先规定等。在交流方式上,可以利用很多技巧做一些限制性规定,并考察其影响。如在异质禀赋实验中,可规定只允许高禀赋者或低禀赋者发言,然后看一下这类实验的效果相比基准情况会有何种差异。

第四,无知之幕下的交流。在我们的实验中,唯一或第一次交流时受试者已经知道自己的初始禀赋水平,这使得受试者的行为必然会受到个人既得利益(禀赋)的影响。按照罗尔斯的思想,我们可以把第一次交流放在无知之幕(veil of ignorance)下进行,即我们可以让受试者在不知道自己的禀赋的情况下进行交流并达成协议,然后观察与我们已经有的实验类型在效果上是否有差异。这类情境下的交流结果更符合罗尔斯意义上的"公平"(fairness),我们关心的是此种公平对效率(合作收益)会产生什么影响以及该影响可否持续。

第五,交流的附属制度变量。无论是否保存交流机制,我们都可以引入一些其他附加性的制度变量。引入这类新的制度变量的好处是可以使实验情境更贴近对现实政策的模拟。比如我们可以通过引入外生或内生的税收(内生的税收可以通过投票制定,外生的税收则可以在实验说明中指定)、禀赋比例税或等额人头税、累进税或比例税等来考察税收的挤出效应。我们可以做出的异于典型公共品博弈的变化是我们可以选择向局部公共品征税、向全局公共品征税还是向两类公共品一起征税。这等于模拟了地方政府征税、中央政府征税和两级政府同时征税的情况(我们假设每级政府只负责征税以提供受益范围符合其级别的公共品)。

六、结语

本节研究的目的是要在双重公共品这一较为复杂的博弈结构下,检验交流作为一种易于应用和推广的制度设计,是否可以促进人际间的合作,从而提高社会整体收益。为了刻画现实中主体的多样性，加入了异质初始禀赋的设计。实验结果证明，异质（禀赋）主体间是可以形成合作的，关键是要有恰当的制度设计。受试者在开放性的长效交流机制下最倾向于进行合作，这符合我们的理论预期和生活直觉，证明了实验方法在研究异质主体在复杂条件下的合作方面具有很大的可信性、有效性和可操作性。

第四节　本章小结

　　本章基于上文研究讨论公共品供给的案例，以实际生活中出现的问题进行说明，探讨解决公共品供给的方法。在传统经济学研究领域中，公共品供给不足是市场失灵的一种情况，主要原因是基于理性人假设的"搭便车者"无法消除，在村公路研究案例中，本书进一步揭示公共品市场配置资源和管理低效率的根源在于供求关系中的行为及信息不对称，并用博弈论方法论证和选择均衡策略，探讨为提高公共品效用而设计的激励机制的基本特征，据此解释我国公共品短缺等现实问题的内在原因。其次，在对天津市水资源实际案例分析中，主要是针对水资源管理中的利益相关者分析，介绍水资源综合管理的含义以及利益相关者分析的重要所在；随后，对天津市水资源管理的特点及主要利益相关者进行初步识别，建立在利益相关者识别和策略行为分析的基础上，对项目中涉及的不同利益相关者进行具体分析。此外，还介绍了天津市调查研究、访谈和问卷调查工作中获得的关于天津市水资源管理和"引滦入津"工程的第一手资料；调查问卷分析也是天津市水资源管理案例研究的重点，通过对三种调查问卷（分别针对居民、企业和管理人员）进行调查结果分析。最后，本章内容是关于公共品自愿供给实验，将交流机制引入双重公共品博弈中，研究在异质禀赋条件下，组内和跨组两种交流范围以及单次和重复两种交流频率对于双重公共品自愿供给的影响，在此基础上，分析互惠偏好、禀赋差役、交流的结果等因素是否起作用。

第七章 结论与展望

人类社会活动中,不同类型的微观主体,究竟具有哪些行为特性,在什么样的环境条件下以自利为主要特征的主体能够达成合作并能长久持续及相关问题,是经济学乃至人文社会科学必须要面对和回答的重大问题。本书的探索和努力,不敢奢望有统一的、成体系的定论与灼见及政策建议,只是侧重在方法可行性方面做了一些有益的尝试。

第一节 体会与结论

合作的魅力源于其在集体行动和人类社会活动中无处不在的广泛性,但这又让循规蹈矩的研究者难以确切把握。若干经典的博弈实验中被试的行为均偏离了经济人自利假设,而且不同的机制对于合作行为有不同影响,因此我们通过系列化关联实验的归因式探讨和论证了合作行为的广泛存在性,同时在社会偏好理论的基础上,发现了不同的机制能诱发不同的社会偏好。本书从实验经济学的角度通过设计相关实验并运用相关实验数据讨论了公共品博弈实验中不同机制下合作行为的。主要体会和结论归纳如下:[①]

首先,在一个气候保护前提下的公共品自愿供给实验环境中,全面地考察被试初始禀赋不平等、自然条件不平等两种不平等体现方式对于公共品博弈合作的各种影响。实验结果可以分为总体影响和个体影响两个层面。在总体层面上:无论在任何不平等环境基础上,公共品自愿供给都会显著存在,但是其供给水平在多期重复机制中并不会表现出明显的下降趋势;相比

---

① 本节中更多的是作者用实验方法研究合作行为、助推经济理论发展的一些感想和体会,这也正好与我们的初衷相吻合,而且每章后面小结中已有的相关研究要点和主要结论,此处就不再重复和赘述。

平等的基准情况,自然条件不平等并不能显著地提高公共品供给水平和供给效率。在个体层面上:被试的个体减排和其投资减排的初始禀赋正相关,但是自然条件对于被试的个体公共品投资的影响还比较模糊。此外,第四章进一步探讨了减排合作背后隐含的行为因素,结果发现互惠性公平和不平等厌恶这两种社会偏好的作用是非常重要的。而研究显示,在大多数情况下,减排投资并没有因不平等环境而显著提高,但也发现在气候保护的公共品博弈中,不同国家之间存在明显的不平等厌恶,这种不平等厌恶本身会对减排行为造成负面影响,在治理全球气候变化的过程中,要努力消除这种不平等厌恶,激发各个成员国之间的互惠偏好,从而促进全球减排行为。

其次,在一个包含以个体禀赋不平等体现的收入不平等的典型的公共品自愿供给实验环境中系统地考察了个体惩罚机制对于公共品自愿供给的各种影响。由于个体禀赋不平等近似体现了起点的不平等,可能更能体现收入不平等的现实根源,所以后续的实验研究均以此来体现收入不平等。实验结果同样可以分为总体影响和个体影响两个层面。在总体层面上:惩罚机制的引入都能够稳定持续地提高公共品自愿供给水平从而对供给效率提升有正向作用;在个体层面上:和新古典理性人假设不同,惩罚现象显著存在。接下来,进一步分析了被试做出是否惩罚和惩罚力度这两个选择时的决策依据,主要包括目标被试公共品投资和自身公共品投资的差异,这主要体现一种公平考虑。总体上,这些结论说明基于被试个体之间的惩罚互动机制对于充分发挥公共品自愿供给的作用有一定效果。此外本书在一个包含以个体投资公共品禀赋体现的收入不平等的典型的公共品供给实验环境中深入地考察了领导者机制对于公共品供给的各种影响。实验结果仍可以分从总体影响和个体影响两个层面来看。在总体层面上:序贯博弈的领导机制下,总体的贡献水平比在同时博弈的情况下要显著的好。在个体层面上:高禀赋条件下,无论哪种机制都能能使得其贡献水平高于在低禀赋条件下的贡献水平,但是领导机制并不能使高禀赋的受试者的公共品供给水平高于在无领导机制下的高禀赋的受试者的公共品供给水平,不过领导机制可以是低禀赋的受试者的公共品供给水平高于在无领导机制下的高禀赋的受试者的公共品供给水平,同时还发现跟随者会根据领导者的行为调整他们的行为。[1]

---

[1] 本书中水资源管理等部分内容并不是严格意义上的实验研究,但可看成是实地实验( )的变通结合应用,而且与合作行为、公共品提供及公共服务均等化等共同行动中的群体决策有密切相关的内在逻辑关系。

再次,来看我们感知到的经济实验方法的适应性和有效性及相关问题。与现行的其他方法和手段相比,经济实验方法无疑是继承了实证传统并能更好地发挥实证优势,具有总体上包容而细节处互补的特性。从行为属性角度看,不仅合作是条件性的,可以说人类所有的行为表现都是条件依赖的,或具有情景效应(Context Effects),虽然我们只是重点探讨了公共品捐献中的合作行为,突出了实验方法可控和可重复的本质特色,并且能推广到更一般意义上,开展既广泛关联而又深入集中地进行行为研究;通过人类主体(HS: Human Subject)的实验,找出关键行为特征和临界阈值,再辅以计算机模拟(CA: Computational Agent),既 HS+CA 的计算实验,能更接近复杂决策行为的本质,能够通宏洞微地、深入、精准、按需定位地,使得理论研究的结论更有说服力而且更加直观、易于接受和实施。总之,经济实验是非常值得探索的研究方法和应用工具,能够获得更加切实有效的理论支撑,能够迈上前景更加光明的可行发展路径。

第二节　前景展望

以实验经济学方法研究公共品博弈实验中不同机制下合作行为,虽然充分利用了实验经济学可重复性、可操控性等特性,但也难免存在诸多问题:

第一,由于受财力和精力所限,本书的实验数据仍不可避免地存在一定缺陷。因为实验被试者都是学生,而且来自同一学院,使得被试样本的教育背景和知识背景高度重合,所以实验的样本本身较为狭窄;虽然说样本的代表性对于此类公共品博弈实验结果影响不大,但是在决策行为中会产生高度耦合的情况,同时因为本次实验的实验局都是多期实验,在背景相同的实验样本中间很容易产生互相学习揣摩的情况,这使得实验结果可能受到一定程度干扰。而且由于是学生,所以在气候保护条件下的公共品博弈实验中,其实很难让学生产生角色投入感,学生本身没有太多社会经历和社会经验,同时缺乏对现实世界的了解,这些对于投入感的产生都造成了障碍。希图在未来能够用更广泛的群体,更大的样本量和更多层的样本结构进行实验,使得结果更能模拟现实。同时本书在实验过程中缺乏对被试者背景身份的收集,在分析中欠缺了社会背景对于合作行为的影响。

第二,虽然本书主要对两种机制进行了实验,但是并没有对内生行为机制即带内生惩罚机制的公共品博弈实验中的惩罚行为、带奖励机制的公共品博弈实验中的奖励行为以及内生领导机制的公共品博弈进行严格的科学检验。惩罚、奖励和领导机制的公共品博弈实验发展突飞猛进,惩罚行为、奖励行为和内生领导者行为已经被证实是提升合作水平的重要机制,同时也有很强的政策含义。因此惩罚行为、奖励行为和内生领导机制的研究就显得异常重要,同时剖析其背后的行为动机并结合相关理论进行验证也能加深对合作的认识。今后,还应对这类问题做进一步的研究。

  第三,经济实验方法在发现行为特征、检验经济理论和辅助决策等方面发挥着重要作用,在分析解释传统理论方法难以深入合理解释的社会经济"异常"现象时有独到作用,但在不断扩大应用领域、更加紧密地与实际结合的同时,在研究揭示人的多元行为本质特征及相关方面的适用性和有效性等根本性问题上,实验方法本身也在经受着检验,也在不断地校准和调适自身的发展方向和轨道,在这些方面还有很多事情很值得去做,需要与经典的经济理论和方法的相互渗透与相互促进,打开行为黑箱,展开行为过程,揭示行为机理,助推实验经济学的发展进入一个新阶段,也能为当代经济理论的发展奠定更加坚实的微观行为基础。

参考文献

Anderson, C. , & Putterman, L: "Do non-strategic sanctions obey the law of demand? The demand for punishment in the voluntary contribution mechanism", *Games and Economic Behavior*, 2006, 51(1), pp. 1—24.

Andreoni, J: "Why Free Ride? Strategies and Learning in Public Goods Experiments", *Journal of Public Economics*, 1988, 37(3): pp. 291—304.

Andreoni, J: "Warm-Glow versus Cold-Prickle the Effects of Positive and Negative Framing on Cooperation in Experiments", *Quarterly Journal of Economics*, 1995, 110 (1): 1—21.

Andreoni, J. and Miller, J: "Giving According to GARP: An Experimental Test of the Consistency of Preferences for Altruism", *Econometrica*, 2002, 70(2): 737—753.

Andreoni, J. , Vesterlund, L: "Which is the fair sex? Gender differences in altruism", *Quarterly Journal of Economics*, 2001, 116, pp. 293—312.

Andreoni, James, William Harbaugh, and Lise Vesterlund: "The Carrot or the Stick: Rewards, Punishments, and Cooperation", *American Economic Review*, Vol. 93, No. 3, 2003, pp. 893—902.

Ashley, R. , Ball, S. and Eckel, C: "Motives for Giving: A Reanalysis of Two Classic Public Goods Experiments", *Southern Economic Journal*, 2010, pp. 77: 15—26.

Ashraf, N. , Bohnet, I. and Piankov: "N. Decomposing Trust and Trustworthiness", *Experimental Economics*, 2006, 9(3): 193—208.

Bahry, D. , Kosolapov, M. , Kozyreva, P. and Wilson, R. K. Ethnicity and Trust: "Evidence from Russia", *American Political Science Review*, 2005, 99(4): 521—532.

Barr, A. Social Dilemmas and Shame-based Sanctions: "Experimental Results from Rural Zimbabwe", Working paper, Centre for the Study of African Economies, 2001.

Barr, A. Trust and Expected Trustworthiness: "Experimental Evidence from Zimbabwean Villages", *The Economic Journal*, 2003, 113(489): 614—630.

Barr, A. and Kinsey, B. : "Do Men Really Have No Shame?", Working paper, Centre for the Study of African Economies, 2002, 60(1): 11—26.

Beck, J. H. : "An experimental test of preferences for the distribution of income and individual risk aversion", *Eastern Economic Journal*, 1994, 20(2), pp. 131—145.

Becker, G. S: "The Economic Approach to Human Behaviour". The University of Chicago Press, Chicago, 1976.

Benz, M. and Meier, S: "Do People Behave in Experiments As in the Field Evidence from Donations", *Experimental Economics*, 2008, 11(3): 268—281.

Berg, J., Dickaut, J. and McCabe, K. Trust: "Reciprocity and Social History", *Games and Economic Behavior*, 1995, 10(1): 122—142.

Blackwell, Calvin, and Michael Mckee: "Only for my own neighborhood: Preferences and voluntary provision of local and global public goods", *Journal of Economic Behavior and Organization*, Vol. 52, No. 1, 2003, pp. 115—131.

Blanco, M., Engelmann, D. and Normann, H. T., A: "Within-Subject Analysis of Other-Regarding Preferences", *Games and Economic Behavior*, 2011, 72(2), pp. 321—338.

Binmore, K. and Shaked, A.: "Experimental economics: Where next", *Journal of Economic Behavior and Organization*, 2010a, 73(1), pp. 87—100.

Bochet, O., Page, T. and Putterman, L: "Communication and Punishment in Voluntary Contribution Experiments", *Journal of Economic Behavior and Organization*, 2006,

Bolton, G. E: "Comparative Model of Bargaining: Theory and Evidence", *American Economic Review*, 1991, 81(5): 1096—1136.

Bolton, G. E. and Ockenfels, A. ERC: "A Theory of Equity, Reciprocity, and Competition", *American Economic Review*, 2000, 90(1): 166—193.

Bottom, W. P., Holloway, J., Miller, G., Mislin, A. and Whitford, A: "Building a Pathway to Cooperation: Negotiation and Social Exchange between Principal and Agent", *Administrative Science Quarterly*, 2006, 51: 29—58

Buchan, N., Johnson, E. and Croson, R. Let's get personal: "An International Examination of the Influence of Communication, Culture and Social Distance on Other Regarding Preferences", *Journal of Economic Behavior and Organization*, 2006, 60(3): 373—398.

Burks, S., Carpenter, J. and Verhoogen, E: "Playing Both Roles in the Trust Game", *Journal of Economic Behavior and Organization*, 2003, 51(2): 195—216.

Burns, J: "Race and Trust in a Segmented Society", Working Paper, University of Cape Town, 2006.

Camerer, C: "Behavioral Game Theory: Experiments on Strategic Interaction". Princeton University Press, Princeton, NJ, 2003, 11: 167—188.

Camerer, C: "and Fehr, E. Measuring Social Norms and Preferences Using Experimental Games: A Guide for Social Scientists", in Foundations of Human Sociality: Economic Experiments and Ethnographic Evidence from Fifteen Small-Scale Societies, eds. Joseph Henrich et al., Oxford, Oxford University Press, 2004, pp. 55—95.

Capra, C. M.; "Lanier, K. and Meer, S. Attitudinal and Behavioral Measures of Trust: A New Comparison". Department of Economics, Emory University Working Paper, 2008.

Cardenas, J. C. and Carpenter, J: "Behavioral Development Economics: Lessons from Field Labs in the Developing World", *Journal of Development Studies*, 2008, 44(3): 337—364.

参考文献

Cardenas, J. C: "En vos cofio: An Experimental Exploration on the Micro-foundations of Trust, Reciprocity and Social Distance in Colombia". Working paper, Faculty of Economics, Universidad de Los Andes, 2003.

Carlsson, F., Daruvala, D., Johannesson, O.: "Are people inequality-aversion, or just risk-aversion?", Economic, 2005, 72, pp. 375—396.

Carpenter, J.: "Punishing Free-Riders: How Group Size Affects Mutual Monitoring and the Provision of Public Goods", *Games and Economic Behavior*, 2007a, 60: 31—51.

Carpenter, J.: "The Demand for Punishment", *Journal of Economic Behavior and Organization*, 2007b, 62(4): 522—542.

Carpenter, J. and Seki, E.: "Do Social Preferences Increase Productivity? Field Experimental Evidence from Fishermen in Toyama Bay", *Economic Inquiry*, 2011, 49(2): 612—630.

Carpenter, J., Daniere, A. and Takahashi, L.: "Social Capital and Trust in Southeast Asian Cities", *Urban Studies*, 2004, 41(4): 853—874.

Carter M. and Castillo, M.: "An Experimental Approach to Social Capital in South Africa". Working paper, University of Wisconsin, 2003.

Carter M. and Castillo, M. Morals: "Markets and Mutual Insurance: Using Economic Experiments to Study Recovery from Hurricane Mitch". in C. Barrett, eds. The Social Economics of Poverty: On Identities, Communities, Groups and Network, New York: Routledge, 2005

Casari, Marco and Luigi, L.: "Group Cooperation Under Alternative Punishment Institutions: An Experiment, Journal of Economic Behavior and Organization", 2009, 71, pp. 273—282.

Cason, Timothy, Roman Sheremeta, and, Jingjing Zhang, "Communication and Efficiency in Competitive Coordination Games", Games and Economic Behavior, Vol. 76, No. 1, 2012, pp. 26—43.

Charness, G. and Rabin, M.: "Understanding Social Preferences with Simple Tests". *Quarterly Journal of Economics*, 2002, 117(3): 817—869.

Chaudhuri, A., Sustaining Cooperation in Laboratory Public Goods Experiments: "A Selective Survey of the Literature", *Experiment Economics*, 2011, 14(1), pp. 47—83.

Chen Y., 2008: "Incentive-compatible Mechanisms for Pure Public Goods: A Survey of Experimental Research", *Handbook of Experimental Economics Results* Chapter 67, Vol. 1(07): 625—643.

Cinyabuguma, M., Page, T., & Putterman, L.: "Can second order punishment deter perverse punishment? Experimental Economics, 2005, 9, pp. 265—279. Cox, J. How to Identify Trust and Reciprocity". Games and Economic Behavior, 2004, 46(2): 260—281.

Clark, E. 1971. Multipart pricing of public goods. Public Choice 8: 19—33.

Fudenberg, D. and Tirole, J. 1991, Game Theory. Cambridge, Masschusetts: The MIT Press.

Connelly, B. L. , Tihanyi, L. , Crook, T. R. , & Gangloff, K. A. 2014. "Tournament theory: Thirty years of contests and competitions", *Journal of Management*, 40(1): 12—43.

Dannenberg, A. , Riechmann, T. , Sturm, B. and Carsten, V. , Inequity Aversion and Individual Behavior in Public Good Games: An Experimental Investigation[R], Discussion Paper No. 07—034, Centre for European Economic Research(ZEW), 2007.

Dannenberg, A. , Sturm, B. and Vogt, C. : "Do Equity Preferences Matter for Climate Negotiators? An Experimental Investigation", *Environmental and Resource Economics*, 2010, 47(1), pp. 91—109.

Danielson, A. and Holm, H. : "Do You Trust Your Brethren? Eliciting Trust Attitudes and Trust Behavior in a Tanzanian Congregation". *Journal of Economic Behavior & Organization*, 2007, 62(2): 255—271.

Dawes, R. M. and Thaler, R. H. : "Anomalies: Cooperation", *Journal of Economic Perspectives*, 1988, 2: 187—197

De Quervain, Dominique J. -F. , Urs Fischbacher, Valerie Treyer, Melanie Schellhammer, Ulrich Schnyder, Alfred Buck, and Ernst Fehr, "The Neural Basis of Altruistic Punishment", Science, Vol. 305, No. 5688, 2004, pp. 1254—1258.

Denant-Boemont, L. , Masclet, D. , & Noussair, C. : "Punishment, counterpunishment and sanction enforcement in a social dilemma experiment". *Economic Theory*, 2007, 33, pp. 145—167.

Dreber, A. , Rand, D. G. , Fudenberg, D. and Nowak, M. A: "Winners don't punish", Nature, 2008, vol. 452, 348—351.

Dufwenberg, M. and Kirchsteiger, G. : "A Theory of Sequential Reciprocity". *Games and Economic Behavior*, 2004, 47(2): 268—298.

Eckel, C. C. and Gintis, H. : "Blaming the messenger: Notes on the current state of experimental economics", *Journal of Economic Behavior and Organization*, 2010, 73(1), pp. 109—119.

Eckel, Grossman, P. J. : "Are womenless selfish than men? Evidence from dictator experiments", *Economic Journal*, 1998, 108, pp. 726—35.

Englmaier, F. A Survey on Moral Hazard: "Contracts, and Social Preferences". *Psychology, Rationality and Economic Behaviour: Challenging Standard Assumptions*, Bina Agarwal and Alessandro Vercelli, eds. 2005.

Ensminger, J. : "Experimental Economics in the Bush: Why Institutions Matter". C. Menard(eds) *Institutions, contracts, and organizations: Perspectives from new institutional economics*, Edward Elgar, London, 2000, 158—171.

Ertan, A. , Page, T. , and Putterman, L. : "Who to punish? Individual decisions and majority rule in mitigating the free rider problem", *European Economic Review*, 2009, 53(5), pp 495—511.

Falk, A. and Fischbacher, U. : "A Theory of Reciprocity". *Games and Economic Behavior*, 2006, 54(2): 293—315.

Falkinger J. ,Fehr,E. Gächter, S. and Winter-Ebmer,R. :"A Simple Mechanism for the Efficient Provision of Public Goods:Experimental 133 Evidence". *American Economic Review*,2000,90(1):247—264.

Fehr and C. Camerer(eds),Foundations of Human Sociality:Economic Experiments and Ethnographic Evidence from fifteen Small-scale Societies,(Oxford:Oxford University Press),2004,125—167.

Fehr,Ernst,and Klaus Schmidt:"Theories of Fairness and Reciprocity:Evidence and Economic Applications", In M. Dewatripont, L. Hansen, and S. Turnovski, eds. , Advances in Economic Theory,Vol. 1,Cambridge:Cambridge University Press,2003,pp. 208—257.

Fehr, Ernst, Urs Fischbacher, and Michael Kosfeld: "Neuroeconomic Foundations of Trust and Social Preferences:Initial Evidence",*American Economic Review*,Vol. 95, No. 2,2005,pp. 346—351.

Fehr,E. and Gächter,S. :"Cooperation and Punishment in Public Goods Experiments", *American Economic Review*,2000,90(4):980—994.

Fehr,E. and Gächter,S. :"Altruistic Punishment in Humans",*Nature*,2002,415:137—140

Fehr,E. and Gächter S. and Kirchsteiger,G. :"Reciprocal Fairness and Non compensating Wage Differentials". Journal of Institutional and Theoretical Economics,1996,152 (4):608—640.

Fehr,E. and List,J. :"The Hidden Costs and Returns of Incentives—Trust and Trustworthiness among CEOs", *Journal of the European Economic Association*, 2004, 2 (5):743—771.

Fehr,E. and Schmidt,K. :"A Theory of Fairness,Competition,and Cooperation",*Quarterly Journal of Economics*,1999,114(3):817—868.

Fellner,Gerlinde,and Gabriele Lünser,"Cooperation in Local and Global Groups",Working paper,2008.

Ferrer-i-Carbonell,Ramos:"Inequality Aversion and Risk Attitudes",Working paper No. 4703,IZA,2010.

Fischbacher,U. ; Gächter,S. and Fehr,E. , :"Are People Conditionally Cooperative? Evidence From a Public Goods Experiment",Economics Letters,2001,71(3),pp. 397—404.

Fischbacher,U. ,Z-Tree:"Zurich Toolbox for Ready-made Economic Experiments",*Experimental Economics*,2007,10,pp. 171—178.

Forsythe,R. ,Horowitz,J. L. ,Savin,N. E. and Sefton,M. :"Fairness in Simple Bargaining Experiments",*Games and Economic Behavior*,1994,6(3):347—369.

Friedman,M. :"Price Theory:A Provisional Text". Aldine,Chicago,1962.

Gächter. S,Nosenzo. D,Renner. E and Sefon. M. :"Who Makes A Good Leader? Cooperativeness,Optimism, and Leading-by-example", *Economic Inquiry*, 2010,50(4),pp. 953—967.

Gächter, S. , Herrmann, B. and Thöni, C. Trust: "Voluntary Cooperation, and Socio-economic Background: Survey and Experimental Evidence", *Journal of Economic Behavior and Organization*, 2004, 55(4): 505—531.

Gil-White K. , F. , Gurven, M. , Marlowe, F. , Patton J. and Tracer, D. Economic Man: "Cross-Cultural Perspective: Behavioral Experiments in 15 Small-scale Societies". *Behavioral and Brain Sciences*, 2005, 28(6): 795—815.

Glaeser, E. L. , Laibson, D. L. , Scheinkman, J. A. and Soutter, C. L. : "Measuring Trust". *Quarterly Journal of Economics*, 2000, 65(3): 811—846.

Greig, F. and Bohnet, I. : "Is there Reciprocity in a Reciprocal-Exchange Economy? Evidence of Gendered Norms from a Slum in Nairobi, Kenya", *Economic Inquiry*, 2008, 46(1): 77—83.

Groves, T. 1973. Incentives in teams. Econometrica 41: 617—631.

Gürerk, özgür, Bettina Rockenbach, and Irenaeus Wolff: "The Effect of Punishment in Dynamic Public-Good Games", Working paper, 2010.

Güth, W. , Schmittberger, R. and Schwarze, B. : "An Experimental Analysis of Ultimatium Bargaining", *Journal of Economic Behavior and Organization*, 1982, 3(4): 367—388.

Gürerk, Ö. , Irlenbusch, B. , & Rockenbach, B. : "The competitive advantage of sanctioning institutions", *Science*, 2009, 312, pp 108—111.

Güth, W. , Levati. M. V, Sutter. M, and Van Der Heijden, : "Leading by Example with and without Exclusion Power in Voluntary Contribution Experiments", *Journal of Public Economics*, 2007, 91, pp 1023—1042.

Hermalin, B. : "Toward an economic theory of leadership: leading-by-example", *American Economic Reviews*, 1998, 88, pp 1188—1206.

Hartog, J. , Ferrer-i-Carbonell, A. , Jonker, N. : "Linking measured risk aversion to individual characteristics", *Kyklos*, 2002, 55, pp. 3—26.

Henrich, J. , Boyd, R. , Bowles, S. , Camerer, C. : "Fehr, E. , Gintis, H. and McElreath, R. In Search of Homo Economicus: Behavioral Experiments in 15 Small-Scale Societies", *American Economic Review*, 2001, 91(2): 73—78.

K. , Gil-White, F. , Gurven, M. , Marlowe, F. : "Patton J. and Tracer, D. Economic Man in Cross-Cultural Perspective: Behavioral Experiments in 15 Small-scale Societies". *Behavioral and Brain Sciences*, 2005, 28(6): 795—815.

Henrich, J. and Smith, N. : "Comparative Experimental Evidence from Machiguenga, Mapuche, Huinca and American Populations Shows Substantial Variation among Social Groups in Bargaining and Public Goods Behavior", J. Henrich, R. Boyd, S. Bowles, H. Gintis, E.

Holm, H. J. and Danielson, A. : "Tropic Trust versus Nordic Trust: Experimental Evidence From Tanzania And Sweden", *The Economic Journal*, 2005, 115(503): 505—532.

Holt, Charles: "Markets, Games and Strategic Behavior", New Jersey: Pearson Education

Inc,2007.

Holt,A. ,Laury,K. :"Risk Aversion and Incentive Effects",*American Economic Review*,2002,92(5),pp. 1644—1655.

Isaac,R. M. ,Walker,J. M. and Williams. A. :"Communication and Free-riding Behavior: the Voluntary Contribution Mechanism",*Economic Inquiry*,1988,26:585—608.

Itoh,H:"Moral Hazard and Other-Regarding Preferences". The Japanese Economic Review,2004,55(1):18—45.

Jianakoplos,N. A. Bernasek,A. :"Are women more risk averse?",*Economic Inquiry*,1998,36,pp. 620—630.

Janssen M. ,(2008),"Microfoundations",in The New Palgrave Dictionary of Economics,2nd ed,Durlauf S. N. and L. E. Blume(eds),Palgrave Macmillan.

Johansson-Stenman,O. ,Mahmud,M. and Martinsson,P. :"Trust and religion: Experimental evidence from Bangladesh",Department of Economics,Göteborg University,Working Paper,2005.

Karlan,D.,"Using Experimental Economics to Measure Social Capital and Predict Financial Decisions",*American Economic Review*,2005,95(5):1688—1699.

Kamei. K,Putterman. L,and Tyran. JR. :State or Nature? Formal vs. Informal Sanctioning in the Voluntary Provision of Public Goods. Working Paper. Department of Economics,Brown University,Department of Economics,University of Vienna,Department of Economics,University of Copenhagen and CEPR(London),2009.

Keser,C. and van Winden, F. :"Partners Contribute More than Strangers: Conditional Cooperation",*Scandinavian Journal of Economics*,2000,102(1):23—39.

Knight,Frank:"Science,Philosophy,and Social Procedure",Ethics,Vol. 52,No. 3,1942,pp. 253—274.

Kohler,S. :"Difference Aversion and Surplus Concern—An Integrated Approach",European University Institute,Florence,Working Paper,2003.

Koford,K. :"Trust and Reciprocity in Bulgaria:A Replication of Berg,Dickhaut and McCabe(1995)",University of Delaware Working Paper,2003.

Koukoumelis, Anastasios, M. Vittoria Levati, and, Johannes Weisser: " Leading by Words: A Voluntary Contribution Experiment with One-way Communication",Journal of Economic Behavior & Organization,"Vol. 81,No. 2,2009,pp. 379—390.

Laury,Susan K. and Taylor,Laura O. Altruism spillovers:"Are behaviors in context-free experiments predictive of altruism toward a naturally occurring public good?",*Journal of Economic Behavior and Organization*,2008,65,pp. 9—29.

Lawler Edward E. :"Pay and Organization Development(Addison-Wesley Series on Organization Development)",CA:Prentice Hall,1981.

Lazzarini,S. ,Artes,R. Madalozzo,R. and Siqueira,J. :"Measuring Trust:An Experiment in Brazil",*Brazilian Journal of Applied Economics*,2005,9(2):153—169.

Ledyard,J. 1987. Incentives Compatibility. In the New Palgrave:A Dictionary of Economics,Ed. By Eatwell,J. Et al. ,739—744.

Ledyard, J.: "Public Goods: A Survey of Experimental Research", "Handbook of Experimental Economics", eds. J. Kagel and A. Roth, Princeton University Press, Princeton, New Jersey, 1995

Leibenstein, H.: "Bandwagon, Snob, and Veblen Effects in the Theory of Consumers' Demand", *Quarterly Journal of Economics*, 1950, 64(2): 183—207.

Levitt, S. D. and List, J. A.: "What Do Laboratory Experiments Measuring Social Preferences Reveal about the Real World?", *Journal of Economic Perspectives*, 2007a, 21(2): 153—174.

Levitt, S. D. and List, J. A.: "Viewpoint: On the Generalizability of Lab Behaviour to the Field", *Canadian Journal of Economics*, 2007b, 40(2): 347—370.

List, J. A.: "Young, Selfish and Male: Field Evidence of Social Preferences", *The Economic Journal*, 2004, 114(492): 121—149.

List, J. A.: "The Behavioralist Meets the Market: Measuring Social Preferences and Reputation Effects in Actual Transactions", *Journal of Political Economy*, 2006, 114(1): 1—37.

Marwell, G. and Ames, R. E.: "Experiments on the Provision of Public Goods. I. Resources, Interest, Group Size, and the Free-rider Problem", *American Journal of Sociology*, 1979, 84(6): 1335—1360.

Masclet, D., Noussair, C., Tucker, S. and Villeval, M.: "Monetary and Non-Monetary Punishment in the Voluntary Contributions Mechanism", *American Economic Review*, 2003, 93: 366—380.

Mosley, P. and Verschoor, A.: "The Development of Trust and Social Capital in Rural Uganda: An Experimental Approach", Sheffield Economic Research Paper Series, SERP Number: 200501, 2005.

Nikiforakis, N. S.: "Punishment and Counter-punishment in Public Goods Games: Can we Still Govern Ourselves?". *Journal of Public Economics*, 2008, 92(1—2): 91—112.

Nikiforakis, Nikos, and Normann, Hans-Theo: "A Comparative Statics Analysis of Punishment", *Experimental Economics*, Vol. 11, No. 4, 2008, pp. 358—369.

Nikiforakis, N. S. and Normann, H. T. A: "Comparative Statics Analysis of Punishment in Public Goods Experiments", *Experimental Economics*, 2008, 11(4): 358—369.

Ockenfels, A. and Weimann, J.: "Types and Patterns: An Experimental East-West German Comparison of Cooperation and Solidarity", *Journal of Public Economics*, 1999, 71(2): 275—287.

de Oliveira, A. C. M., Croson, R. T. A. and Eckel, C.: "Are Preferences Stable Across Domains? An Experimental Investigation of Social Preferences in the Field", CBEES Working Paper #2008—3, 2009.

Ortmann, A., Fitzgerald, J. and Boeing, C.: "Trust, Reciprocity, and Social History: A Re-examination", Experimental Economics, 2000, 3(1): 81—100.

Potters, J., M. Sefton, and L. Vesterlund.: "Leading-by-Example and Signaling in Voluntary Contribution Games: An Experimental Study", *Economic Theory*, 2007, 33, pp

169—82.

Potters,J. ,Sefton,M. ,Vesterlund,L. : "After you—endogenous sequencing in voluntary contribution games", *Public Economic*, 2005, 89, pp 1399—1419.

Page,T. ,Putterman,L. and Unel,B. : "Voluntary Association in Public Goods Experiments: Reciprocity, Mimicry and Efficiency", *The Economic Journal*, 2005, 115(506): 1032—1053.

Rabin,M. : "Incooperating Fairness into Game Theory and Economics", *American Economic Review*, 1993, 83(5): 1281—1302.

Sanfey,A. G. , Rilling,J. K. , Aronson,J. A. , Nystrom,L. E. and Cohen,J. D. : "The Neural Basis of Economic Decision Making in the Ultimatum Game", *Science*, 2003, 300: 1755—1758

Rivas,M. F. , and Sutter. M. ,: "The benefits of voluntary leadership in experimental public goods games", *Economics Letters*, 2011, 112, pp 176—178.

Sutter. M. ,Haiger. S. and Kocher. M. : "Choosing the Carrot or the Stick? Endogenous Institutional Choice in Social Dilemma Situations", *Review of Economic Studies*, 2010, 77(4), pp 1540—1566.

Vesterlund,L. : "Informational value of sequential fundraising", *Journal of Public Economics*, 2003, 87, pp 627—657.

Schechter,L. : "Traditional Trust Measurement and the Risk Confound: An Experiment in Rural Paraguay", *Journal of Economic Behavior and Organization*, 2007, 62(2): 272—292.

Sefton,M. ,Shupp,R. and Walker. J: "The Effect of Rewards and Sanctions in Provision of Public Goods", *Economic Inquiry*, 2007, 45(4): 671—690

Shaked,A. : "The Rhetoric of Inequity Aversion", Economics Department, University of Bonn, working paper, 2005. Stigler, G. J. and Becker, G. S. *De Gustibus Non Est Disputandum*. *American Economic Review*, 1977, 67(2): 76—90.

Teyssier,S. : "Inequity and Risk Aversion in Sequential Public Good Games", *Public Choice*, 2012, 151(1—2), pp. 91—119.

Tian,G. : "2000. Incentive Mechanism Design for Production Economies with Both Private and Public Ownership", *Games and Economic Behavior*, 33: 294—320.

Tropman John E. : "The Compensation Solution: how to develop an employee-driven rewards system", Hoboken, NJ: Jossey-Bass Inc, 2001.

Tyson,G. A. ,Schlachter,A. ,& Cooper,S. (1988): "Game playing strategy as an indicator of racial prejudice among South African students", *The Journal of Social Psychology*, 128 (4), pp. 473—485.

Vesterlund,L. : "Informational value of sequential fundraising, *Journal of Public Economics*", 2003, 87(3—4), pp. 627—657.

Wachsman,Yoav, "The Effects of Group Interaction in a Public Goods Experiment with Two Exchanges", Working paper, 2002.

Weintraub,R. E. (1977). "The Microfoundations of Macroeconomics: A Critical Survey," *Journal of Economic Literature*, 15(1), pp. 1—23.

Wilson, R. and Bahry, D. : "Intergenerational Trust in Transitional Societies", Working paper, Department of Political Science, Rice University, 2002.

Wilson, R. and Sell, J. "'Liar, Liar': Cheap Talk and Reputation in Repeated Public Goods Settings", *Journal of Conflict Resolution*, 1997, 41(5): 695—717.

陈叶烽:《亲社会性行为及其社会偏好的分解》,《经济研究》2009第12期。

陈叶烽:《社会偏好的检验:一个超越经济人的实验研究》,2010浙江大学博士学位论文。

陈叶烽,周业安,宋紫峰:《人们关注的是分配动机还是分配结果?——最后通牒实验视角下两种公平观的考察》,《经济研究》2011第6期。

陈叶烽,叶航,汪丁丁:《超越经济人的社会偏好理论:一个基于实验经济学的综述》,《南开经济研究》2012年第1期。

林嘉永:《论经济学实验的科学设计》,《财经科学》2003年(6):35—38。

连洪泉,周业安,左聪颖,陈叶烽,宋紫峰:《惩罚机制真能解决搭便车难题吗?——基于动态公共品实验的证据》,《管理世界》2013年第4期,第69—81页。

宋紫峰,周业安:《收入不平等、惩罚和公共品自愿供给的实验经济学研究》,《世界经济》2011年第10期。

宋紫峰,周业安,何其新:《不平等厌恶和公共品自愿供给》,《管理世界》2011年第12期。

汪丁丁,叶航,罗卫东主编:《走向统一的社会科学:来自桑塔费学派的看法》,上海,上海世纪出版集团,2005年,72—100。

王国成:《从完全理性到相关理性:21世纪经济学的新起点》,《天津社会科学》2001年第4期:53—58。

王国成,黄韬:《现代经济博弈论》,北京,经济科学出版社,1996。

周业安,宋紫峰:《公共品的自愿供给机制:一项实验研究》,《经济研究》2008年第7期。

周业安,左聪颖,陈叶烽,连洪泉,叶航:《具有社会偏好个体的风险厌恶的实验研究》,《管理世界》2012年第6期。

附录1 公共品供给系列实验设计说明

实验说明一(基准实验)

您将要参加一个有关决策的实验,如果您遵照以下指示认真思考并作出决策,您可以获得相应的报酬,在实验结束时我们将以现金支付。

在整个实验过程中,参与者之间任何形式的沟通都是严格禁止的。参与者之间的交流将使得参与者退出实验并没收其所有报酬。如果您有任何问题,请举手示意,我们研究小组的成员会私下回答您的问题。

在本实验中获得的收入将以"代币"的形式记录。在实验结束后,代币将被转换为现金,转换比例如下:200代币=1元人民币。

实验分为两个部分,这两个部分是完全独立的,这就是说您和其他成员在第一部分所做的决策对于第二部分没有任何影响。完成第一部分之后,我们将发放第二部分的说明。

1. 基本决策过程

现在,您将学习实验是如何进行的。首先,我们将介绍基本的决策情况。此后我们请您回答一些控制问题,这些问题将帮助您了解决策的制定。

您是一个五人小组的成员。除了实验者之外没有人会知道谁在哪个组。每个组的成员有100个代币的禀赋。

$$E(\pi_i) = p(e - Ve(1 - d\frac{B - x_i}{B})) + (1-p)e$$

其中,p是指灾难发生的概率,并且 $p = 1 - m(\frac{\sum_{i=1}^{n} x_i}{nB})$,e指初始禀赋,B代表用于应对气候变化的预算,并且 $B = a_i + x_i$,n是组内规模,a_i 为适应性行为投资，x_i 表示减排投资，m 为减排的回报率，d 是适应性行为的回报率，V 为脆弱性指数。

在这个模型中，减排投资对于所有参与者来说能够降低灾难发生的概率，而适应性行为投资对于投资者本人来说能够降低灾难发生后的损失。而总的减排投资是由组内成员所贡献的，所以越多人投资在减排上，灾难发生的概率越低。同时灾难的损失受到脆弱指数的影响，也就说，对于所有参与者，脆弱指数越高，灾难发生时的损害越大。

如您所知，您将会有 100 代币的初始基金，其中有 10 代币的投资预算。您可以把这些资金投资入减排，也可以存入适应性投资。

该实验总共重复 10 轮。该实验中您的收益决定规则如下：在实验完成之后，电脑会以这 10 期内的总收益作为支付的依据。

实验说明二（禀赋不平等）

您将要参加一个有关决策的实验，如果您遵照以下指示认真思考并作出决策，您可以获得相应的报酬，在实验结束时我们将以现金支付。

在整个实验过程中，参与者之间任何形式的沟通都是严格禁止的。参与者之间的交流将使得参与者退出实验并没收其所有报酬。如果您有任何问题，请举手示意，我们研究小组的成员会私下回答您的问题。

在本实验中获得的收入将以"代币"的形式记录。在实验结束后，代币将被转换为现金，转换比例如下：200 代币＝1 元人民币。

实验分为两个部分，这两个部分是完全独立的，这就是说您和其他成员在第一部分所做的决策对于第二部分没有任何影响。完成第一部分之后，我们将发放第二部分的说明。

1. 基本决策过程

现在，您将学习实验是如何进行的。首先，我们将介绍基本的决策情况。此后我们请您回答一些控制问题，这些问题将帮助您了解决策的制定。

您是一个五人小组的成员。除了实验者之外没有人会知道谁在哪个组。每个组的成员有 100 个代币的禀赋。

$$E(\pi_i) = p(e - Ve(1-d\frac{B-x_i}{B})) + (1-p)e$$

其中，p 是指灾难发生的概率，并且 $p = 1 - m(\frac{\sum_{i=1}^{n} x_i}{nB})$，e 指初始禀赋，B

代表用于应对气候变化的预算,并且 $B=a_i+x_i$,n 是组内规模,a_i 为适应性行为投资,x_i 表示减排投资,m 为减排的回报率,d 是适应性行为的回报率,V 为脆弱性指数。

在这个模型中,减排投资对于所有参与者来说能够降低灾难发生的概率,而适应性行为投资对于投资人本人来说能够降低灾难发生后的损失。而总的减排投资是由组内成员所贡献的,所以越多人投资在减排上,灾难发生的概率越低。同时灾难的损失受到脆弱指数的影响,也就说,对于所有参与者,脆弱指数越高,灾难发生时的损害越大。

如您所知,您将会有或 240,或 110,或 70,或 50,或 30 代币的禀赋,其中有 10% 的禀赋作为投资预算。您可以把这些资金投资入减排,也可以存入适应性投资。

该实验总共重复 10 轮。该实验中您的收益决定规则如下:在实验完成之后,电脑会以这 10 期内的总收益作为支付的依据。

实验说明三(自然条件不平等)

您将要参加一个有关决策的实验,如果您遵照以下指示认真思考并作出决策,您可以获得相应的报酬,在实验结束时我们将以现金支付。

在整个实验过程中,参与者之间任何形式的沟通都是严格禁止的。参与者之间的交流将使得参与者退出实验并没收其所有报酬。如果您有任何问题,请举手示意,我们研究小组的成员会私下回答您的问题。

在本实验中获得的收入将以"代币"的形式记录。在实验结束后,代币将被转换为现金,转换比例如下:200 代币=1 元人民币。

实验分为两个部分,这两个部分是完全独立的,这就是说您和其他成员在第一部分所做的决策对于第二部分没有任何影响。完成第一部分之后,我们将发放第二部分的说明。

1. 基本决策过程

现在,您将学习实验是如何进行的。首先,我们将介绍基本的决策情况。此后我们请您回答一些控制问题,这些问题将帮助您了解决策的制定。

您是一个五人小组的成员。除了实验者之外没有人会知道谁在哪个组。每个组的成员有 100 个代币的禀赋。

$$E(\pi_i) = p(e - Ve(1 - d\frac{B - x_i}{B})) + (1 - p)e$$

其中,p 是指灾难发生的概率,并且 $p = 1 - m(\frac{\sum_{i=1}^{n} x_i}{nB})$,e 指初始禀赋,B 代表用于应对气候变化的预算,并且 $B = a_i + x_i$,n 是组内规模,a_i 为适应性行为投资,x_i 表示减排投资,m 为减排的回报率,d 是适应性行为的回报率,V 为脆弱性指数。

在这个模型中,减排投资对于所有参与者来说能够降低灾难发生的概率,而适应性行为投资对于投资人本人来说能够降低灾难发生后的损失。而总的减排投资是由组内成员所贡献的,所以越多人投资在减排上,灾难发生的概率越低。同时灾难的损失受到脆弱指数的影响,也就说,对于所有参与者,脆弱指数越高,灾难发生时的损害越大。

如您所知,您将会有 100 代币的初始基金,其中有 10 代币的投资预算。您可以把这些资金投资入减排,也可以存入适应性投资,其中你的脆弱性指数可能是 1.4,1.1,0.7,0.5,0.3。

该实验总共重复 10 轮。该实验中您的收益决定规则如下:在实验完成之后,电脑会以这 10 期内的总收益作为支付的依据。

实验说明四(带有惩罚)

您将要参加一个有关决策的实验,如果您遵照以下指示认真思考并作出决策,您可以获得相应的报酬,在实验结束时我们将以现金支付。

在整个实验过程中,参与者之间任何形式的沟通都是严格禁止的。参与者之间的交流将使得参与者退出实验并没收其所有报酬。如果您有任何问题,请举手示意,我们研究小组的成员会私下回答您的问题。

在本实验中获得的收入将以"代币"的形式记录。在实验结束后,代币将被转换为现金,转换比例如下:40 代币 = 1 元人民币。

实验分为两个部分,这两个部分是完全独立的,这就是说您和其他成员在第一部分所做的决策对于第二部分没有任何影响。完成第一部分之后,我们将发放第二部分的说明。

1. 基本决策过程

现在,您将学习实验是如何进行的。首先,我们将介绍基本的决策情况。此后我们请您回答一些控制问题,这些问题将帮助您了解决策的制定。

您是一个五人小组的成员。除了实验者之外没有人会知道谁在哪个组。每个组的成员有不同的禀赋,包括48,22,14,10,6作为初始基金,并决定如何分配这个初始基金。您可以把全部基金存入您的私人账户,也可以将任意数量的代币存入公共账户。每个没有投入公共账户的代币将自动转入您的私人账户。

2. 来自私人账户的收入

对应于您私人账户的每一个代币而言您可以另外得到一个代币。例如,如果您把您所有禀赋全部存入私人账户,那么您将另外获得所有的禀赋。相反,如果您只留下6个代币在自己的私人账户,那您只有6个代币的收入。

3. 来自公共账户的收入

组内的成员将平均分享公共账户里的收入,也就是说您将会得到其他组内成员放入公共账户的基金的收入。公共账户的分配规则如下:

个人从公共账户得到的收入＝公共账户总额×0.3

举一个例子,如果公共账户的总额是40个代币,那么您和组内其他三名成员每人将会从公共账户中得到40×0.3＝12个代币的收入。如果公共账户里只有28个代币,那么您和组内其他三名成员各自获得28×0.3＝9.4个代币的收入。

4. 您的总收入

您的总收入将是私人账户和公共账户收入的总和。总收入的算法如下:

个人总收入＝私人账户收入(您的禀赋－您投入公共账户的代币)＋从公共账户中分配来的代币(＝公共账户总额×0.3)

在我们结束实验说明之前,我们希望您能回答以下的控制问题。

5. 控制题

请回答下列问题,我们设置的这些问题只是想让您熟悉一下不同金额数额分配条件下个人收入的计算方法,请回答下列问题并写下计算结果。

1.每个组里的成员都有20个代币,假定组内成员(包括您自己)都没有往公共账户内投入,那么您的总收入是_____,其他三人的收入是_____,_____和_____。

2. 每个组里的成员都有 20 个代币,假定组内成员(包括您自己)将所有的初始基金投入公共账户,您的总收入是_____,其他三人的收入是_____,_____和_____。

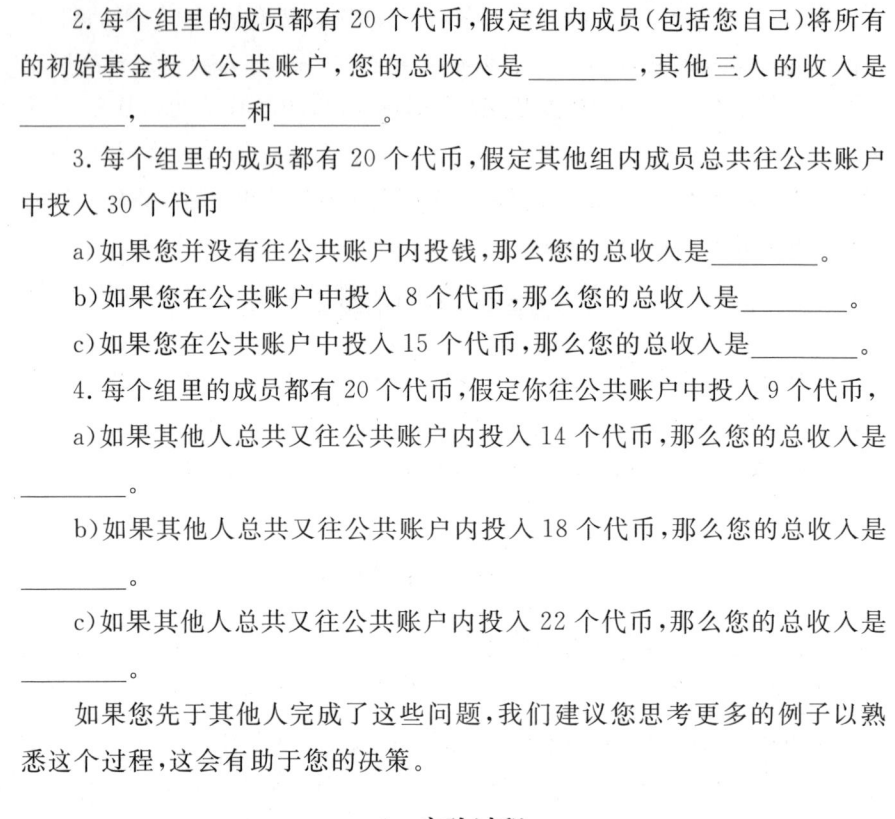

3. 每个组里的成员都有 20 个代币,假定其他组内成员总共往公共账户中投入 30 个代币

a) 如果您并没有往公共账户内投钱,那么您的总收入是_____。

b) 如果您在公共账户中投入 8 个代币,那么您的总收入是_____。

c) 如果您在公共账户中投入 15 个代币,那么您的总收入是_____。

4. 每个组里的成员都有 20 个代币,假定你往公共账户中投入 9 个代币,

a) 如果其他人总共又往公共账户内投入 14 个代币,那么您的总收入是_____。

b) 如果其他人总共又往公共账户内投入 18 个代币,那么您的总收入是_____。

c) 如果其他人总共又往公共账户内投入 22 个代币,那么您的总收入是_____。

如果您先于其他人完成了这些问题,我们建议您思考更多的例子以熟悉这个过程,这会有助于您的决策。

6. 实验过程

如您所知,您将会有不同的禀赋即 48,22,14,10,6。您可以把这些资金存入私人账户,也可以存入公共账户。

第一阶段您将决定把多少数量的基金捐入公共账户中。将数值输入计算机。注意,您捐献的数额的最小值是 0 个代币,您必须写下您禀赋范围内的整数值。

在第二阶段中,您可以选择是否对您的对方施加惩罚,如果选择惩罚则相应的计算机界面会显示需要您输入一个惩罚的筹码数(输入一个不大于等于 10 的整数)。比如您给对方惩罚一个单位的筹码,您相应输入 1 之后,那么对方的收益将相应减少 10% 的筹码,同时您的惩罚是需要付出成本的。

处罚点数	0	1	2	3	4	5	6	7	8	9	10
对应成本	0	1	2	4	6	9	12	16	20	25	30

该实验总共重复 10 轮。该实验中您的收益决定规则如下:在实验完成之后,电脑会以这 10 期内的总收益作为支付的依据。

实验说明五(不带惩罚)

您将要参加一个有关决策的实验,如果您遵照以下指示认真思考并作出决策,您可以获得相应的报酬,在实验结束时我们将以现金支付。

在整个实验过程中,参与者之间任何形式的沟通都是严格禁止的。参与者之间的交流将使得参与者退出实验并没收其所有报酬。如果您有任何问题,请举手示意,我们研究小组的成员会私下回答您的问题。

在本实验中获得的收入将以"代币"的形式记录。在实验结束后,代币将被转换为现金,转换比例如下:200 代币=1 元人民币。

实验分为两个部分,这两个部分是完全独立的,这就是说您和其他成员在第一部分所做的决策对于第二部分没有任何影响。完成第一部分之后,我们将发放第二部分的说明。

1. 基本决策过程

现在,您将学习实验是如何进行的。首先,我们将介绍基本的决策情况。此后我们请您回答一些控制问题,这些问题将帮助您了解决策的制定。

您是一个五人小组的成员。除了实验者之外没有人会知道谁在哪个组。每个组的成员有不同的禀赋,包括 48,22,14,10,6 作为初始基金,并决定如何分配这个初始基金。您可以把全部基金存入您的私人账户,也可以将任意数量的代币存入公共账户。每个没有投入公共账户的代币将自动转入您的私人账户。

2. 来自私人账户的收入

对应于您私人账户的每一个代币而言您可以另外得到一个代币。例如,如果您把您所有禀赋全部存入私人账户,那么您将另外获得所有的禀赋。相反,如果您只留下 6 个代币在自己的私人账户,那您只有 6 个代币的收入。

3. 来自公共账户的收入

组内的成员将平均分享公共账户里的收入,也就是说您将会得到其他组内成员放入公共账户的基金的收入。公共账户的分配规则如下:

个人从公共账户得到的收入=公共账户总额×0.3

举一个例子,如果公共账户的总额是 40 个代币,那么您和组内其他三名成员每人将会从公共账户中得到 40×0.3=12 个代币的收入。如果公共账户里只有 28 个代币,那么您和组内其他三名成员各自获得 28×0.3=8.4 个代币的收入。

4. 您的总收入

您的总收入将是私人账户和公共账户收入的总和。总收入的算法如下:

个人总收入＝私人账户收入(您的禀赋—您投入公共账户的代币)＋从公共账户中分配来的代币(＝公共账户总额×0.3)

在我们结束实验说明之前,我们希望您能回答以下的控制问题。

5. 控制题

请回答下列问题,我们设置的这些问题只是想让您熟悉一下不同金额数额分配条件下个人收入的计算方法,请回答下列问题并写下计算结果。

1. 每个组里的成员都有 20 个代币,假定组内成员(包括您自己)都没有往公共账户内投入,那么您的总收入是_____,其他三人的收入是_____,_____和_____。

2. 每个组里的成员都有 20 个代币,假定组内成员(包括您自己)将所有的初始基金投入公共账户,您的总收入是_____,其他三人的收入是_____,_____和_____。

3. 每个组里的成员都有 20 个代币,假定其他组内成员总共往公共账户中投入 30 个代币

a) 如果您并没有往公共账户内投钱,那么您的总收入是_____。

b) 如果您在公共账户中投入 8 个代币,那么您的总收入是_____。

c) 如果您在公共账户中投入 15 个代币,那么您的总收入是_____。

4. 每个组里的成员都有 20 个代币,假定你往公共账户中投入 9 个代币,

a) 如果其他人总共又往公共账户内投入 14 个代币,那么您的总收入是_____。

b) 如果其他人总共又往公共账户内投入 18 个代币,那么您的总收入是_____。

c) 如果其他人总共又往公共账户内投入 22 个代币,那么您的总收入是_____。

如果您先于其他人完成了这些问题,我们建议您思考更多的例子以熟悉这个过程,这会有助于您的决策。

6. 实验过程

如您所知,您将会有不同的禀赋即 48,22,14,10,6。您可以把这些资金存入私人账户,也可以存入公共账户。

您将决定把多少数量的基金捐入公共账户中。将数值输入计算机。注意,您捐献的数额的最小值是 0 个代币,您必须写下您禀赋范围内的整数值。

处罚点数	0	1	2	3	4	5	6	7	8	9	10
对应成本	0	1	2	4	6	9	12	16	20	25	30

该实验总共重复 10 轮。该实验中您的收益决定规则如下:在实验完成之后,电脑会以这 10 期内的总收益作为支付的依据。

实验说明六(同时)

您将要参加一个有关决策的实验,如果您遵照以下指示认真思考并作出决策,您可以获得相应的报酬,在实验结束时我们将以现金支付。

在整个实验过程中,参与者之间任何形式的沟通都是严格禁止的。参与者之间的交流将使得参与者退出实验并没收其所有报酬。如果您有任何问题,请举手示意,我们研究小组的成员会私下回答您的问题。

在本实验中获得的收入将以"代币"的形式记录。在实验结束后,代币将被转换为现金,转换比例如下:40 代币＝1 元人民币。

1. 基本决策过程

现在,您将学习实验是如何进行的。首先,我们将介绍基本的决策情况。此后我们请您回答一些控制问题,这些问题将帮助您了解决策的制定。

您是一个 2 人小组的成员。除了实验者之外没有人会知道谁在哪个组。每个组的成员有 20 或者 10 个代币作为初始基金,并决定如何分配这个初始基金。您可以把全部基金存入您的私人账户,也可以将任意数量的代币存入公共账户。每个没有投入公共账户的代币将自动转入您的私人账户。

2. 来自私人账户的收入

对应于您私人账户的每一个代币而言您可以另外得到一个代币。例如,如果您把您所有 20 个代币的基金全部存入私人账户,那么您将另外获得20代币。相反,如果您只留下6个代币在自己的私人账户,那您只有6个代币的收入。

3. 来自公共账户的收入

组内的成员将平均分享公共账户里的收入,也就是说您将会得到其他组内成员放入公共账户的基金的收入。公共账户的分配规则如下:

个人从公共账户得到的收入＝公共账户总额×0.75

举一个例子,如果公共账户的总额是40个代币,那么您和组内其他三名成员每人将会从公共账户中得到40×0.75＝30个代币的收入。如果公共账户里只有28个代币,那么您和组内其他三名成员各自获得28×0.75＝21个代币的收入。

4. 您的总收入

您的总收入将是私人账户和公共账户收入的总和。总收入的算法如下:

个人总收入＝私人账户收入(20－您投入公共账户的代币)＋从公共账户中分配来的代币(＝公共账户总额×0.4)

5. 实验过程

在该实验中您和另外一个同学随机地分在一组,一开始您们将分别获得20,10个筹码,您们共同同时对某一个公共项目进行投资。双方对公共项目进行投资后,双方无论是否有投资,无论投资多少均会获得相同的投资回报,回报率为0.75。

您可以选择投资禀赋内的筹码投资,如果您选择投资X个筹码,对方选择投资Y个筹码,则您的收益为禀赋－X＋0.75(X＋Y),对方收益为禀赋－Y＋0.75(X＋Y)。该实验总共重复10轮,最后根据10轮的总收益支付报酬。

实验说明七(序贯)

您将要参加一个有关决策的实验,如果您遵照以下指示认真思考并作出决策,您可以获得相应的报酬,在实验结束时我们将以现金支付。

在整个实验过程中,参与者之间任何形式的沟通都是严格禁止的。参与者之间的交流将使得参与者退出实验并没收其所有报酬。如果您有任何问题,请举手示意,我们研究小组的成员会私下回答您的问题。

在本实验中获得的收入将以"代币"的形式记录。在实验结束后,代币将被转换为现金,转换比例如下:40 代币＝1 元人民币。

1. 基本决策过程

现在,您将学习实验是如何进行的。首先,我们将介绍基本的决策情况。此后我们请您回答一些控制问题,这些问题将帮助您了解决策的制定。

您是一个 2 人小组的成员。除了实验者之外没有人会知道谁在哪个组。每个组的成员有 20 或者 10 个代币作为初始基金,并决定如何分配这个初始基金。您可以把全部基金存入您的私人账户,也可以将任意数量的代币存入公共账户。每个没有投入公共账户的代币将自动转入您的私人账户。

2. 来自私人账户的收入

对应于您私人账户的每一个代币而言您可以另外得到一个代币。例如,如果您把您所有 20 个代币的基金全部存入私人账户,那么您将另外获得 20 代币。相反,如果您只留下 6 个代币在自己的私人账户,那您只有 6 个代币的收入。

3. 来自公共账户的收入

组内的成员将平均分享公共账户里的收入,也就是说您将会得到其他组内成员放入公共账户的基金的收入。公共账户的分配规则如下:

个人从公共账户得到的收入＝公共账户总额×0.75

举一个例子,如果公共账户的总额是 40 个代币,那么您和组内其他成员每人将会从公共账户中得到 40×0.75＝30 个代币的收入。如果公共账户里只有 28 个代币,那么您和组内其他三名成员各自获得 28×0.75＝21 个代币的收入。

4. 您的总收入

您的总收入将是私人账户和公共账户收入的总和。总收入的算法如下:

个人总收入＝私人账户收入(20—您投入公共账户的代币)＋从公共账户中分配来的代币(＝公共账户总额×0.75)

5. 实验过程

在该实验中您和另外一个同学随机地分在一组,一开始您们将分别获得 20,10 个筹码,您们先后对某一个公共项目进行投资。禀赋多的一方先进行投资,禀赋少的一方在看到先行者的投资额以后,再进行投资。双方对公共项目进行投资后,双方无论是否有投资,无论投资多少均会获得相同的投资回报,回报率为 0.75。

您可以选择投资禀赋内的筹码投资,如果您选择投资 X 个筹码,对方选择投资 Y 个筹码,则您的收益为禀赋－X＋0.75(X＋Y),对方收益为禀赋－Y＋0.75(X＋Y)。该实验总共重复 10 轮,最后根据 10 轮的总收益支付报酬。

附录2　水资源管理调查问卷

天津水资源项目(引滦入津)管理人员调查问卷[①]

1. 您的性别是？

　□　男　　□　女

2. 您的年龄是？＿＿＿＿＿＿＿岁

3. 您就职单位的类型？

　□　中央政府部门

　□　地方政府

　□　州/省政府

　□　非营利组织

　□　顾问/研究机构

　□　开发商或建筑公司

　□　其他私营组织,请注明：＿＿＿＿＿＿＿＿＿＿＿＿＿＿＿＿＿

　□　其他,请注明：＿＿＿＿＿＿＿＿＿＿＿＿＿＿＿＿＿＿＿＿＿

4. 您认为天津市水资源管理中有哪些重要因素？（多选）

　□　环境规划（如绿化面积等）

　□　建设项目

　□　用水管理规划

---

① 本调查问卷为项目团队共同研制。

☐ 医疗健康规划

☐ 福利规划

☐ 劳动力市场规划

☐ 其他因素（请指出）：_____

5. 您从什么时候开始参与天津市水资源管理？_____年（如 2003 年）

6. 您在水资源管理相关项目中的角色是？

_____

7. 在以下活动分类中，哪一类最符合您在水资源管理项目中的角色？

☐ 对该项目进行跟踪关注（观察者）

☐ 偶尔参与该项目（被动参与者）

☐ 积极参与该项目（主动参与者）

☐ 对该项目进行管理（管理者）

8. 您从事水资源管理工作的经历？_____年

9. 下表中的问题旨在了解您对天津水资源管理的基本看法。

	坚决不同意	不同意	中立	同意	坚决同意
在天津的用水管理中，直接解决当前的供水问题最重要	1	2	3	4	5
从长远来看，在天津的用水管理中，关注与环境相关的水资源问题比解决当前的供水问题更为重要	1	2	3	4	5
天津各政府部门需要协作解决当前的水问题	1	2	3	4	5

10. 与项目开始时相比，您认为各参与方之间目前的信任程度：

☐ 大大下降

☐ 下降

☐ 保持不变

☐ 增加

☐ 大大增加

11. 下表中的问题旨在了解水资源项目中利益相关者的参与程度和态度。

	强烈反对	不同意	中立	同意	坚决同意
所有的利益相关者都可以参与项目决策	1	2	3	4	5
在决策过程中,经常对利益相关者和非利益相关者披露项目进展情况(例如通过报告、信息发布会等)	1	2	3	4	5
当地政治因素对决策过程和最终的决策结果具有重要作用	1	2	3	4	5
当地政府广泛深入地参与了该项目的决策过程	1	2	3	4	5

12.下表中的问题旨在确认您对天津市水资源管理的利益取舍和价值判断方面的重要性。

	一点也不重要	不重要	一般	重要	非常重要
公园和花园的绿化程度	1	2	3	4	5
城市商业园区的开发	1	2	3	4	5
基础设施(公路、铁路)	1	2	3	4	5
大型购物、休闲中心	1	2	3	4	5
供水安全	1	2	3	4	5
水质	1	2	3	4	5
居民区	1	2	3	4	5
其他	1	2	3	4	5

13.请在下表中区分天津市水资源管理中所涉及的利益相关者的关联程度。

	完全不相关	不相关	一般	相关	高度相关
中央政府	1	2	3	4	5
海河流域管理委员会	1	2	3	4	5
天津市水务局(天津市引滦工程管理局)	1	2	3	4	5
天津市环保局	1	2	3	4	5
天津市建设管理委员会	1	2	3	4	5
所涉及的各区县政府	1	2	3	4	5
水资源项目法人	1	2	3	4	5
供(配)水公司	1	2	3	4	5
项目日常管理单位	1	2	3	4	5
城镇居民	1	2	3	4	5
农民	1	2	3	4	5
产业(第一、二、三次产业)	1	2	3	4	5
贷款银行	1	2	3	4	5
气象部门	1	2	3	4	5
地质部门	1	2	3	4	5
其他	1	2	3	4	5

14. 下表中的问题是关于项目中各参与方信任程度的描述，旨在了解各参与方的相互作用。

	坚决不同意	不同意	中立	同意	坚决同意
总体来说，项目中的各方履行了彼此间的协议	1	2	3	4	5
项目中的各方彼此信任	1	2	3	4	5
项目中的各方会顾及相互利益	1	2	3	4	5
项目中的各方不会因自身利益而损害他方利益	1	2	3	4	5
项目中的各方原则上认为其他相关者的意图是善意的	1	2	3	4	5
项目中的各方人际关系融洽	1	2	3	4	5

15 下表中的问题旨在了解项目中各参与方的相互作用方式。请指出您的看法。

	坚决不同意	不同意	中立	同意	坚决同意
相关政府人员以有组织的谈判和磋商形式参与本项目(A1)	1	2	3	4	5
相关私人团体以有组织的谈判和磋商形式参与本项目(A2)	1	2	3	4	5
相关民间行动团体以有组织的谈判和磋商形式参与本项目(A3)	1	2	3	4	5
在项目的每一个阶段，都会开发新的参与方建立新的联系(A4)	1	2	3	4	5
项目决策尽可能地纳入不同的看法(E1)	1	2	3	4	5
项目中十分注意交换不同观点(E2)	1	2	3	4	5
在信息收集中，注重不同信息的共同点(E3)	1	2	3	4	5
项目中注重引入能带来新想法和新方案的外部团体与个人(E4)	1	2	3	4	5
项目中有足够时间供各方沟通(C1)	1	2	3	4	5
项目是集体决策的，项目负责人会咨询项目的具体实施人员并且与他们共同决策(c2)	1	2	3	4	5
项目负责人会考虑各相关方和个人之间的关系基础以及发展变化过程(C3)	1	2	3	4	5

续表

管理者会化解项目中出现的问题,拉近不同利益方的距离(C4)	1	2	3	4	5
项目工作组、指导组之间有具体明确的合作协议(P1)	1	2	3	4	5
在项目合作协议中有明确的冲突管理条例(P2)	1	2	3	4	5
在项目合作协议中,留有计划纠偏余地(P3)	1	2	3	4	5
在必要的情况下,项目参与方可以退出以保护他们的利益(P4)	1	2	3	4	5

16. 下表中的问题旨在了解项目利益相关者的参与程度。

	坚决不同意	不同意	中立	同意	坚决同意
许多不同的利益相关者参与了本项目	1	2	3	4	5
所有的利益相关者参与了项目决策	1	2	3	4	5
在决策过程中,利益相关者获取了大量的项目信息	1	2	3	4	5
决策过程高度透明	1	2	3	4	5
利益相关者有充分的机会进行探讨和磋商	1	2	3	4	5

17. 下表中的问题旨在了解项目完成过程和结果。

	坚决不同意	不同意	中立	同意	坚决同意
您认为在项目实施中是否产生了创新观点?	1	2	3	4	5
您认为项目是否充分考虑了不同的问题?	1	2	3	4	5
您认为总体来说项目参与者作出的贡献对于项目结果来说是否受到了认可?	1	2	3	4	5
您认为项目方案是否真正解决了项目遇到的问题呢?	1	2	3	4	5
您认为项目方案在未来是否是持久的解决办法?	1	2	3	4	5
您认为总体而言项目收益是否大于合作成本?	1	2	3	4	5

续表

您认为项目参与者是否对项目管理作出了实质性的贡献？	1	2	3	4	5
在项目进行中，您认为冲突和意见分歧是否得到了充分地解决？	1	2	3	4	5
您是否见证过干扰项目进行的僵局？	1	2	3	4	5
您认为项目参与者是否适当充分地运用了现有的关于解决方案的不同观点和见解？	1	2	3	4	5
您认为项目参与者在项目实施过程中是否经常保持接触？	1	2	3	4	5
您认为项目结果是否会得到参与者的支持？	1	2	3	4	5
该项目有可靠的政治支持。	1	2	3	4	5
政界人士对于项目的结果具有举足轻重的作用	1	2	3	4	5
本项目得到了利益相关者的广泛支持	1	2	3	4	5